矽谷價值戰

監控資本主義之下
言論自由的未來

吉莉安・C・約克
（Jillian C. York）

台灣版序言

近幾年來，見識過接二連三令人矚目的內容決定，全球大眾已經能意識到內容審查的行為：例如Facebook刪除攝影師黃幼公（Nick Ut）著名的照片〈戰爭的恐怖〉（Terror of War）、在敘利亞有多個平台刪除了戰爭罪的證據，以及Twitter關閉前美國總統川普的帳號。這些實例說明了網路企業的空間日益擴大，想要進行審核是何其複雜的事。

剛接觸網路言論自由主題的人，會誤以為這些緊繃的局面是新現象。其實，內容審查一點也不新奇。本書將詳細說明，它和社交網（social web）* 一樣古老，最顯著的實例可以追溯到撥接上網時代。

我從二〇〇八年開始研究網際網路審查，當時大部分人都認為那是屬於政府層次的行為。那時候全世界有幾十個國家各顯神通，限制不同資訊的存取。有些國家，如沙烏地阿拉伯和中國，內容設限的範圍鋪天蓋地；而其他國家如巴基斯坦或摩洛哥則是比較有限。

那個時期，中國往往是我的圈子裡討論與比較的焦點。中國的線上平台，對於政府要求的限制，彼時和此時都一樣順從，甚至可說是合作無間——審查已融入中國商業社群網際網路的肌理之中。雖然如此，用戶仍找得到規避的方法，那就是以替代用語來表達意見。

---

* 譯註：指用於社交聯繫的網路。

相反地，YouTube、Facebook和Twitter這些二〇〇〇年代中、後期興起的平台，對於言論只有簡短陳述的限制，給人的印象是在這個空間裡可以暢所欲言、百無禁忌。但是，正如本書所呈現的，其實根本不是那麼一回事。它們從成立的初期開始，就將自己的意識型態強加在用戶身上，並且當政府開口要求審查，它們會乖乖配合，通常會順便吹噓一下崇高的目標，像是讓世界「更開放、更結為一體」。

早期令人感到棘手的言論審查事件——也就是由公司方面採取行動，決定哪些言論是可以接受的——以及本書中的實例，主要均來自中東和北美，這些地區是我工作多年的焦點。但是這個現象絕非侷限於那裡，我所得知的最早實例其實有一部分是發生在香港。

二〇一〇年，香港大學生可樂在Facebook創建了一個群組，抗議豪宅開發，不到幾小時就有三百多人加入。又過了幾小時，該學生的帳號即被停用，理由是違反公司不得使用「假」名的政策。群組的另外兩名管理員也遭遇相同的命運。他們懷疑這是房地產開發商去檢舉的，說他們違反Facebook的服務條款。

同一年稍早，我參與一場電話會議，還有幾家科技公司與會。會中拋出一個問題：「帳戶停用和內容刪除：為何會有這些人權議題？」會中有我的同伴麥康瑞（Rebecca MacKinnon），是記者兼學者；有莫乃光（Charles Mok），是網際網路企業家，後來擔任了八年香港立法會議員；有薩米·本·加爾比亞（Sami Ben Gharbia），是流亡的突尼西亞社運人士，在翌年的革命期間返國。我們討論了內容審查機制，並提出對策設法降低它對人權運動者的衝擊。這一場會議成為我們和各家公司進一步討論的發軔，對我個人而言則是深入研究的催化劑。

那時候的Facebook尚未推出現今這種詳盡而且易讀的《社群守則》——僅有《服務條款》是用法律文字寫的，只提供少數歐洲語言版本。我們不能合理預期群組管理員都讀過它的《服務條款》，而且據說他們在網站上都是使用本名。那麼，問題是：Facebook憑什麼在一開始就刪除他們的帳號？

如果有某個人的身分引發疑慮，他必須向公司提交文件，證明帳號名稱就是自己本人。在這次事件中，幾名管理員都這麼做了，也都重新取回他們的帳號。但是，並非每一名用戶都能放心照做，也不是每一名用戶想當然耳都持有可接受的身分證明形式。這些條件讓政策很容易遭到濫用：不懷好意的人只需要檢舉某人使用假名——證明的責任落在了被檢舉人身上。

我之所以描述這次事件，原因有二：它說明了依賴私人公司審查言論所造成的困境；而且，它預示了未來即將發生的事。

在接下來的幾年裡，美國各家科技公司在世界各地都被指責未能刪除有害言論，以及審查批評的聲音。本書試圖說明，各行各業的團體和個人都受到了影響。然而，那些通常最邊緣化的社群——人權社運者、LGBTQ+個人*，以及其他少數族群是遭遇衝擊最大的。

隨著內容審查變得越來越普遍而且複雜，加上各家科技公司已經和世界各國政府打好了關係，當用戶或言論被封鎖時，我們也越來越難以追蹤真正的理由或手段（公司的決定、政府的要求，或是系統

* 譯註：這個縮寫分別代表女同性戀者Lesbian、男同性戀者Gay、雙性戀者Bisexual、跨性別者Transgender，Q則可能是代表Questioning，指對性別認同感到疑惑的人，或者是代表Genderqueer / Queer，指拒絕接受傳統性別二分法的「酷兒性別」，而「+」表示還有更多可能。

錯誤）。如今有許多結果都是出於自動化技術，或是狀態並不穩定的員工倉促之下的判斷——很常見的情況是：為錯誤決定尋求補救的能力很有限。

在台灣最近發生的一次事例，足以說明這些情況：二〇二一年，據說有一名叫作陳延昶的網紅（網名「486先生」）在台灣制憲基金會的Facebook粉絲專頁留言說：「各位，我支持台灣獨立，台灣本來就是一個獨立的國家，我是台灣人不是中國人。幹林老師的中國人，去吃屎吧你們。」隨後他的Facebook帳號就被停權三十天——這是該公司對較輕的犯行所給予的「懲罰」（值得注意的是，他的粗話在上下文並沒有構成違規）。

《台北時報》有一篇文章指出了該事件中的獨斷本質，以及執行規則時的雙標。它更進一步提到，由於Facebook的中文審核員大多數是中國籍，而且是在不同的政治環境下運作，因此使得台灣內容的審查變得更複雜。

這樣的現象並非台灣獨有——例如阿拉伯的審查也有類似報導——然而，這次事件依舊呈現了各家公司現今的處境：它們打造了一套複雜得無遠弗屆的審查系統，並且輸出到全世界。如今只要它們無法達到自己的標準，就會遭受用戶、媒體和政府的抨擊。

矽谷價值戰：
監控資本主義之下言論自由的未來

獻給我的父親泰瑞．C．約克（Terry C. York, 1952–2011），
以及琳達．本．孟尼（Lina Ben Mhenni, 1983–2020）

目錄

序幕

矽谷和泛舊金山灣區一樣，均呈現一幅矛盾叢生的景觀。在這裡，超級富豪一身牛仔褲和連帽上衣，裝扮宛如大學新鮮人，漫步行經遊民區，正要前往校園深處與世隔絕的研究室。在這裡，二十幾歲的工程師相中舊金山市最令人垂涎三尺的街區，花三千元美金以上的月租住進破舊不堪的斗室，卻落得每天搭一小時公車到城外上班。

按照評論家的說法，在這裡「擾亂是勢不可擋的力量，而且沒有一次是出於（個人的）選擇」，[1]* 技術人員「惋惜社會大眾是科技門外漢，公然表示他們連國中一年級的程度都不到」。[2] 在此地的人們眼中，科技進步這回事截然不同於道德，不必考量其後果，或者說不必在意那麼多。

各種傳統規範或潛規則、體系到了此處即無人聞問，個人自由比集體行動更加珍貴。關於社會是如何構成的，他們的認知非常狹隘，而他們的中心思想是「改變世界」。從一再重複的程序中排除反覆考慮與討論以及細微差別，這樣快速行動與打破既有事務的精神則是至高無上的。在這個地方，所謂「自由」的概念，是自由主義式的。正因為如此，領導階層那些人一方面能以「擾亂」外國政府機能或者支持反對運動為目標，同時又毫不掩飾地和專制政府攜手合作，心中沒有半點違和

* 譯註：係指一種生活風格，其行為崇尚非傳統、脫離世俗的精神，參與者以藝術家、文人、作家為主流。

感。

我抱持這些看法，當然談不上前無古人，也不會是後無來者。英國的媒體理論專家理查・巴布魯克（Richard Barbrook）和安迪・卡麥隆（Andy Cameron）於一九九五年聯名發表一篇論文——當時正值第一波達康（dot-com）*熱潮方興未艾，遠早於社群媒體問世，更比本書的論點萌芽早了十幾年——論文題目是〈加州意識型態〉（The Californian Ideology）。兩位作者注意到一股「新信仰」已然成形，它來自「舊金山的文化波希米亞主義」（bohemianism），和矽谷高科技產業異乎尋常的水乳交融」、「胡亂撮合嬉皮的自由精神與雅痞的創業熱情」，並且「憑藉對於新資訊科技的解放潛力深具信心」。[3]

然而，兩人提出警告說：「這批強力促進科技的生力軍既擁護那個似乎值得稱道的理想境界，同時亦藉此重現美國社會最為原始的部分特徵，尤其是奴隸制度的某些遺毒。為了維繫他們的烏托邦式加州遠景，對於美國西岸同胞其他（令人相當失望）的生活特色，諸如種族主義、貧窮和環境惡化，必須刻意視若無睹。」[4]

許多外地人與巴布魯克及卡麥隆見解不同，他們將矽谷描繪成創新和成功的中心。但是，順著灣區內部人士的觀點卻很容易導出大異其趣的結論。

二〇一一年，在中東和美國均是起義和暴動頻傳的多事之秋，我應聘到「電子前哨基金會」（Electronic Frontier Foundation）任職，它是全世界歷史最悠久也最備受推崇的數位權利組織之一。同年四月，父親（願他安息，祐我力量）和我向U-Haul公司合租一輛汽車，展開了橫跨全國的公路旅行。我們抵達舊金山那天是五月一日國際勞動節（International Workers' Day），這一天是胸懷遠大抱負而開始新工作的良辰吉日。

我一到達位在市中心傳教區（Mission District）的狹小公寓，就被各種格格不入的現象驚得目瞪口呆。本市是舉世聞名的創新與成功之都。可是，住到這裡之後第一個星期六早晨，我沿著第二十一街（Twenty-First Street）散步，走進傳奇咖啡廳「費茲」（Philz）想買一杯咖啡，親眼目睹了一名男人蹲在人行道上起大號。後來我才知道，本市對於看似有增無減的遊民人口束手無策，沒辦法提供幫助。大家眼睜睜看著矽谷正有眾多公司躍躍欲試，想要在政府無能的地方插手，為舊金山市打造公用的堆肥式「便便屋」（pooplets）；。[5] [**] 想當然耳他們只是嘴上說說而已。

三年後我搬到了柏林，主要是因為職務使然。當時我為了工作必須頻繁前往歐洲及中東，常態性連續飛行二十四小時讓人吃不消。每次返回灣區，走在路上總是得閃躲成堆的舊針頭、無奈地看著一間又一間深具歷史意義的酒吧和聚會場所關門大吉（例如傳教區最後一間女同酒吧「Lex」），映入眼簾的還有反科技情緒，用噴漆與粉筆大肆宣洩在人行道和馬路上，數量越來越多。

不過，本書的主旨無關舊金山的變遷，也無意探究矽谷本身的廣泛問題。那些人事物已經有人寫過，而且來日方長，篇幅必會持續累積，作者們是對灣區及其未來更有興趣、與之利害關係更深的人。因此，且容我暫退一步。

---

* 譯註：「達康」是那個時代對dot-com（或.com）的通俗譯法，專指網路商務。

** 譯註：此字本義為小團塊糞便，矽谷公司為解決舊金山遊民隨地大小便問題，所提出的公共廁所方案即採用此暱稱。

世界正狂熱燃燒

五月下旬一個寧靜的上午，我在柏林的公寓，與外界隔離，安全無虞。我伏案寫作本書之際，正全神貫注觀看著灣區遭受重創——明尼亞波利斯（Minneapolis）、布魯克林（Brooklyn）以及全美的大部分地區皆然。我經常閱讀《華盛頓郵報》（*Washington Post*），還訂閱紙本的《紐約客》（*New Yorker*），但我得到的消息大多來自於人們。在現實生活中他們未必與我見過面，卻都是我的部分人脈，關係超過十年以上。這一次的新聞則是在Twitter、Facebook、Instagram和Reddit之間分享流傳，有時候是以網址連結到已發表的文章，有時候是直接來自街頭。現年三十八歲的我——如同全世界目前大多數的網際網路使用者——徹頭徹尾仰賴企業平台共享的媒體。

怎麼會這樣？親愛的讀者：這正好是我希望能夠用本書回答的問題。但是首先我要聲明幾件事，那就是關於本書是什麼、不是什麼，以及我寫作本書的原委。

本書想要做的，是提綱挈領掌握矽谷幾大傳播平台創造一個獨立系統的來龍去脈——尤其是這麼一個主宰我們在線上如何表達自我的系統。正如本書的書名所暗示的，此一治理系統又是涵攝在另一個更龐大的系統之下，也就是監控資本主義（surveillance capitalism）。這個詞廣為人知，歸功於學者肖莎娜・祖博夫（Shoshanna Zuboff）和她的大作《監控資本主義時代》（*The Age of Surveillance Capitalism*）*——任何人想要更深入了解世界何以有如今的面貌，該書非讀不可。可是，本書的**主題**並非監控資本主義本身。在我看來這個系統已然鋪設好了一個環境，以至於能決定我們如何表達自我的，是企業而非政府。

本書所蒐集的大小事跡，有的是個人經歷，有的是出自旁觀的心得。它們匯集在一起，共同訴說了一件事：過去十幾年來，矽谷的超級大公司如何逐步取得治理的權力。然而，儘管全世界各地的人們因為政治因素而日益四分五裂，相同的是他們都不再信任企業和政府。

十年來我的經歷大多發生在美國以外的地區，本書中的其他大部分事例亦然。關於社群媒體如何影響美國的民主生活，各位讀者若是希望知道更多，建議去閱讀其他學者的著作，包括希瓦・維迪亞納森（Siva Vaidyanathan）、瓊・多諾凡（Joan Donovan）、納森尼爾・波斯利（Nathaniel Persily）和伊森・查克曼（Ethan Zuckerman）等人。

數十年來著作權方面的爭論未曾停歇，在平台治理的發展過程中無疑占有一席之地。雖然如此，著作權法這個主題既複雜又人人各吹各的調，遠超出我的專業能力所及。但是，為了認識內容審核，了解網路智慧財產權監管與審查的基本歷史，是非常重要的。我也樂於鼓勵所有學者涉足這個主題。

至於以下幾個主題，則與本書無關：如深入內容審核的實務細節（可參閱塔爾頓・格萊斯皮〔Tarleton Gillespie〕的《網際網路守門人》〔*Custodians of the Internet*〕一書）；網路言論治理與監管的司法史（可參閱凱特・克洛尼克〔Kate Klonick〕發表在《哈佛法律評論》〔*Harvard Law Review*〕的論文〈新統治者〉〔The New Governors〕或尼克・蘇佐〔Nic Suzor〕的專書《無法無天》〔*Lawless*〕）；高舉社群媒體管理之道的宣言（可參閱麥康瑞〔Rebecca MacKinnon〕在二〇一二年推出的皇皇巨著《連線者的同意》〔*Consent of the Networked*〕）；社群媒體如何侵蝕民主制度（可參閱希瓦・維

* 譯註：中譯本已由時報出版。

迪亞納森〔Siva Vaidyanathan〕所著《反社會的媒體》〔*Antisocial Media*〕），本書也不在於探討內容審核對勞動者的影響（可參閱莎拉．T．羅勃茲〔Sarah T. Roberts〕的作品《螢幕背後》〔*Behind the Screen*〕）。以上諸位以及其他眾多學者的著作令我獲益良多而且經常引述，強烈推薦各位能閱讀這些作品，還有本書書末附註中所羅列的許多學術與普及書籍。

我和所有作家一樣，總是會擔心沒有寫到某些重要的人事物。如有疏漏之處，謹此致歉——畢竟區區一本書的篇幅裝不下那麼多精彩的生活內容。話雖如此，假使提到過去十年來的發展時，我沒有為那些社會運動者、非政府組織（Non-Governmental Organization, NGO）和學者們——堪稱族繁不及備載——在其中扮演的角色記上一筆，就是真的太粗心大意了。數位權利（Digital rights）領域，更具體來說，是研究平台政策和內容審核的領域——從早期的冷清一路走來，至今已經有了巨幅成長。細數我的朋友和同伴，有些人是這個領域的行動者與專家。我很清楚，幸虧有他們，否則我現今的觀點必然會大為不同。由於他們的貢獻，我才得以有所長進。

最後，我想簡單談一下「審查」（censorship）這個術語。在初出茅廬那段時日，關於「企業」或「平台」審查，我總是公開提倡自由且開放的網際網路，事後卻遭到憲政主義者反駁，他們認為我對這個詞的用法損害或違背了法律觀點。即使到了今天，有時候我仍會遭受非議。他們通常是法學教授，責備我扭曲了（美國）法律對該詞的定義。*

關於這一點，我的立場堅定：「審查」並非法律術語，也不是政府獨占的領域或者《美國憲法第一修正案》（First Amendment）的同義詞。縱觀歷史，無時無刻都在實施審查，它來自皇室、教會、郵政系統、宗教法庭、出版商、國家，當然也少不了企業。在全世界各地都有某種形式的審查，只不過細節不盡相同。有史以來，審查行為最常見的服務對象是在上位者。他們藉此鞏固權力，凡是可能引起抗議的言論，一律會被消音。但是，爭取言論自由的奮鬥與審查的歷史同樣久遠，而且從未停止。

不僅如此，現今的社群媒體平台內部的法律架構既不是天經地義的，也不見得對任何地方的任何人都「正確無誤」。必須指出一點：《美國憲法》在制定憲法時女性和非白人族群完全沒有機會貢獻意見——不是完美無缺的文件，《通訊端正法》(Communications Decency Act, CDA)第二三〇條，這是一九九六年的法規，傑夫．科瑟夫(Jeff Kosseff)教授稱之為「締造了網際網路的二十六個字」**——(如本書第一章所論)亦非無懈可擊的法律。

因此我們務必在現有各種法律、不同司法管轄權的背景下檢視言論自由、審查和法規的相關爭議，並且跳出框架思索解答。或許，唯有這麼做才能決定我們的未來。

---

* 譯註：有論者主張，moderation與censorship是兩種不同概念。本書作者及書中引用的其他人並沒有嚴格區分這兩個字，甚至可說是將之視為同義詞。中譯方面，除將censorship譯為「審查」，有時基於修辭考量，moderation會譯為「審核」或「審查」。例如在台灣一般稱社群平台的moderator為「審核員」，因此本書提到社群平台的content moderation時，即連帶譯為「內容審核」。但是，並不表示作者認為有「審核」和「審查」之別。

** 編註：條文原文：No provider or user of an interactive computer service shall be treated as the publisher or speaker of any information provided by another information content provider.

前言

二〇〇五年夏，年僅二十三歲的我接下一份在摩洛哥教英文的差事，前一年夏天我曾在那裡留學過。和眾多年輕人一樣，我對於人生目標毫無頭緒。我喜愛寫作，知道必須練習才能寫得好。因此，抵達摩洛哥之後幾天，我坐在當地的一家網咖，做了一件當年的任何正常人都會做的事：開設了一個部落格。[1]

寫部落格可讓我和當地的社群建立連繫，同時也能把我的生活點滴傳達給家鄉的朋友們。到後來，光是寫日常生活變得索然無味，於是我轉而開始撰寫摩洛哥的政治。我找人設計一個網站，用來保存我寫過的文章。我靠蹩腳的法文閱讀當地雜誌、與朋友談天，隨後扼要記錄當下的事件，有時會加上我的個人看法。

摩洛哥有各種複雜的面向（當然也少不了矛盾糾結），始終讓作家們寫不勝寫。一方面，尤其是和某些鄰國相比，這個國家擁有自由的現代法律：女性的法定權利和男性的相去不遠，勞動法規及其他法律都能迅速跟上時代。另一方面，即使數十載的殖民化已經穿透生活的每個層面，從語言到食物無一例外，而它保留的傳統依然令人難以置信——對我來說，最突出的正是這個國家的幾大支柱：*Allah*、*al-Watan*、*al-Malik*（即神、國家、國王）。

隨便一名摩洛哥人都會告訴你，有三條紅線不容逾越。第一條，你不得否定——更不能咒罵——神或伊斯蘭教。你或許可質疑或是爭辯《可蘭經》是否真的禁酒（杯中物可是滿受歡迎的），但是超過了特定的界線，會叫你吃不完兜著走。第二條紅線是國家或祖國。摩洛哥確實是個充斥著民族主義的國家，但是有許多地區也是。具體的紅線是：千萬不要質疑摩洛哥對西撒哈拉（Western Sahara）地區的主權。一九七五年，有三十五萬名摩洛哥人大步邁進那片土地宣示主權。當時它是西班牙的領土，雙方遂因此展開一場持續十六年的戰爭，摩洛哥政府的決心反而益加堅定。

最後一條紅線——不准藐視國王。我習慣閱讀的作家們喜歡在專欄裡抨擊國會議員，甚至緊咬王室成員不放。至於國王，雖然他很現代化、喜歡玩樂，例如他駕駛水上摩托車的照片越來越熱門而且隨處可見，但他本人是絕對不可以批評的。

讓我來說明一下：二〇〇九年在摩洛哥進行的一項獨立民調顯示，有百分之九十一的公民滿意國王的領導。[2] 放在當前世界上的其他各地，這是個無與倫比的數字。德蕾莎修女的滿意度從未高過百分之五十，歐巴馬總統則平均只有百分之四十七，他的繼任者更不用說。然而，對於備受愛戴的摩洛哥國王而言，那百分之九的「赤字」令人難以忍受。當《*TelQuel*》和《*Nichane*》這兩份大眾雜誌披露民調結果，雙雙都被交通部查禁了。

我一頭栽進審查的事件與歷史之中，首先是從摩洛哥開始的，然後遍及整個阿拉伯世界。我的寫作就此起步，不僅寫到我居住的這個國家，也寫到埃及、突尼西亞、阿拉伯聯合大公國（United Arab Emirates, UAE）和巴勒斯坦。我和其他志同道合者結合，一開始是摩洛哥當地人與僑民，他們都把寫作部落格當作管道。隨後，又擴及阿拉伯地區普遍的年輕人。

到了二〇〇七年稍早，我對自己的寫作實力有了信心，而且亦渴求更廣大的管道，於是寫信給

「全球之聲」(Global Voices)網站的地區編輯阿米拉．阿爾．胡賽尼(Amira Al Hussaini)，詢問是否可加入他們的計畫，沒想到她立即回覆而且非常熱情，讓我大吃一驚。就在那一天，我的世界從此改觀。

「全球之聲」網站成立於二〇〇四年，比現代社群媒體略早出現。它的創建者為麥康瑞(Rebecca MacKinnon)和伊森．查克曼(Ethan Zuckerman)，兩人為貝克曼．克連網際網路與社會中心(Berkman Klein Center for Internet & Society)的研究員，該中心是個跨領域機構，肩負當時哈佛大學法學院「探索及了解網路空間」的任務。麥康瑞曾經是CNN北京分社的社長，後來轉任東京分社社長。查克曼成為媒體學者的學術之路較為曲折，先是從美國麻州到了加納，又從加納回到美國，在一家早期的網路主機公司Tripod.com任職。「全球之聲」誕生於一個研討會，與會者有媒體學者，以及來自世界各地形形色色、胸懷壯志的部落客。不到五年，它已成為一股不容忽視的力量。相對於那些往往資源不足、有時目光如豆的主流媒體，它提供了另類——有時候是相反的觀點。

在草創階段，「全球之聲」的操作手法是報導人們在部落格上說了什麼。後來，部落格被Facebook貼文與Twitter推文取代，視覺化媒體亦隨之興起，「全球之聲」的作者群不得不發揮創意及尋找新方法，去捕捉往往稍縱即逝的內容。這一點我們會在後面各章詳述。

二〇〇七年，二十五歲的我搬回美國，在波士頓落腳，離我的家人以及我成長的地方不遠。雖然我已經獨立了好幾年，在美國的生活仍帶給我新挑戰，我得忙著維持生計。我在一家非營利機構擔任正職、在「全球之聲」當義工，並且抓住每個寫作案子，從本地餐廳評鑑到基金會文案，無所不包。我這樣過了一年。

然後，我迎來了「重大突破」：在「全球之聲」核心團隊的鼓勵之下，我申請獎助金，(和「全球之聲」其他成員）參加在邁阿密舉辦的一場媒體研討會。我在大半夜抵達租借的住處，隔天早上加入我的同事們，在後院一起喝咖啡。這是我第一次親自現身。

關於會議的內容，我記得不多。可是，那一星期裡發生的事，有些記憶特別深刻：每個人都在談論微型部落格，沒完沒了地說著一個叫Twitter的新平台，那個平台我也在同一星期加入了；「全球之聲」的同事們本人比線上更親切、有趣；他們有的是從巴林、玻利維亞、馬達加斯加、千里達和法國遠道而來，我們整個星期談天說笑、暢飲、寫歌。他們的年紀都比我大一點，都在從事喜歡的工作——那是我尚未找到的。

在邁阿密的最後一天早上，我和當時「全球之聲」的執行編輯索拉娜・拉森（Solana Larsen）坐在花園裡聊天。我提到自由寫作案子那種持續不斷的麻煩有多讓人難過、疲憊。我喋喋不休說了一連串想法，有點七零八落的：我想寫作、我喜歡做研究，像審查、行動主義、各種不同文化，或許還有跟新媒體有關的事，這些主題都讓我著迷。「我可能有些想法，」她說：「把你的履歷表寄給我，我再看看我能做點什麼。」

長話短說，最後我來到了「貝克曼・克連中心」。那一天下午，我走進我老闆的辦公室並告知他，我接受入職提議。三週後，我穿越哈佛的校園，邁向新人生。

這份工作不輕鬆，但我喜歡它。我被指派負責協調「開放網路促進會」（OpenNet Initiative），這是一個跨機構的研究計畫，其目的是研究政府如何執行網際網路等級的過濾或審查。我必須協調多倫多大學（University of Toronto）的公民實驗室（Citizen Lab）、許多國家的志工和付費測試人員，進行上述過濾的技術測試，此外還有為編寫一本該主題的專書協助研究，以及定期在部落格發文。這個主題讓我感到魅力無窮，在餘暇時我會去廣泛了解我正在研究的各個國家。和我共事的，都是全世界網際網路審查領域最重要的專家，我盡最大努力吸收他們的一切。

二〇〇七年的夏、秋兩季，發生了多起政府封鎖社群媒體網站的事件，如突尼西亞、科威特和土耳其；同年冬季又有巴林、阿拉伯聯合大公國（UAE）和伊朗緊追在後；在中國則是從一開始就不允許連線那些網站。在封鎖名單中，無一平台得以倖免——YouTube、Flickr、Facebook、Twitter，都是封鎖目標。到了二〇〇九年底，由於不同國家各自針對不同社群網路進行封鎖再解除（有時候會再度封鎖），追蹤工作變得難以為繼（但我們盡力嘗試！）。很顯然國家是表達自由的敵人，而各個平台都是好人……或者說，至少在當時看起來是這樣子。

與此同時，我聯絡上摩洛哥一名年輕的社會運動者卡森姆．艾爾．加薩里（Kacem El Ghazzali），事關一場活動，目的是喚起社會大眾關注一名在遊行示威中被捕的部落客。活動結束之後我們仍保持聯絡，他跟我說起他在公立教育體系對抗宗教的行動。這是直踩摩洛哥紅線的行為，我擔心他的人身安全。因為，就在一年前摩洛哥政府才逮捕一名年輕人福阿德．穆爾塔達（Fouad Mourtada），罪名是模仿國王的弟弟。據說，在拘留期間他遭到警方毆打。

卡森姆也擔心自己的安危，然而他的決心很堅定。他在Facebook成立一個專頁，名為「宗教與教育分離青年團」（*Jeunes pour la séparation entre Religion et Enseignement*），卻很快就遇到了麻煩。二〇一〇年三月十三日，他傳了一則訊息給我：「Facebook停用我的帳號。」

一個月後，我開始研究「內容監督」（content policing），在當時這個主題還很少有人觸及。於是，我開啟了一項持續十年的個人執著，將我的生命與工作生涯帶往前所未有的方向。

1

新守門人

對網民日常使用網際網路最有直接影響的各種規則，
都是中介商制定以及執行的。

——尼克・蘇佐（Nic Suzor）

請想像這樣的社會：所有法律都是在密室裡制定的，不必徵求社會大眾的意見或認可，還能隨時修改，或是逕以新法律全面取而代之。其中沒有民主式的參與、缺乏透明，也不須遵循特定程序——執法者是遠在天邊經過訓練的一小撮工作人員，而他們往往不接地氣；或者，也有越來越多執法者是訓練有素的機器。如此做法當然免不了失誤，甚至錯誤屢見不鮮。可是就算他們犯錯，一般人也很少有辦法糾正他們。

這個社會確實存在，就在矽谷創建的社群媒體平台裡，而且已輸出到全世界。這些平台——如Google、Facebook、YouTube、Twitter和Tumblr——正在發揮其力量，控制全球幾十億人的言論和視覺表達行為。截至二〇二〇年，光是Facebook每天就有超過十七億的活躍用戶——大約比中國的人口多三億。

雖然他們並未如民族-國家一樣擁有重型武器，法律學者茱莉．E．科亨（Julie E. Cohen）指出，幾大平台的地位「在國際法律等級上，越來越近似主權國家」。[1] 以他們的言論規定對全世界普通民眾的影響而論，上述說法千真萬確——而且，與矽谷及早期網路自由主義（cyberlibertarian）*思想家的精神背道而馳，那些思想家的樂觀哲學至今仍在矽谷具有重要份量。

網際網路哲學家約翰．佩里．巴洛（John Perry Barlow）發表〈網路空間獨立宣言〉（A Declaration of the Independence of Cyberspace），為網路社群同伴挺身代言。他雄辯滔滔地痛批全世界的政府，宣告「（他們網路社群）正在打造的全球空間與生俱來就是獨立自主的，你們不要妄想將獨裁暴政施加在他們身上」。他主張「網路空間並不處於你們的領土之內」，認為它是「自然而然形成的」，乃是藉由「我們的集體行動」發展起來的。[2] 巴洛於二〇一八年因久病過世，他眼中的網際網路是「任何人可以在任何地方表達個人信念的世界，無論其信念有多麼異常，也不必恐懼被強制消音或屈服」，「財產、表達、身分、遷徙和情境……」這些法律概念在這個世界通通不適用，因為「它們均是以物質為基礎的，然而此地並沒有物質」。

這篇宣言發表於一九九六年，當時世界經濟論壇（World Economic Forum）正在瑞士的達佛斯（Davos）舉行。宣言發表當天適逢美國總統比爾・柯林頓（Bill Clinton）簽署《通訊端正法》，該法案旨在禁止網際網路上的「猥褻」內容。巴洛深知政府正逐漸威脅到網際網路的自由，早在六年前即共同創立了「電子前哨基金會」。

科幻小說作家布魯斯・史特林（Bruce Sterling）也是早期撰寫自由網路前景的作者之一。一九九二年，他在〈網際網路簡史〉（A Short History of the Internet）一文中指出：人們想連上網際網路的主要原因是「簡單的自由」，接著又說：「網際網路是個罕見的實例，它是現代化且具有機能的真正無政府狀態，世上沒有所謂的『網際網路公司（Internet Inc.）』」。[3]

我是在一九九〇年代長大的，同樣相信網路世界無所不能。我接觸全球資訊網（World Wide Web）的初體驗是透過當時Prodigy這家網路服務公司，它沒有AOL（America Online，美國線上）那麼受歡迎，其實服務相差不多。雖然是這樣的網路服務公司，我不曾遇到任何形式的言論限制，直到堂堂邁入二十一世紀的第一個十年。我的早期網路探險十分刺激——甚至稱得上無比興奮——卻不是毫無風險。我遇過騷擾和仇恨的言論，看過某些圖片，留下至今無法抹滅的陰影。換個說法，這一切

* 譯註：另譯「網路新古典自由主義」。

正是現今各個平台想要設法摒除的。可是，我也與人建立了深厚友誼，以至於後來前往美國其他州旅行，有一部分是首次單獨上路。我也學到很多關於世界的知識，是鄉下的公立學校沒教的。

巴洛看見的網際網路是超越政府管轄的地域，在這個沒有法律規章可管的空間或許將出現一種——基於金科玉律（Golden Rule）[4]的新治理形式。史特林眼中的網際網路則是屬於「每個人而非任何人」（everyone and no one）。[*]他們兩人都預見政府的力量遲早會施加到網路之上，但是他們作夢也想不到：下一代人利用肆無忌憚的新自由主義式資本主義開路，能夠做出什麼事；而這些人毫無疑問都曾經受他們的觀念影響。

審查簡史

縱觀歷史，總是有各式各樣的機構制頒種種規則，規定普通公民可以看什麼或說什麼。傳統上，審查是屬於教會或君主政體領域的事務，但是隨著始於一六四八年簽訂的西發里亞和約（Peace of Westphalia）[**]——民族-國家興起且進而成為社會的基本組織原則，民族-國家還有它所內含的次要治理結構，遂化身主要的權威仲裁人，可決定人民的言行內容，以及允許取用怎樣的資訊。

放眼全世界，如今大多數社會都能同意：凡是經由民主而選舉出來的政府，即有權控制我們的言論表達與資訊取用權利，雖然每個社會對於此項政府權利的信任程度不盡相同——當然，每個政府將其控制權行使到什麼地步，同樣也是各有千秋。

直到網際網路出現之前，審查不過是地方型的行動。官方（不論是否為民主政府）或許會認定某本書、某部影片、藝術品，或是報紙文章觸犯了法條或敏感內容，於是禁止民眾讀到或看到。歷史上世界各國從事審查的手段極為不同：然而，在蘇聯時代常見的作法是刪除書籍中的內容，再重新發行全新版本，並且將逾越已知或未知紅線的作家逮捕入獄。在現代的沙烏地阿拉伯，政府喜歡以塗黑或模糊化的方式處理進口書籍、影片裡的冒犯文字與畫面；同時，亦禁止在當地製作某些內容。中世紀義大利和前現代英國均是採用無花果葉來淡化藝術作品***，在現代土耳其和摩洛哥——它們的共同之處是信仰伊斯蘭教，除此之外，國家發展史與政府制度都有很大的差異——敢污辱已故或現任國家領導人，都難逃牢獄之災。

越民主的國家，在審查方面往往越透明。一九九〇年德國統一時，採用「基本法」（Basic Law）作為憲法，它保障言論、新聞和意見自由。但是，為了保護青少年和個人名譽權，允許部分約束。德國的現代刑法更進一步限制 *Volksverhetzung*（或者說「煽動民眾仇恨」）、否認大屠殺、某些形式的侮辱，以及其他少數事項。此外，還有一些法規禁止「違憲政治」，如加入國家社會主義（National Socialist）及新納粹（neo-Nazi）黨派，極左的紅軍（Red Army）派別亦在禁止之列。這些法律固然經常有爭議，都已經充分傳達給社會大眾知曉，在圖書館或網際網路很容易就能查到法條全文。儘管在德國和其他採用這一類措施的國家，一般公民不同意這些法律，而知法犯法者都能覺悟自己的行為必須付出代價。

---

* 譯註：指「已所不欲，勿施於人」。

** 譯註：該和約奠定了主權國家概念與宗教平等原則。

*** 譯註：例如遮住大衛雕像的敏感部位。

來自全球的貢獻者對維基百科的「審查」（censorship）一詞所下的定義是：「對被認為是有害的、敏感的、或是不合適的演講及其他公共言論的抑制」*。基本上，審查是當權者對社會大眾用以維護支配地位——及價值觀的行為，針對當權者反對的表達，強加各種法規、懲罰或其他措施。

「審查」一詞本身固有的意義是價值中立的。有的審查能獲得認可（例如大部分德國人都支持禁止否認大屠殺），有的審查則被視為荒謬無稽——至於如何區分，不同社會乃至個人的見解未必一致。大多數國家的政府都認為，適度審查仇恨言論是可取的做法；有相當少數的政府則會嚴禁侮辱國家領導人。

即使審查這個觀念是中性的，卻往往只會被用來指稱我們不認同的限制。以美國來說，它的言論法律稱得上是全世界最包容的，依舊免不了設定某些限制，兒童性剝削圖片即是其一（另一個令人遺憾的更普通用語是「兒童色情」）。明訂這項限制是為了保護兒童，除非是極其邪惡之徒，所有人都不會有異議。然而——縱然有共識——它終究算是審查行為。簡單來說，它是我們同意的審查。

此外，言論自由（或表達自由）並非《美國憲法第一修正案》的同義詞或者同等的法律權利。[5] 表達自由的觀念至少可以追溯到古希臘時代。雅典的所有男性公民，不分貧富，一律都會被鼓勵在民主集會發表意見，藉此參與城邦的治理。這是*isegoria*觀念，它構成了雅典社會的根基；另一個觀念*parrhesia*則是准許哲學家向有權勢者說真話。**眾所周知，雅典人的表達自由並非不設限的：以投票方式對蘇格拉底定罪或許稱得上民主，然而投票結果卻是讓他徹底禁言。

認識審查這個詞的歷史——以及對這個詞的抗拒——或許能幫助讀者理解我們當前的兩難處境。我將在本書說明：時至今日我們的言論守門人不再只有民族-國家，還包括巨大的全球性網際網路公司。借用尼克·蘇佐的話來說，這些公司已經成為「治理我們生活的關鍵角色」。[7] 它們既不受任何人又同時受許多人約束，以至於生出一套複雜而盤根錯節的規則，連專家都如墜五里霧中，更何況它們的用戶。因此，它們對於言論、個人與集體行動能力、文化，以及記憶，造成了重大而且無法完全掌握的影響。

新守門人

當約翰·佩里·巴洛出入達沃斯（Davos）***，與眾多菁英摩肩擦踵而過，那時候年輕的馬克·祖克柏（Mark Zuckerberg）正在威斯特徹斯特郡（Westchester County）的家，為他的第一個社群網路ZuckNet編寫程式，連線家裡與父親牙醫診所的電腦。同時，在美國的另一頭，史丹佛大學的賴利·佩吉（Larry Page）與謝爾蓋·布林（Sergey Brin）之間逐漸凝聚堅不可摧的關係，短短幾年內就成立了Google公司。還有一名孜孜不倦的年輕人叫傑克·多西（Jack Dorsey），則是遠在密蘇里州的大學，準備好要畢業，以便能開始工作。這幾名一心想創業的年輕人，和我在相同的網際網路環境下長大，這

* 譯註：中譯取自維基百科中文版〈審查制度〉一詞內容。

** 譯註：isegoria，人人平等的言論自由。parrhesia，言論上的無畏或自由。

*** 譯註：瑞士的小鎮名，每年冬季會在此地舉辦一場世界經濟論壇，與會者常包括世界大國領袖，乃至政商名流、各界頂尖人士。

個網際網路讓人覺得任何事都有可能。大約在新舊世紀之交，他們來到矽谷。他們崇尚自由主義（libertarianism），擁抱放任式資本主義，對各種監管嗤之以鼻。他們接受加州意識型態，並按照它的形象打造了自己的帝國。

祖克柏、佩吉和布林，還有多西創設公司之際——分別為Facebook、Google和Twitter等公司——正好是網路言論受限最小的時期。《數位千禧年著作權法》（The Digital Millennium Copyright Act）於一九九八年頒布，對著作權保護的內容之分享與散播加以限制，並將責任擴充到為這類內容提供主機的平台。有少數政府會採取措施，限制連線特定網站；有的政府則是對某些網站全體封殺，唯有獲得許可或符合其他計畫的部分公民得以和它們連線。然而，大致上這一片電子疆域對所有人來說都是自由的樂土。

一九八〇和九〇年代，美國對於隨處可見的色情產品展開了激辯——人稱「色情戰爭」，最後導致《通訊端正法》通過。此法案在後來被認定違憲，但是其中有部分內容——第二百三十條——倖存下來，打下了社群媒體平台蓬勃發展的基礎。如今它被稱為《美國電信法》（US Telecommunications Act）第二百三十條，法典編號是47 U.S.C. § 230。其中原屬於《通訊端正法》的部分，本意是要成為網路服務供應商及搜尋引擎的避風港，讓供應商得以主張本身並非出版商，它們的角色只是提供網路連線或者傳送資訊，因此不必負擔使用者的言責。

第二百三十條包含兩個部分：首先，是避免中介商被要求為其用戶的言論負責，如同為電話公司提供的保護措施，這是非常重要的規定。若非如此，將會激勵那些公司主動監督用戶的言論，影響所及是抑制了創新與成長。

第二部分是讓中介商既有能力監督使用者的言論或行為，卻又不會喪失避風港的屏障。在第二百三十條立法之前，中介商若是在提供服務時審核內容，其風險在於為使用者的非法或誹謗言論負責。假如沒有第二部分，中介商想要保護顧客免於被騷擾或別的侵犯，同時不必因為沒注意到的其他內容而陷入司法風險，執行上會更加困難。

尼克・蘇佐指出，第二百三十條「為網際網路內容的司法訴訟穩穩刻劃了基礎規則：在網路遭遇傷害的受害者可以控告必須負直接責任的當事人，對於代管內容或協助傳播的服務供應商，卻幾乎不可能提告。第二百三十條的重要性真是難以言喻。這座避風港非常寬宏大量：它只給予各平台權利，可以在自以為適當時移除內容，可是沒有給它們責任。」[8]

以這樣的方式管理中介商，當然有不利的一面，那就是有一群不是經由民主程序選出來的領導者，他們並未具備特定的資格，卻能夠決定道路的規則，而且已經這麼做了，規則更可以說改就改。中介商能夠審查言論，或是用任何理由或根本沒有理由，就永久禁止用戶使用它的服務。換個說法，正如學者麗貝卡・圖希內特（Rebecca Tushnet）的說明：「現今的法律通常允許網際網路中介商有自己的言論自由，其他每個人也有。」[9]

如果是小型或是為了特定目的而架設的分眾平台，這一點倒是無傷大雅——很少人會主張服務猶太人的約會網站Jdate應該為基督徒代管內容，或者是編織控的網站必須成為政治論戰的空間。可是，多年下來有幾個大型的全方位平台已經演變成全世界幾十億人的聚集地。在法律上，雖然Facebook或Twitter的性質類似於購物中心，對早期的使用者而言，它們更像是虛擬空間，可以在這裡交換想法與資訊，人人都有平等的機會參與公開辯論。

儘管有許多人或許會認為（批評我的人已經如此主張）：這些平台是企業的領域，我們不應該對自由有所期待。許多人有這樣的預期，並非無的放矢。我在接下來各章會呈現給大家看，早期這些平台的創辦人都在引導我們相信，它們的平台是讓大家能夠自由交換想法的空間。它們的出現，沒有一個不是附帶**一些**規則的。長此以往——隨著它們普及，而且用戶基礎跟著成長——它們也都限制了我們可不可以做什麼或說什麼，同時還有來自外力對它們施壓。因此，我們應當將平台的運作視為網路言論的「新統治者」。

「新統治者，」凱特・克洛尼克（Kate Klonick）寫道：「是新式言論三元模型的一部分，位於國家和演講人—出版商之間。它是私有且自我監管的實體，出於經濟和規範動機而反映用戶的民主文化以及對言論自由的期望。」[10]

克洛尼克提到的三元模型可追溯到傑克・巴爾欽（Jack Balkin）。他是美國的憲法學家，有許多著作是關於網際網路上的自由民權（civil liberties）主題。談到新統治者，巴爾欽說：「在二十世紀的模型中，絕大多數群眾都是大眾媒體產品的閱聽人，極少數人會使用大眾媒體而作為演說人或廣播員。相對地，二十一世紀數位言論統治者的生財之道，是協助及鼓勵一般人製作各種內容，並且統治這些演說者最後所形成的社群。」[11]

巴爾欽的三元模型說明了言論監管的多元概念。這個模型不但比已往的更加複雜得多，有各式各樣的角色都在言論的治理上占了一席之地，同時（或許是因為這個系統的渾沌本質使然）又讓公民有更多機會能夠規避國家對言論的傳統限制。

然而，誠如巴爾欽早期所提出的警告：數位時代已經改變了《美國憲法第一修正案》（以及全世界其他國家的法規）對保障言論自由的重要性，因為「保障民主文化的責任」已然落在私人身上。[12]

至少在美國，以前就曾經思考過準公共空間的私人治理問題，最為知名的是一九四六年最高法院的馬許訴阿拉巴馬州一案（*Marsh v. Alabama*）。在二十世紀上半葉，由公司為員工提供住宅和其他房地產，並非罕見的做法。這些空間俗稱「公司鎮」（company town），隸屬於公司並由公司治理。但是，以它最主要的各項目的而言，它是被當成公共空間對待的——也就是說，歡迎外來訪客使用這裡的馬路和人行道、光顧這片公司土地上的商店。

但是，在阿拉巴馬州的一個公司鎮，有人看見耶和華見證人（Jehovah's Witness）教派的一名教徒格瑞絲．馬許（Grace Marsh）正在街上散發宗教出版品，要求她離開。馬許拒絕，因而被逮捕。這一事件足以構成合憲性爭議。最高法院作出有利馬許的判決，雨果．L．布萊克（Hugo L. Black）法官為五比三表決結果所寫的見解說道：「所有者為本身之利益，越開放其資產供一般公眾使用，其權利即越受使用者之法定與憲法權利限縮。」[13]

馬許案的核心意旨仍然是憲法的指導原則，奠定了後續案件的基礎。然而，直到本書寫作之際，它尚未被應用到網際網路這個準公共空間。雖然如此，我們很容易想像它的核心原則如何在虛擬空間中應用。

二〇一一年，Facebook為當時的總統巴拉克．歐巴馬主持一場虛擬的「施政廳大會」（town hall）。[14]在美國，有史以來政治人物都是將「市政廳」大會（"town hall" meeting）當作與選民交流的方式而不問選民的階級——換言之，在這種形式之下，普通選民和公民都是被一視同仁對待。雖然市政廳大會的固有意義並不是開放的，理論上會禁止公民參加。可是，許多市政廳大會在運作上均採取來者不拒的政策。

可是，由Facebook主持的「施政廳大會」本質上卻是閉門會議。想參加的人不僅需要有個Facebook帳號，還必須遵守Facebook的規定——使用並公開他們的「真實姓名」。任何人只要是因為犯規、Facebook的失誤或不當援用規則而遭禁止使用其平台，也會被拒於施政廳的大門之外。

同樣地，有越來越多商業團體使用Facebook從事各種形式的公開活動，有的是選用Facebook專頁而不是架設網站的餐廳，也有利用Facebook和顧客互動的航空公司。不光是退出——或被踢出——Facebook的使用者無法利用這些工具，那些企業的員工如果不加入便會處於劣勢。換句話說，若是你的職務需要用到Facebook，你就必須有個Facebook帳號——但是一旦你被平台封殺，請自求多福。

克洛尼克寫道：「如何兼顧中介商管理平台的權利，同時能保護用戶被《第一修正案》賦予的言論權利，在法庭上、學者之間，相關的辯論仍無止盡地進行著。」然而，對這些平台的用戶而言——尤其是在美國境外的平台——這場激辯的進度太緩慢了。[15]

每個平台的規則大異其趣，可是每個平台都是自居守門人的角色。隨著這些規則一再推出新版，平台審查各式各樣內容的壓力越來越大——壓力來自用戶、政府和各種組織。

即使有人曾經認為，在網際網路這個空間，「任何人可以在任何地方」表達自己的信念。如今我們已然實實在在進入一個新時代，讓人再也無法這麼想。現在的網際網路裡，那些原本就被社會邊緣化的族群，更進一步成為不負責任平台的受害人。至於一直都是有權有勢的，則是能夠自由自在地散播假訊息或仇恨，卻能逍遙法外。

歡迎光臨敵托邦(dystopia)*!

監督準公共空間的內容

繼續看馬克・祖克柏的故事。他在哈佛大學宿舍裡想到的Facebook,本來是一款名為FaceMash的遊戲。它可以讓哈佛的學生比較兩張女學生的照片,然後投票給比較迷人的那位。它的照片是從大學裡一個叫作「face book」的地方抓來的,那是一個學生目錄,包含他們的照片。「我差一點想把這些大頭照和農場裡的動物照片擺在一起,」年輕的祖克柏當年在他的部落格如此寫道:「讓大家投票看誰比較吸引人。」[16]

FaceMash讓祖克柏招來校方痛斥,網站被關,但是這名年輕學生可沒在怕。他架設一個新網站Thefacebook.com,其功能是作為網路上的學生名錄。這個網站在二〇〇四年二月開張,對象是哈佛大學的學生,隔月擴展到耶魯、史丹佛和哥倫比亞等大學,同一年稍晚,已橫掃美國多數大學。

Facebook並不是這一類社群媒體平台的首創——已有Friendster、MySpace,還有久被淡忘的Orkut分別在不同地區受到歡迎——但是它火速成為規模最大的。自從它開放給所有人註冊,短短四年用戶已達五億之多。一年後,它推出第一套社群守則。

意思並不是說Facebook在創設時是無法無天的狀態:在公佈準則之前,它即有所謂的《服務條

* 譯註:與烏托邦相反,是個令人絕望、恐懼的黯黑世界。

款》（Terms of Service, ToS），禁止某些言行，例如：「霸凌、恐嚇或騷擾其他用戶」；發表包含「仇恨、威脅、色情或裸體或血腥或暴力傾向的內容」；以及「使用Facebook進行任何非法、誤導、惡意或歧視的行為」。它又進一步禁止用戶以「真實姓名」以外的任何名稱註冊其服務。[17]

公司的ToS是法律合約，勾勒公司與使用其服務的用戶之間相關的條款。然而，社群守則或規範則是更為白話的文件，用來說明平台的規則，有時會包括違反規則的後果。Facebook的第一套社群守則發佈於二〇一一年，內容清楚卻很基本，禁止暴力和威脅、自我傷害、霸凌和騷擾、血腥內容及裸體。然後，又對侵犯著作權、推銷管制物品、使用假名或筆名，以及其它幾項行為加以限制。

在原始的社群守則文件下方有條註釋，說明用戶如果認為在Facebook看到了違反平台條款的內容，應該向Facebook檢舉。Facebook和大多數平台一樣，直到最近才開始採取主動措施去鑑定明文禁止的內容。已往它只是依賴一個所謂社群監督或「檢舉」（flagging）*的系統，由用戶透過它監督網站。凱特・克勞佛（Kate Crawford）和塔爾頓・格萊斯皮（Tarleton Gillespie）指出，該系統的功能「是成為吸引並分配用戶勞力的機制——將用戶當作志願監管者大隊」。[18]

檢舉功能在各個平台的運作方式雷同：當用戶偶然遇到了很感冒的內容，他們會點擊某個按鈕（有時候是真的旗幟按鈕，但很少是這樣），接下就會看到一系列選項跳出來。目前Facebook的做法是讓用戶從一份清單中「選取問題之後」，再檢舉貼文。問題清單包括「裸體」、「仇恨言論」，以及其他禁止的內容。Twitter則是詢問：「這則推文有什麼問題？」可回應的選項有「我對這則推文不感興趣」和「它包含謾罵或有害內容」。依據用戶的選項不同，接下來會有更多進一步的問題或選項，在提交之前先將問題推文分類。

這種檢舉措施造成了告密文化，它期待人人都能互相監視，並向核心單位檢舉有問題的行為。如此形式的「社群監督」就像「社群守則」一樣，幾乎與社群無關——或者，更精確的說法，是將它拿來與美國國土安全部（US Department of Homeland Security）一套叫作「檢舉可疑，人人有責」（If You See Something, Say Something®）的計畫比較。它是在九一一事件之後設計的，目的是鼓勵普通公民向官方舉報可疑行為。計畫施行後，導致許多無辜的非白人民眾，因為曖昧模糊的理由被檢舉到了司法部門。[19]

到了現代社群媒體平台，這種現象轉變為用戶被其他人檢舉違規。有的違規是真的，有的是檢舉人自以為是，也可能只是單純因為讓人生氣或厭惡。一旦某篇貼文被舉報，它就會開始排隊等候審核，由人工判斷該貼文是否違規。[20] 如果工作人員判定它犯規，它就會被刪除；否則，它會繼續保留。那些累犯的用戶會受到懲罰，就像在幼兒園：他們會被「停權」（timeouts）最多達三十天、從搜索結果隱藏，或者更慘的是永久停用，無法再存取內容——及網路——這可是多年來一直鼓勵他多多利用的平台。

莎拉．T．羅勃茲（Sarah.T.Roberts）稱這個過程是「商業化內容審核」，她以這個詞評論如今供各大平台運作的資本主義環境與規模。Google和Facebook等公司應用遍布全世界的成千上萬名內容審核員（moderator），而且往往是聘用服務公司來做，如Accenture、Cognizant和Arvato。正如羅勃茲所說：他們辛勤工作，「他們分別屬於全世界不同政權、各有就業狀態和工作條件——這往往是刻意安排的。」[21]

* 譯註：原義為豎立旗幟作為標示。

幸虧有羅勃茲和克洛尼克這些學者，以及像陳力宇（Adrian Chen）、凱希・牛頓（Casey Newton）這樣的記者，他們的努力成果讓我們對於Facebook內容審核的內部運作方式所知更深入，遠勝於對其他平台運作方式的了解。在Facebook，內容審核共有三個層次：第三層審核員負責大量的基本內容審核；第二層審核員負責監督第三層，以及審核優先或由第三層上報的內容；第一層審核員是政策制定者或律師，由他們處理最棘手的內容問題，並且因應這些內容而調整政策。

商業化內容審核是一項壓力很大、要求很高的工作。審核員，特別是相當於第三層的審核員，整天都在觀看可怕的圖像，而且要火速決定內容的去留。他們薪資微薄：在美國是年薪二萬八千八百美元，或者在印度是日薪六美元。[22]他們只受過最低限度的訓練，很少或完全沒有心理健康方面的支持，經常是在抑鬱的狀態下工作。他們的目的是什麼？為了讓平台的用戶不必看到審核員（通常他們自己也是平台的用戶）不得不看的那些可怕圖像。

「真是可恥，」oDesk的前審核員阿米・德考依（Amine Derkaoui）於二〇一二年時告訴部落格Gawker的記者陳力宇：「他們只是在剝削第三世界。」[23]德考依是第一批向媒體披露審核員訓練手冊的審核員之一。

德考依的現職是記者，可是二十一歲的時候曾經在oDesk當過短期工，勉強算是Facebook的「前置審核員」，時薪一塊錢美金。他的工作是選擇一個貼文類別，判斷它的內容是否違規。這些內容接下來會傳送到公司在帕羅・奧圖（Palo Alto）的辦公室，交給正職審核員。「整個計畫打從一開始就是為第三世界的人量身訂做的，」德考依告訴我：「這個計畫是針對非洲和亞洲人的，意思就是說歐洲和美國人不能來應徵。」我問他那是份怎樣的工作，他用輕快的法語腔調回答道：「當一名

Facebook的審核員，工作就是處理網際網路上最骯髒污穢的狗屎內容。」另一名在佛羅里達州坦帕市（Tampa）Cognizant公司上班的審核員對記者凱希·牛頓說：「我們只是行屍走肉。」[24]

內容審核是件痛苦的工作，會對員工的身心健康帶來揮之不去的影響。對其他審核員而言，情況並沒這麼糟。陳力宇訪問過幾十名內容審核員，他是這麼告訴我的。有些審核員認為，它就是一份工作而已。但是，陳力宇說：「它不是很棒的工作，無論你做的是什麼，它都是相當乏味的。他們覺得這是非做不可的工作，自以為像是站在對抗不良內容的第一線，務必保護好所有人……對我來說，最重要的問題不在於這些公司是否嚴格控制平台，而是它們所擁有的權力。從言論自由的角度來看，以及考量到它們必須將這些有害、低薪的工作交給發展中國家去做，給予這些公司更多權力並不是好事。」

艾力克斯（Alex）*是YouTube前職員，一開始是擔任內容審核員，一路升到與政策有關的職位。他告訴我，他很自豪曾在YouTube任職，覺得那段經歷整體來說是很正面的。雖然如此，他認為那一套商業化的內容審核系統並不道德。「你知道那些公司聘僱了成千上萬人，但那些人大部分都是被低估的勞力——年輕人、移民、非白人族群。」

安娜（Anna）▲曾是Facebook的第二層審核員，在部門擔任經理。在她口中，社群的運作「永遠都是一團亂。」她在幾年後離職，對那種工作不再抱有幻想。她提到工作內容有一部分是負責回應

* 作者註：艾力克斯也要求我不要指出他／她的性別。本書中有些人的名字會應對方要求而變更，遇到這種情況，我會用▲號註記。

政府部門的突發奇想，不必太過考慮程序。在二〇一五年的難民危機期間，德國政府想要看到保護移民不會受到仇恨言論攻擊的政策。安娜說，於是她的團隊得立即採取行動，在不切實際的短時間內生出一套政策。

「處理這個政策的時間只有幾天，而且未必有意義，但我們無論如何都得動起來，」安娜說：「這可能會變成最複雜政策，還必須在一星期內實施。然而，其他一般政策的程序可能需時幾個月，或許得跑完一大串批准的流程。可是我們沒有跑任何流程，因為德國政府說了算。」

但是——出身開發中國家的安娜說，在南半球發生類似問題時，很少能分配到類似的資源。她舉了她的團隊處理過的一個實例：當時在某個國家有個族群，正面臨被Facebook其他用戶貼上恐怖份子標籤的危險。她說：「這類政策永遠分不到政策團隊任何一丁點時間，因為他們總是忙著應付……被德國、美國這類國家列為優先的政策。政策一向都是受那些國家左右的。」

誠然，德國——還有法國及其他強國——已經透過管制實現某種程度的影響力，對政策具有長久的作用，不止在國內如此，在全世界都是。德國的《網路執行法》（Network Enforcement Act，亦稱為NetzDG，這是德文全名的縮寫）要求用戶規模達到某個程度以上的公司，在不可能的短時間內移除德國法律認定的仇恨言論。而且，這個法案有效迫使Facebook和其他公司僱用當地員工來執行。很難想像南半球的國家能夠發揮此等影響力。

「我的話聽起來像是吃醋的小孩，抱歉，」她開玩笑說道——但是，如此懸殊的差別待遇，對不同地方的用戶其實造成了嚴重的後果。舉一個Facebook的案例來說：緬甸政府官員利用Facebook平台散播訊息，仇視境內少數族群羅興亞人（Rohingya）。許多人認為緬甸官方的行為助長了持續不斷的種族屠殺，可是Facebook卻未能迅速反應。隨著社會運動者一再呼籲Facebook更加密切注意這個狀況，有媒體報導指出Facebook的員工裡面只有少數審核員會說緬甸語。

艾力克斯同意各個平台關注的焦點南轅北轍：「媒體的重心是什麼時候有白人或來自北半球國家的人死掉……這一類內容最吸睛了。」

「在緬甸之後，有比較多人關心重要事件是否獲得回應，」安娜說道。但是，她補充說：同時隨之而來的，「是內容審核變成了記者和有心人士的巡視領域，」不止造成監督的力道加大，也形成更複雜的規則。

如安娜這樣的審核員也是制定規則的角色，可是大部分公司裡能對規則拍板定案的，是接近最高層峰的人物。而且，正如許多人所見，這些人物的出身背景有相當高的同質性。他們不是由預設要服務的對象推選出來的，因而幾乎不必對任何人負責。隨著時間過去，他們在言論及資訊取得方面累積了無與倫比的權力。於是，他們所在的公司經由某種途徑「制定言論規則、強化這些規則、管制及審查內容、解決用戶紛爭，以上這一切，就是全世界幾個最重要的資訊管道，在不斷進行審查的過程中所做的」。[25]

誰來監督守門人？

因此產生了一個問題：如果內容審核員是執法者，立法者是誰？而立法者的權力又從何而來？

多年以來，有些觀察家及評論家試圖回答這個疑問。喬納森．齊特林（Jonathan Zittrain）和約翰·鮑福瑞（John Palfrey）在一篇二〇〇八年的論文中，將中介的規則制定人稱為「不情願的守門人」（reluctant gatekeepers），他們不得不努力解決來自政府和市場互相衝突的要求。[26] 馬文·阿莫里（Marvin Ammori）稱社群媒體平台是「新言論先鋒」，他在二〇一四年發表於《哈佛法律評論》的一篇文章指出：為這些平台做事的律師「塑造了全世界表達自由的未來」，他們的「典範級判斷」在「現代史上某些最重要的表達自由篇章」占有舉足輕重的地位。[27] 二〇一六年，凱瑟琳·布尼（Catherine Buni）和索拉雅·錢莫里（Soraya Chemaly）的評論說道：早期的規則制定人「尚未意識到他們正在參與制定言論自由的新全球標準」。[28] 傑弗瑞·羅森（Jeffrey Rosen）稱這些公司高層是「決策者」（The Deciders），這是致敬黃安娜（Nicole Wong）贏得的外號，她曾擔任過Google的副總法律顧問（deputy counsel）及Twitter的法律總監。[29]

黃安娜在矽谷是名受人尊敬的人物，她擁有新聞碩士學位，是網際網路法律的專業律師。她自己以及同儕在塑造社群媒體規則方面扮演重大的角色，討論到這一點時她既深思熟慮而且穩健踏實。十二月的奧克蘭，一個冷冽的日子，她在早餐席間向我提到，她和Google的同事們如何從一開始就致力於和公民社會（civil society）合作：在美國，「誇張地說，在內容的決定性因素領域，有相當多的人可供你求助，」她說，但是「在美國以外的地方卻看不到。」雖然她承認部分原因在於她的美國人偏誤，可是她仍然正確指出了：「即使你找得到有人懂內容或媒體產業，卻很難找到同時也了解IP位址的。」

戴夫·威爾納（Dave Willner）的觀點也類似。他在二十六歲那年擔任Facebook的第一位內容政策主管，制定了公司的第一套社群守則。我們在一個下雨天碰面，地點在Airbnb位於舊金山的總部附近。他坦白告訴我，當時他的組員「是一群二十六歲的小伙子」，他們「不知道自己在幹什麼。」

假如說黃安娜掌管的Google內容審核是潤滑良好的機器，Facebook就是草創時期的七拼八湊，而MySpace則是美國西部大荒野。二〇〇七年在加州大學洛杉磯分校（UCLA）有一場研討會，MySpace早期的內容審核主管拉薩琳・包登（Rasalyn Bowden）談到MySpace如何制定平台規則，聽得我下巴差點掉下來。「置身其中，」她說：「看起來我們真像是在幹一件前無古人的革命大事。」她拿給聽眾看一本三環筆記本，「這是我在開會時的聖經……那時我們一邊看著A片，同時隨機想出平台的規則。」

「昨天我隨手翻閱這本筆記，」包登接著說：「裡面有一則紀錄是想要確定穿牙線寬度綁帶的比基尼，是不是真的不算裸體，或者說，只要有牙線寬綁帶或細肩帶，就可以過關？究竟怎樣才叫不是裸體？……這些是我們在大半夜做出來的決定，感覺我們是邊走邊掰出來的。」[30]

有些用戶認為平台的規則往往是隨心所欲弄出來的，以上實例更無法讓他們釋懷。這些實例會提醒我們，攸關當今言論自由的某些最重要決定，並未依循既有的原則在走，有時只是突發奇想，而且事後也不再回顧或檢查。「一旦制定完成，便很難說服政策小組加以限制，」安娜如是說。

請你別誤會：這些制定政策的人必須設法克服的決定，用任何標準來說都是很艱難的。我訪問安娜時她好幾次提醒我：「沒有教科書能告訴你如何當全世界的道德指引。」一名赤裸的女孩在燃燒彈的攻擊下逃命，這樣的圖像是兒童剝削？還是引人注目的戰爭罪紀錄？一張合法遊行示威的照片中出現宗教性政治組織哈馬斯（Hamas）的旗幟，是否構成鼓吹恐怖主義？是否因為它的出現就能順理成章地移除照片？「男人很渣」（Men are scum）這個詞是#MeToo（我也是）時代的流行情緒，它算仇恨言論？或者是傳統上被壓迫的性別可被允許表達的沮喪？儘管全世界大多數國家均禁止成年人裸體走在街上，規則制定人應不應違反常情而允許平台上出現成年人的正面裸體照？表達自由的權利有時候和其他權利互相矛盾，二者應該如何保持平衡？

麥康瑞（Rebecca MacKinnon）在二〇一二年出版一本奠基之作《連線者的同意：網際網路自由的全球奮鬥》（*Consent of the Networked: The World-wide Struggle for Internet Freedom*），她在書中指出：那些社群媒體公司的非民選規則制定人「同時身兼立法者、法官、陪審團和警察的角色」，行使著「在網路空間的某種私人主權」。[31] 她批評Facebook的意識型態是「企業文化的產物，該文化的基礎是相對受保護且富裕的美國人之生活經驗，他們固然本意良善，卻從未體驗過真正的社會、政治、宗教或性方面的脆弱。」[32]

近年來這批菁英已經改變了部分行為，藉此回應各界的批評。當初的黃安娜和威爾納摸索著前進，他們所協助建立的條款在接下來的十餘年間已經大有擴展，納入了相關方面的專家，以及各層級營運經理蘊涵在地專業知識的貢獻。大部分大型社群媒體平台會定期向外部人士請益，對象包括人權和公民自由NGO，還有那些集中精力關心具體領域如兒童保護或種族主義的參與者。

然而，這些團隊可依舊揮舞著未經檢驗的權力。長期下來，為了回答這些政策問題的各種嘗試——以及來自眾多外部團體的壓力與日俱增——已經導致幾乎所有平台的規則都越來越複雜。政策制定人已表現出其偏好，是給予國家及其他菁英人士最大的尊重，而一般用戶則得不到青睞。以下各章將會說明：規則越來越複雜，結果是雙標和錯誤也更多。這個現象再加上平台的規模不斷擴大，已經產生了合法性危機。對於將這些平台作為重要工具的許多人來說，這是一種站不住腳的局面。

2

現實世界的鎮壓在網路複製

各家公司有時候將這些準公共空間打造得像是自家員工的歡樂屋，對於在非常不同的環境下生活與工作的其他員工來說，最後卻成為恐怖屋。

——麥康瑞（Rebecca MacKinnon）

二〇〇七年，當時還是初生之犢的YouTube做了一個決定，接下來幾年的政策都受到影響：YouTube接獲多則舉報，指出某個帳號裡面有一些警察暴行影片，於是公司經營團隊決定關閉該帳號。

這個帳號的主人是瓦埃勒．阿巴斯（Wael Abbas），他是埃及人權社會運動者、阿拉伯數位先鋒的早期成員、屬於一個部落客與科技迷組成的跨國社團。這個社團內部的連結並不緊密，其中許多人會透過名為「阿拉伯科技迷」（Arab Techies）的網絡聚會。阿巴斯是埃及第一批最有影響力的部落客之一，因為勇敢處理警察暴行和腐敗這類主題而聞名。他的成就並非無足輕重：就在一年前他才剛成為獲得「奈特國際新聞獎」（Knight International Journalism Award）*的第一位部落客。

隨著相機越來越小、越來越便宜，許多部落客開始拍攝並分享視聽內容，呈現出電視上看不到的東西。因此，YouTube流行起來之後，阿巴斯自然而然轉移過來，開始在這裡上傳影片而不是發表在部落格上，原因是那個程序很麻煩。他利用YouTube平台的中心化內容代管以及「曝光度」（discoverability）特色，吸引更多人注意到他的影片裡那些反政府遊行抗議、違法投票及人權侵犯行為。

直到二〇〇七年帳號被停用，阿巴斯已經上傳數百則影片，其中有數十則是在描述警察暴行。在他的許多社運同道看來，這些影片坐實長久以來大家的懷疑。雖然如此，親眼見證時仍然教人震驚。其中最特別的一則，是敘述一名警察用棍子雞姦二十一歲的麵包車司機艾瑪德．卡比爾（Emad el-Kabir）。這段影片是另一名警察記錄下來的，並且寄給卡比爾的同事，目的是羞辱卡比爾。埃及的報紙僅公佈取自影片的靜態影像，但是阿巴斯設法取得一份複製影片之後在YouTube公諸於世，很快就傳遍埃及。最後，影片被用來起訴參與刑求卡比爾的兩名警察。這一次能讓有權力者伏法，堪稱史上少見。

阿巴斯的帳號被停用，上了國際新聞頭條。阿巴斯把帳號被砍的事通知國外的朋友和國際人權組織，而且接受媒體採訪。二〇〇七年十一月二十七日，路透社在一篇新聞報導中引述他的話說，YouTube通知他，有很多人投訴他的影片內容，尤其是那些描繪酷刑的。

阿巴斯也找上了美國大使館，他們則交代美國政府聯繫Google。後來維基解密（WikiLeaks）披露的一通電報證實確有此事。[1] 阿巴斯的帳號迅速獲得恢復，至於這是因為美國政府介入，或者是人權團體的施壓使然，詳情如何，我問到的人都已經因年久而淡忘了。

「對我來說，瓦埃勒．阿巴斯的個案確實非常獨特，因為事發當時正好在Google併購YouTube前後，」Google的顧問黃安娜最近告訴我：「我想辦法要弄清楚，將內容規則應用到影音平台的意義是什麼。我們在YouTube採用的規則有很多都和Blogger一樣，因為我們希望YouTube也是一個健全的自由表達平台。我從沒想過視聽媒介有什麼特別的。」

YouTube為現今用戶準備的社群指引既詳盡又嚴肅，但二〇〇七年時這個平台的指引卻是大不相同——當時許多和它一樣的平台差不多都是如此——它是簡潔而且有力的。「尊重YouTube社群，」它的指引開宗明義這樣說道：「我們要求的，並不是對修女、老者和腦外科醫師那種尊重。我們的意思是：請勿濫用本網站。」然而，說到血腥暴力，它的規則相當清楚明白：「禁止圖像的、無端的暴力。如果影片內容涉及有人遭受傷害、攻擊或羞辱，請勿上傳。」[2]

---

* 譯註：該獎項是和普立茲獎同樣崇高的新聞類獎項。

Facebook在二〇〇七年的內容審核程序也十分簡單：若有用戶堅信看到的內容違反使用指引，可以將它標示——意思即是檢舉——該影片就會進入審查名單。接著會有一名真人的內容審核員檢視該影片，確定它是否違反特定規則。如果是，該用戶會收到警告，或者視違規情節之輕重而定——帳號被停用。所以，當阿巴斯的影片被其他用戶檢舉（或者說，更可能是被許多憤怒的用戶檢舉），說是內容包含血腥暴力，他的帳號就被關了。

這一次事件之所以能引起這麼大的關注，部分原因在於阿巴斯的社會身分。但是，當時社群媒體平台對言論的限制，還不是眾所皆知的現象，這也是一部分原因。大家還在飄飄然地討論平台的功能，以為它們能促進參與式文化和行動主義、能弭平地理和文化的隔閡，以及對抗傳統的審查，包括網路審查。那些年的網路審查不同於現今的作法。在今天，被冒犯的政府可要求該公司將部分內容從平台移除，或是採取地理定位（geolocationally）封鎖——即根據用戶的地理位置而限制存取某些內容。然而，在網路還不夠中心化及商業化的時代，政府被迫得跳下來直接充當審查人，對境內用戶封鎖及過濾內容。這樣的技術很有限，而且在各國被壓制的資訊並不一致。

社群媒體興起之前，政府有少數技術手段可供選擇，用以審查源自國外的內容。例如，可利用關鍵詞過濾、封鎖用戶的IP位址或網址（URL），或是採取一項名為網域名稱系統（domain name system, DNS）竄改的技術，限制特定的URL，一般人稱之為「封鎖頁面」。

為進行這類審查，政府必須取得某些工具。它可選擇委託量身訂作的設施，遠近知名的實例如中國聘請思科（Cisco）公司建造的「網路防火長城」（Great Firewall）。小一點的國家則可能是採購現成的商業軟體，如葉門即是一例。還有一個比較少見的作法，是仿效巴勒斯坦政府當局，安裝開源軟體來實現其目的。

二〇〇七年，「開放網路促進會」（OpenNet）針對世界各國政府如何過濾網際網路的內容，進行了首次大規模研究。藉由超過四十個國家的研究人員互相合作，測試一份人工編製的URL清單，他們能夠分辨各國政府最樂於追蹤的網際網路有哪些類型。

研究所得的結果，能廣泛知曉當時各國政府將哪些內容視為有害。古巴、土庫曼（Turkmenistan）和北韓大致上是徹底禁止國民連上全球網際網路的。籠統地說，阿拉伯地區的國家都是鎖定宗教評論、色情及政治言論，但是各國的審查作法相當不同，而波斯灣國家的手段最糟糕。亞洲地區國家的審查作法，如同這個地區本身充滿多樣性。比如說，泰國窮追猛打批評政府的言論，印度的重心則是極端主義的內容，以及對國家人權狀況的報導。拉丁美洲的網際網路整體來說比較自由，有許多審查是來自法院的命令。在非洲，大部分國家的網際網路都能維持自由狀態，或許一部分原因是拜網際網路的普及率不高所賜。至於歐洲和北美洲國家，針對兒童剝削及侵犯著作權的限制最為嚴格。

「開放網路促進會」於二〇〇八年出版一本專書《拒絕進入》（*Access Denied*），約翰・鮑福瑞和喬納森・齊特林兩位教授提到「一個日趨巴爾幹化（balkanized）的網際網路興起」*。他們批評早期那個網際網路「沒有法律規章可管」的觀念，說道：「從我們對網際網路過濾言論的研究可以清楚看出，與其說它是全球資訊網（World Wide Web），更精確的說法是沙烏地資訊網（Saudi Wide Web）、烏茲別克資訊網（Uzbek Wide Web）、巴基斯坦資訊網（Pakistani Wide Web）、泰國資訊網（Thai Wide Web），諸如此類的。」[3]

* 譯註：「巴爾幹化」是指切割為多個互相仇視的小群體。

在一開始的時候，許多政府都將社群媒體當成威脅——它不僅能讓國內的人民和親友保持聯繫，還能讓他們動員起來，找到志同道合的人，而且往往是在私人群組的掩護下一起密謀策劃。它讓大家更有膽量行動——以表面上相當匿名的方式——若是換成其他管道，例如批評政府，他們或許就沒辦法達到這些效果。因此，有些國家老早就決定封鎖社群媒體平台，如泰國是頭香，封鎖YouTube一直到二〇〇六年。敘利亞政府緊追在後，於二〇〇七年封鎖了Facebook，台面上的原因是說要防止年輕人接觸到以色列人（然而更有可能是因為它助長了公民社會的形成）。接下來幾年，又有土耳其、突尼西亞、巴基斯坦、伊朗也加入它們的行列，採取全面或部分禁止政策。

對這些公司的高層而言，此舉無異天降橫禍。像土耳其這樣的國家，代表一大片新興市場。依當時普遍的看法，網站一旦被封鎖，就很難死而復生。那時候的政府大可封鎖個別的YouTube影片或Facebook網頁，但是它們卻對整個網站下手。對企業高層和某些政府當局來說，都是該想出新對策了。

早期的理論家們認為，網際網路或許不是漫無邊界，但是它的邊界從來沒有和民族－國家完美吻合。比方說，某個網站想要防止德國人看到它的內容，總是會發現少數人被遺漏了。舉個實例：在二〇〇〇年的時候有兩個法國團體控告Yahoo!，因為Yahoo!將納粹制服和紀念品從它的熱門拍賣網站下架。Yahoo!的理由是，法國的用戶能夠連上它的平台，而這類販賣行為在法國是違法的。一名法國法官裁定，Yahoo!必須遵守法國的法律，封鎖法國用戶接觸到這些物品，否則就必須面對罰款，以美金來說大約是每日一萬三千元。

有技術專家組成委員會，成員包括數名「網際網路之父」其中的文特．瑟夫（Vint Cerf），他認為這麼做根本是天方夜譚。這些專家們指出，Yahoo!可以透過鎖定ＩＰ位址的方式阻擋非常多法國用戶，然而這項不完美的技術大概只能涵蓋六成的用戶。[4] Yahoo!可以要求法國用戶驗明身分，但是所費不貲。無論如何，那些真的很想要得到這些物品的人，很容易即可突破禁令。Yahoo!決定，不值得為了販賣納粹相關物品而惹上麻煩，於是變更規則禁止該團體的拍賣行為。但是，對於地理定位封鎖或地理封鎖(geo-blocking)的爭辯並未因此作罷。接下來的幾年，關於如何管制網際網路上擁有著作權的內容，各種討論總是一而再再而三地出現，沒有停過。

在網際網路出現之前，著作權法的施行是個別國家的難題。但是，在全球化的世界裡，強化著作權則是更加複雜的程序。若是物質形式的媒介，像是DVD，要給予技術限制很容易。例如，讓美國地區製作的DVD無法在歐洲地區的設備播放。可是，在網際網路剛出現時並沒有這一類技術可言，像Napster——它可讓用戶經由端對端(peer-to-peer)介面，與其他用戶分享MP3或是其他內容——這類檔案分享網站才得以蓬勃發展。

進入地理定位技術時代，大型企業如音樂公司和電影工作室便能為它們的數位內容設下技術限制。此項技術的效果，是讓你的音樂檔案在跨越國界之後消失，或者是像Netflix網站那樣，每個國家的訂戶看到的內容並不一樣。

日積月累之下，由於先進的定位技術以及內容遞送網路(content delivery network, CDN)的出現，實施地理定位變得更容易。於是各平台能夠客製化新聞網站及搜尋影片代管網站，藉此滿足現有的著作權和授權條件。社群媒體平台終於也開始利用這些技術，一開始是依地理定位而區隔國內有著作權的產品與他國的市場，然後是用在遵守政府命令這樣的小範圍目的。

從前，一家公司若是收到政府的法庭裁決，勒令移除某些內容，就得面對和Yahoo!相同的困難決定——是要不完全的阻擋犯規內容，並冒著網站被政府全面封殺的風險？還是要將它整個移出平台？後一選項並不理想：例如泰國禁止任何人評論它的君主政體，若是因此一律禁止外國人發言，將會限縮全世界的人發表可接受言論的機會。但地理封鎖技術的到來，使那些公司能夠隨心所欲為單一國家量身訂做各種限制。

有一個早期的實例值得注意，它發生於二〇〇七年，就是應用這個策略。當時有人在YouTube發表一則影片，被視為是在污蔑現代土耳其的國父穆斯塔法・凱末爾・阿塔圖克（Mustafa Kemal Atatürk）——依土耳其法律，這是犯罪行為，隨後土耳其法官即命令國內的電信公司封鎖YouTube。當抗議者走上伊斯坦堡街頭，黃安娜的工作便是找到對策，一方面保全YouTube，一方面又能符合該國的法律。Google的高層為了找出正確的應對之道而爭論不休，情況十分緊張。黃安娜告訴我，最後她決定利用IP封鎖方式，讓那些影片只有土耳其用戶看不到。

這是一次重大進展，因為直到二〇〇五年左右，政府的要求讓這些公司應接不暇，不是要它們限制內容，就是交出用戶數據。有了Yahoo!的前車之鑑，這些公司完全措手不及。Yahoo!事件發生於二〇〇四年，令它再次受到萬眾矚目，這一回是中國政府要求交出一名用戶的資訊。

那是屬於記者師濤的電子郵件信箱位址。他收到共產黨發出的文件，內文宣稱有來自境外勢力蓄意破壞的威脅，並且指示記者不許報導六四天安門廣場大屠殺周年紀念日消息。師濤用他的Yahoo!信箱把文件寄給紐約的一個中文網站，幾個月後他被中共官方逮捕，罪名是洩露國家機密，最後遭判處十年徒刑。

後續的新聞揭露，是Yahoo!向中共國家安全部門提交關鍵的技術資訊，被查出電子郵件信箱的用戶是師濤，才導致他被捕。美國國會因此成立一個委員會調查這次事件，認為Yahoo!的法律總顧問先前聲稱不知道中國要求該項數據的原因，「說得好聽是不可原諒的疏忽，說得難聽就是故意欺騙的行為」。[5] 這次事件讓麥康瑞問道：

> 若是變革來臨，新中國的民主政黨會感激Google、Microsoft、Yahoo!和Cisco這些公司嗎？因為它們帶來了網際網路，成為自由的催化劑。或者，他們會不斷咒罵？因為這些公司幫助了腐敗、不負責任的政權，以至於本該結束的權力得以繼續把持不放，也因此摧毀了大量生命，要不然他們能夠活得更長久。中國人會感念美國人的支持嗎？或者，他們會喃喃說著偽君子們總是高談闊論自由、民主——卻又不願意犧牲一分一毫利潤去協助非美國人實現那些理想。[6]

這一系列事件促成了「全球網際網路倡議」（Global Network Initiative, GNI）於二〇〇八年創立，這個組織的宗旨是提升科技公司會員對於人權的責任感。它的創始會員有Yahoo!、Google和Microsoft等公司，並有六家NGO、學術機構及利害關係人團體加入。

GNI的設計並不是要成為遊說、倡導團體。反之，它的原則立基於《公民與政治權利國際公約》（International Covenant on Civil and Political Rights）和其他章程所提出的標準——呼應「蘇利文原則」（Sullivan Principles）*，那是一套鼓勵企業採行的原則，如此一來企業才能在種族隔離政策下的南非「負

* 編註：一套企業行為規範原則，由非裔牧師里昂．蘇利文於一九七七年制定，旨在促進企業的社會責任。

責任地」營運。也就是說，GNI的原則旨在讓企業有可能於專制國家營業，只要它們能遵守這些規則。

GNI推出之後，在菁英圈廣獲好評。雖然在Yahoo!與中國勾結的脈絡下，它或許防止了更多悲劇發生，但是在我看來，它在促進網路人權方面，整體來說並沒有成效可言。箇中原因似乎在於它對多元利害關係人(multi-stakeholder)模式的依賴。這個模式是追隨「網際網路治理論壇」(Internet Governance Forum)的先例，那是聯合國成立的平台，目的是深入探討與網際網路有關的政策議題。儘管這個模式確實有助於深化辯論，在治理方面卻很少帶來有意義的改變。

「它們的合作宣告創造了進步的海市蜃樓，卻未必能進一步解決根本問題。」這是學者伊芙琳・杜克(Evelyn Douek)在二〇二〇年寫下的話。她在文章中批評她所謂的「內容同業聯盟」(content cartels)，或者說是多元利害關係人合夥，這種關係牽涉多家公司，通常還包括政府夥伴。[7] 果然，GNI最後失去了「電子前哨基金會」和紐約大學的「史騰商業與人權中心」(Stern Center for Business and Human Rights)等創始會員團體。後者曾表示憂心，指出GNI「成立的目標是解決人權方面迫切的挑戰，但是它目前的架構及創設模式並無法應付。」[8]

讓步

GNI正式成立之前不久，黃安娜注意到，有媒體報導土耳其政府根據法院命令封鎖YouTube連線。土耳其政府的回應，是因為有人在YouTube上面看到污辱現代土耳其國父穆斯塔法・凱末爾．阿塔圖克的影片——依土耳其法律，這是犯罪行為。

用戶們自動下架影片，但是有了前例可循，土耳其檢方開始針對數十則影片，宣稱它們都違反當地法律。根據當時媒體報導，這些影片的內容，從嘲弄阿塔圖克到支持庫德族分離主義都有*。正當黃安娜在設法判斷哪些影片真的違反了土耳其法律，她的團隊內部爆發了激烈辯論。爭論的重點是：他們應該優先盡可能保護言論，或者向土耳其政府妥協，至少保住YouTube的大部分內容都可以上線。[9]

如何在這些觀點之間取得平衡，決定權落到了黃安娜肩上。她決定採用IP封鎖方式，避免土耳其用戶存取到違反土耳其法律的影片。她認為這是上上之策。這個決定一開始果然奏效，有好幾個月土耳其人又能享受YouTube。但是，到了二〇〇七年夏季，有一名土耳其檢察官要求Google全面移除那些影片，理由是保護海外土耳其人的感受。從此以後，YouTube開始了不斷被土耳其官方封鎖又解封的命運。

到了二〇〇〇年尾聲，各國政府都變得夠精明，知道那些公司很樂意回應它們的封鎖網站要求。二〇〇九年，Google發佈第一份透明度報告，其中記錄了政府對封鎖網站及提供用戶數據的要求。它在短短半年內收到的移除內容要求即超過一千次，這個數字將來只會越來越高。[10]

起先，只要是在那些國家並沒有正式業務，有些公司並不樂意回應它們的要求。而且，也不甩中國或沙烏地阿拉伯這一類國家。大型科技公司聽命於專制國家而移除內容的，Facebook可能是第

* 譯註：庫德族是土耳其境內的一個民族，以脫離土耳其而獨立建國為目標，與土耳其之間戰火不斷。

一家。

Twitter是反抗地理封鎖的最後一家公司，它的高層一度自稱Twitter公司是「言論自由黨的自由翅膀」(the free speech wing of the free speech party)。二〇一二年，Twitter宣佈將推出一個系統，公司能依個別國家封鎖內容。有趣的是，Twitter的競爭對手是依據IP位址封鎖內容，但是它並沒有這麼做。它是按照個別用戶所選取的位置——如此一來用戶只須假裝是其他地方的人，很容易即可突破審查。

當時公民自由主義者(civil libertarians)之間普遍的看法，是認為那些公司應該盡力限制審查；如果在某些國家有辦事處、員工或其他重要資產，才回應該國法院的命令——以免像我的同事依娃·高培林(Eva Galperin)當時所說的，成為「政府的審查工具」。[11]

有好幾年，Twitter一直保持著這樣的精神。但是，到了二〇一四年——就在Twitter公司倡導言論自由的總法律顧問亞歷山大·麥克吉利夫雷(Alexander Macgillivray)離職高飛一年後，這家公司決定服從俄國及巴基斯坦的審查要求。俄國的要求可禁得起當地法律的檢驗，然而有部分巴基斯坦律師質疑該國政府的要求不具合法性。巴基斯坦的數位權利團體「巴羅波伊」(Bolo Bhi)當時寫道：「過去幾年來，有不同機關恣意封鎖及審查網際網路，並不是針對『非法』內容，而是鎮壓政治異見。Twitter接受各國政府請求的程序也必須公諸於世：什麼樣的投訴會被認為有效、依據的程序和政策為何？」[12]

「巴羅波伊」的問題依然有效。長期以來，我們已能清楚看到：那些公司除了會收到移除或限制內容的正式要求，各國政府還有諸多管道能走後門找上它們。就算透明度報告(目前所有大型社群媒體平台都會公佈）會呈現移除的項目及帳號數量，而且某些情況下也會列出有多少項目是**應要求**移除的。但是，其中並不包括政府與公司之間暗中交易的勾當。

這種協議有一個早期的實例，至今依舊謊言重重。納庫拉・巴塞利・納庫拉（Nakoula Basseley Nakoula）是一名出生於埃及的科普特正教會基督徒（Coptic Christian），在美國有相當多前科。二〇一二年，他用「山姆・巴西爾」（Sam Bacile）的假名在YouTube上傳了電影《穆斯林的無知》（Innocence of Muslims）的兩段預告短片。這些影片乏人問津，直到當年九月重新上傳了阿拉伯語配音的新版，促使科普特教派的美國部落客、同時也是好挑釁而惡名昭彰的反穆斯林人物莫里斯・沙德克（Morris Sadek）——用阿拉伯語寫文介紹這部影片，才引起阿拉伯語世界的注意。就在紐約世貿中心九一一恐怖攻擊紀念日的兩天前，埃及電視台阿納斯（Al-Nas）播放該影片兩分鐘，掀起九月十一日要在美國大使館前示威抗議的廣大呼聲。

在開羅有超過三千人參與遊行，但同樣也預期會發生遊行示威的鄰國利比亞，情勢卻急轉直下。九月十一日晚上，恐怖組織「伊斯蘭教法虔信者」（Ansar al Sharia）襲擊美國大使館，殺死了約翰・克里斯多福・史蒂文斯（J. Christopher Stevens）大使和外交事務官席恩・史密斯（Sean Smith）。這次恐攻的動機，一開始被情報人員錯誤地歸咎於《穆斯林的無知》。

那一晚我人在柏林參加一場網際網路與人權的研討會，事發時正好是雞尾酒時間，直到我和一群抽菸的人走到戶外，才聽到這個消息。我們這群人裡有一名Google布魯塞爾分公司的政策人員，我和他離開人群，他用平靜而惱怒的語氣對我說，白宮打電話給他的同事，要求移除那一則影片。事後《紐約時報》的報導證實了這件事。[13]

Google並沒有移除影片，然而它畢竟對埃及和利比亞採取了地理封鎖。它在發送給媒體的聲明中解釋：「該影片——網路上到處都找得到——很顯然並未逾越我們的指引，所以會繼續在YouTube保留。然而，有鑑於利比亞和埃及目前的情勢十分險峻，我們已暫時封鎖這兩個國家的存取。我們的心與星期二利比亞襲擊中遇害者的家屬同在。」[14]

黃安娜在電話中向我回顧該次事件。「我記得有和人談到《穆斯林的無知》，知道它很有爆炸力……關於敏感對上仇恨言論，以及『煽動』這個概念，問題千絲萬縷，」她告訴我：「對我們和所有平台來說，真的很難劃出一條界線——告訴你何謂強而有力的辯論、怎樣算是煽動暴力？……如果遇到煽動的情況，我們會回去檢驗它的時間、地點和態度。多年來程序已有所不同，但我們希望確保有具體的行動呼籲，而不是做出只會激怒人們的事。」

雖然Google的決定被當成自動自發的措施而廣泛報導，我的一位消息來源當時在Google上班，對方告訴我白宮的壓力並沒有中斷，最終才得到折衷做法。有趣的是，Google拒絕來自其他政府要求移除影片的法院命令，包括巴基斯坦。顯然，來自白宮的電話比來自伊斯蘭馬巴德的法律文件更有份量。

多年來，各國政府採取的手段變得更加隨興。有些政府直接僱人利用公司的檢舉機制，有些則是施壓公司移除政府不喜歡又剛好和社群守則衝突的內容。不論它們用什麼方法，有一點很清楚：這些公司比它們的用戶更善於迎合政府的需求。社群媒體在過去十幾年來提供了一個空間，讓分散在世界各個角落的社群能聚在一起。姑且不論我對社群媒體的所有批評（我的批評還真不少），這股力量的強大，我在工作和私人生活兩方面已親眼目睹過許多次，甚至我自己也經歷過好幾次。我這一代人彼此的連結——純以網路而言，比起以前的人更緊密得多。這是個不爭的事實。

對某些人來說，社群媒體之所以如此重要，未必都是因為能夠讓人聚在一起，而是接下來發生了什麼。正如傑克．巴爾欽（Jack Balkin）所說，有了數位科技加持，「普通人也能規避傳統媒體的守門人。」[15] 長久以來一向邊緣化或弱勢的社群，總是受到傳統媒體無視或鄙視，如今社群媒體成為他們的強大工具。

一九六〇年代的非裔美國人民權運動（civil rights movement）起源於十九世紀下半葉的美國重建時期（Reconstruction era），代表一個新軌道的起點，目標是實現美國黑人的平等。從立法遊說到直接行動，這場運動採用了多重策略，並且高度依賴社群領袖以及實體集會的作用，包括一九六三年在華盛頓舉辦的爭取工作和自由大遊行。這場運動極為關鍵，最終影響南方各州正式廢止種族隔離政策，並且通過了《一九六四年民權法案》（Civil Rights Act of 1964）。即使有這些歷史性成就，全美各地的黑人社群仍然面臨各種歧視、不平等和警察暴行。主要是由於有史以來政客和主流媒體一貫的冷漠，以及長期存在的種族主義，個別的悲劇很少登上全國舞台。

然而，二〇一二年二月發生的一件特殊暴行得到了共鳴：有一名十七歲的少年特雷沃恩．馬丁（Trayvon Martin）在佛羅里達州桑福德郡的一個封閉社區，遭鄰里守望相助協調員喬治．茲莫曼（George Zimmerman）槍殺身亡。

事件是這樣的：沒有攜帶武器的馬丁前往當地一家便利商店，然後要返回父親未婚妻的住所，途中被茲莫曼發現並報警。雖然警方告知茲莫曼不要跟隨馬丁，但他照跟不誤。經過一番爭吵，就在馬丁親戚家的草皮上，茲莫曼用他註冊的半自動手槍近距離射殺了馬丁。

茲莫曼被拘留起來，但是聲稱這是自衛，警方對此沒有異議。佛羅里達州於二〇〇五年通過一部備受爭議的《堅守陣地法》（Stand Your Ground）：只要個人合理相信身體有受到重大傷害的危險，即允許使用致命武力。因為這部法律，茲莫曼於二〇一三年的審判中獲得無罪釋放。

在社群媒體上立時湧現了悲傷與憤怒。當地居民組織起來並在社群媒體上傳播訊息，這些訊息匯合在一個主題標籤之下：#BlackLivesMatter*。社群媒體擴展了他們的組織，同時也在其他城市締造了團結行動，最終引起媒體廣泛關注——於是一個地方型騷亂演變成重大運動。隔年夏天，在密蘇里州的佛格森，有另外一名沒有武器的年輕黑人學生麥克．布朗（Michael Brown）被警察打死，當地居民隨即組織動員走上街頭抗議。社群媒體擴大他們的行動，進而在該地區引起注意和團結行動。此一運動也廣獲媒體注意，以至於它同樣從地方型動盪躍昇為全國運動。槍擊事件之後不到幾天，#BlackLivesMatter標籤每天在Twitter的使用次數已接近十五萬次——這是在國際媒體也開始報導它的遊行示威活動之前。[16]

許多評論家指出#BlackLivesMatter作為社會運動與已往的同類先例有很多不同之處，但是有一點非常清楚：當今的社會運動者口袋裡有社群媒體這件法寶。正如畢堅．史提芬（Bijan Stephen）在二〇一五年的一篇文章中言簡意賅地說道：「需要有大量的基礎設施，才能即時報導吉姆．克勞南方（Jim Crow South）**街頭發生了什麼事。」[17]

現代社會運動者需要的，只是一具安裝了一些應用程式（app）的智慧型手機。一段警察暴行的影片可快速上傳到YouTube或郵寄給媒體記者。示威遊行可經由私人app如WhatsApp、Signal或Telegram組織動員，並利用Facebook增強。Twitter是跨國吸引注意力的上選，而Instagram通常是被用來分享遊行示威的震撼影像。

這些app也有其缺點，即使最精通科技的社會運動者也得受制於平台政策與內容審核。美國近代史上有一個重大的警察暴行事件，足以說明這一點。就像瓦埃勒・阿巴斯關於警察暴行的作品因其暴力被YouTube刪個精光，以下這個特殊事件的證據也幾乎都不見了，Facebook說這是「技術失誤」(technical glitch)。

時間是二〇一六年的一個夏天晚上，地點在明尼蘇達州的聖保羅市。費南多・卡斯提爾(Philando Castile)是一家學校餐廳的主管，他在開車回家途中被警方攔下來，因為他的車尾燈壞掉了。本來應該只是一次例行的交通攔查，卻瞬間變成悲劇。就在卡斯提爾伸手要取皮夾時，警方對他開槍。卡斯提爾的女友黛萌・雷諾茲(Diamond Reynolds)在發生槍擊後立即取出手機拍攝後續發展，並在Facebook Live開直播。

她的影片馬上就消失了，但是在一小時後恢復。Facebook對媒體發表聲明時，稱此次事故為「技術失誤」。至於該影片是被個別用戶或自動化技術檢舉，相關問題它們一概拒絕回答。[18] Facebook的反應很典型。已往凡是遇到重要內容被移除的烏龍事件，這家公司幾乎都是搬出「錯誤」(error)當理由。

儘管有這一次或其他挫折，#BlackLivesMatter運動在社群媒體上受到了塑造與滋養卻是無庸置

* 譯註：許多人譯為「黑人的命也是命」，也有人簡稱「黑命貴」，但這個表達方式往往帶有諷刺意味。

** 譯註：指十八世紀中至十九世紀中依《吉姆・克勞法》而實施種族隔離的美國南方及邊境各州。

疑的，那些公司對這個事實並沒有視而不見。在某些方面，它們的回應都是正面的——那個主題標籤的發起人稍早在Twitter上證實這一點。Twitter為標籤加上一張三個拳頭的圖像，用意是代表黑人膚色的三種不同深淺，同時也是象徵這一次運動。這一招Twitter通常只保留給假期或是像超級盃足球賽等品牌活動。參與這次運動的社會運動者，有一些人對Twitter心懷感激，因為在遇到騷擾或是內容被封鎖時能直接與Twitter聯繫。

與此同時，有些公司的高層也再度被批評，因為他們只知大肆邀功，卻隻字不提平台的弊端——最顯著的例子是馬克．祖克柏。二〇一九年他在一場關於表達自由的演講中，就認為這次運動的元氣蓬勃是他們的功勞。他說：

> 像#BlackLivesMatter和#MeToo這些運動在Facebook上如同野火燎原——#BlackLivesMatter這個主題標籤事實上就是最先出現在Facebook——是以前絕對做不到的現象。時光倒回一百年，人們口耳相傳的故事，有很多連寫下來都會觸法。沒有網際網路，人們就沒有能力直接分享這些故事，許多人也因此無法得知它們。有了Facebook，超過二十億人都得到了更多機會可以表達自己並協助別人。[19]

艾莉希雅．加薩（Alicia Garza）是這個主題標籤的創始人之一，據說她被這場演講「惹怒」了。她告訴有線電視新聞網（Cable News Network, CNN）：「比起民權，Facebook更在乎他們自己的底線。」[20]評論家指出：Facebook平台傾向於既散播假訊息，同時又想維持平台的政策，而祖克柏宣稱對表達自由抱持強烈的信念，二者是互相矛盾的。

Facebook有一條特殊的政策，它稱之為「新聞價值豁免」(newsworthiness exemption)，已經成為社會運動者的眾矢之的。社會運動者相信，它讓政客有高於他們的言論特權。違反社群守則的貼文經過公司審核，如果認為大眾想一睹內容的興趣重於造成傷害的風險，該政策即允許它繼續出現在平台上。二〇一九年，英國前副總理，時任Facebook的全球事務與傳播部門副總裁尼克・克雷格(Nick Clegg)——反復申明該政策，宣稱Facebook會一視同仁將政治人物的所有言論視為具有新聞價值的內容，「一般而言，都應該被看見與聽見」。[21] Twitter即遭到控訴，因為它利用類似的運算法，保留了美國總統唐納・川普(Donald Trump)的仇視言論，否則那些言論是違反它自己規則的。

在Facebook的一篇部落格貼文，克雷格提出問題：「讓一家私人公司實質上成為自我任命的裁判，來審核政治人物的一切言論，這是廣大社會能夠接受的嗎？我不以為然。」[22] 社會大眾確實都有興趣想知道，他們選出來的官員，以及那些想從政的人，都說了什麼話。但是，政治人物不同於社會運動者或普羅大眾，他們多的是講台能供其暢所欲言：他們在電視上有時段、可以在報紙投書，還可以募款刊登廣告。如果某個社群媒體拒絕成為他們的平台，他們的聲音照樣能被聽見。

社會運動者則無法經常享有相同的待遇。當黛萌・雷諾茲的影片被Facebook直播移除，它可能就此人間蒸發，要不是Facebook又讓影片復活。當瓦埃勒・阿巴斯把警察暴行和酷刑的影片上傳到YouTube，那是因為他沒有別的管道可供發聲。還有，在二〇一一年，當他的埃及社運同伴後來呼籲公民示威抗議，他們是託付單一平台來激發支持者走上街頭。

當公民的言論價值被認為不如政客的言論，當社會運動者被國家或企業(或兩者同心協力)的權力消音，讓網路外的鎮壓得以遂行的同樣結構，正在網路上複製。在美國如此，在埃及、突尼西亞和全球的數十個地方，同樣千真萬確。儘管過去幾年來主流媒體的焦點傾注於所謂右翼民粹主義份子的審查，受這些新審查形式影響最巨大的，現在是、也一直都是被邊緣化的社群。

幕後合作

當我們邁向新的十年，新的威脅浮現了：那就是政府與各平台之間的幕後合作，或者用學者伊芙琳・杜克（Evelyn Douek）的話說，是「內容同業聯盟興起」（the rise of content cartels）。[23] 這種結盟的形式有很多種，但其效果通常是一樣的。基本上，它們是組成了強大的團隊，以黑箱且不負責任的手段共同對付相對弱勢的人。

以現在的後見之明來看，這種夥伴關係有一部分似乎是必然的。在某些重大威脅，如兒童性剝削圖片，預示了各方的合作。但是在其他方面，這種關係卻代表重大的轉變。已往是在高階的活動場合，利害關係人大家坐在圓桌旁共同商議；或者，是由企業的負責人去拜訪學術機構，如哈佛大學的「貝克曼・克連網際網路與社會中心」。那時候，各家公司看起來更有可能傾聽學者及主題專家（無疑仍是一群菁英）的意見，勝於聽政府官員的話。

但是，不知道是在什麼時候，一定是因為被壓力及批評逼得喘不過氣了，這些公司開始優先轉向內部，然後是向政府尋求指導，終於形成了不見光的夥伴關係。後來，公民社會被帶進來充場面，或者被完全排除在外。公民在這個過程中被排斥到何種地步，要看該公司以及社會大眾認為當下的議題有多重要。

以下各章將會更深入探討部分較為正式的「內容同業聯盟」，嘗試說明幕後協議如何使現有的鎮壓雪上加霜。其中有一個實例很突出，那就是Facebook和以色列政府的密切關係。

由於土地占領和邊界管制，許多巴勒斯坦人形同實質上與世隔絕。對他們而言，網際網路是套用米里亞姆・阿拉赫（Miriyam Aouragh）的話——「一個中介的空間，全球的巴勒斯坦人可透過它『想像』及塑造自己的國家」，將散居各地的僑民和地理上支離破碎的國家結合在一起。[24]主流媒體的敘事長期以來即推崇以色列的政治地位高於巴勒斯坦的，社群媒體不但讓失散多年的親友能夠虛擬地團聚，也創造了組織與發展另類敘事的空間。

然而，如同主流媒體一向貶抑及禁止巴勒斯坦社會運動者的聲音，社群媒體平台同樣也對此進行審查——但是以色列人的仇恨言論往往被無視。

二〇一四年夏季，美國斡旋的和平談判失敗之後幾個月，有三名以色列青年在被占領的約旦河西岸被綁架並撕票。有仇必報，三名以色列人也綁架一名巴勒斯坦少年，同樣撕票。雙方的緊張局勢因此升溫，暴力衝突增加，哈馬斯射向以色列領土的火箭也是。以色列回敬空襲，火箭紛紛射進加薩（Gaza），造成兩千名巴勒斯坦人死亡、一萬多人受傷——其中大部分是平民。暴力事件發生之際，社群媒體成為第二戰場，雙方人馬包括支持和詆譭的群眾。

那年夏天，我在某一天抵達，立即接到人在美國的巴勒斯坦朋友打來一通狂吼的電話。當時被綁架的以色列男孩們還活著，我的朋友發現有一個Facebook專頁威脅要每小時殺害一名「恐怖份子」，直到救回那些男孩為止。那個頁面是希伯來文寫的，非常清楚地用「恐怖份子」代替「巴勒斯坦人」，底下還有像這樣的留言：「他們還在媽媽肚子裡就殺掉」。我的朋友向Facebook檢舉，她收到的回覆說那個專頁並沒有違反社群守則——儘管現行的守則禁止仇恨言論和可信的威脅。[25]

我寫電子郵件給Facebook政策組的聯絡人，對方回說：「似乎違反我們的條款，我這邊會進行人工審核。」我還在等待聯絡人回覆時，那個專頁開始呼籲殺死特定人選。我將新資訊回傳給聯絡人，得到的回覆說，雖然他們還在找答案，「如果它在威脅別人的性命，也似乎是夠資格，對吧？」

但是，當天稍後聯絡人致電告訴我，那個專頁事實上並沒有犯規。它的威脅並不可信，而且最重要的是，「恐怖份子」這個詞並不算禁止仇恨言論的保護範圍。Facebook的全球政策管理部門主管莫妮卡．比克特(Monika Bickert)在一份聲明中解釋：「我們清楚條列了我們認定的仇恨言論特徵，如果某言論並不屬於其中任何一類，依我們的政策，即不會將之視為仇恨言論。」[26]那個專頁依舊健在。

兩年後，以色列政府宣佈和Facebook的特拉維夫辦事處締結合作關係。根據經常和它聯繫的巴勒斯坦社會運動者說，那個辦事處對以色列及巴勒斯坦地區都有管轄權。於是，它們在虛擬空間複製了對巴勒斯坦土地的占領。在一份關於這項夥伴關係的聲明中，Facebook表示「唯有政策制定者、公民社會、學術界和企業界建立強大的夥伴關係，才能打擊線上的極端主義。這一點，在以色列以及全世界，都是顛撲不破的道理。」[27]

可是，Facebook的行動讓事實勝於雄辯。關於巴勒斯坦人的言論，只有以色列人真的享有發言權——即使以色列當事人也認為巴勒斯坦人應該有權利，同樣於事無補。阿耶萊特．沙凱德(Ayelet Shaked)是雙方簽訂協議時的以色列司法部長，也是直接參與雙方協議的人，她自己就在平台上發表過仇恨言論。她曾經在提及巴勒斯坦人的母親時寫道：「她們應該去死，然後把她們的房子剷平，這樣就不會再生出恐怖份子。」[28] 7amleh是總部位在海法（Haifa）的巴勒斯坦數位權利團體，它發表過一篇論文，記錄了以色列人和巴勒斯坦人的仇恨言論有哪些差別待遇。文中提到：在以色列，「Facebook是暴力和煽動的主要來源」。[29]

同時，Facebook對巴勒斯坦人的群組審查頻繁，以至於他們設立了自己的主題標籤：#FBCensorsPalestine（FB審查巴勒斯坦）。這些群組變得相當不起眼，二〇一六年Facebook封鎖了約旦河西岸「聖城新聞網」（Quds News Network）和「席哈通訊社」（Shehab News Agency）編輯的帳號，但後來道歉並恢復了。[30] 隔年，它同樣對約旦河西岸執政黨法塔赫黨（Fatah）的官方帳號重施故技。[31]

Facebook和以色列正式結盟一年之後，《衛報》公佈一組流出的文件，揭發了Facebook的審查政策歧視巴勒斯坦人和其他團體的種種做法。這組文件以「Facebook檔案」（The Facebook Files）之名陸續發表，其中包括取自手冊的投影片，是用來訓練內容審核員的材料。整體來說，洩密事件描繪的景象讓我們見到一家雜亂無章的公司，社群守則在這裡被七零八落地擴張，毫不在乎會有什麼後果。安娜是接受我訪問的前Facebook營運專員，她表示同意：「各個程序從頭到尾的所有權不屬於任何人。」

有一組文件精準示範了巴勒斯坦人和以色列人（以及雙方的支持者）之間的失衡地位。在一組標題為「可信暴力：濫用標準」的投影片中，有一張投影片條列了全球和當地的「易受攻擊」族群，在「外國人」及「遊民」之外，同時還有「猶太復國主義者」（Zionists）。[32] 有趣的是，猶太復國主義者被當成特殊類別而受到保護；但是，如獨立媒體ProPublica所報導的，「移民」只是「準保護」，「黑人兒童」

則是完全不受保護。[33]

我試著想要了解這樣的決定是怎麼來的，我聯繫了很多人，但只有一位公開談到。瑪麗亞（Maria）在Facebook的社群營運部門任職，直到二〇一七年。她說，在提議分類時她有發言表示反對。「我們會說，『猶太復國主義者並不像印度教徒、穆斯林、白人或黑人——它比較像是革命社會主義者，是種意識型態』，」她這麼告訴我：「現在，凡是和巴勒斯坦有關的，幾乎被刪光了。」

另一位Facebook的前職員匿名告訴我，那是一場「不斷的討論」，公司承受著以色列政府的壓力。

如瑪麗亞想向她的主管表達的，猶太復國主義是個意識型態或政治信條，類似「共產主義」或「自由主義」。將它當成一個弱勢族群來看，不止是在嘲笑弱勢個人或族群真正的脆弱特質，將他們提升到這個層級——但巴勒斯坦人沒份，也是未能考慮到占領者和被占領者之間現有的權力失衡。然而，瑪麗亞跟我說：「巴勒斯坦和以色列一直都是Facebook最難搞定的主題。一開始，我們還有點謹慎，」當時阿拉伯語的團隊是處理棘手決定的主要負責人。可是經過二〇一四年以色列與加薩之間的衝突，公司就往以色列政府那邊靠攏了。根據7amleh的報導：值得注意的是，Facebook的新外部監督委員會（External Oversight Board）前二十名成員裡面有艾咪·帕莫（Emi Palmor），在她的指導下，以色列的司法部長請求Facebook審查人權捍衛者的合法言論。[34]

保障政府和社群媒體公司進行幕後交易的國家，以色列是第一個，但絕不是最後一個。一年後，越南的單一政黨政府也宣佈和Facebook結盟。[35]二〇一八年，德國制定了一部法律，要求用戶超過兩百萬的社群媒體和政府密切合作——這部法律後來被其他比較不民主的國家有樣學樣抄走了，包括俄羅斯和土耳其。當國家想要設法管理不悅耳的言論——但往往沒有違法，它們會規避傳統的立法程序，只需要打個電話給Facebook、Google或Twitter裡面的友人，要他們聽命行事就行了。

結果如何？網路世界越來越層層分化，我們在裡面能不能說什麼話，規則是由民選官員和非民選菁英混合組成的一群人決定的，而非民選菁英裡，有的人和政府的關係緊密到令人吃驚。凱特・克洛尼克（Kate Klonick）曾表達她的憂心：Facebook發展至今，竟然讓世界領袖與其他重要人士「以不成比例的人數，卻擁有更新規則的權力。」[36]沒錯，弱勢社群長久以來所經歷的壓迫，在國家（和企業）的手中，再度原原本本地上演了。這一次是在數位世界。

再思考阿巴斯

瓦埃勒・阿巴斯（Wael Abbas）面對Google巨人之後十年過去了，這位社運記者和他的埃及同儕，處境改變很少。二〇一七年十一月，他在一則貼文中指責另一個人威脅他人，Facebook錯誤地封了他的帳號三十天。帳號被封鎖之後，我變得很難聯絡上他。我們的主要通訊模式——他的Facebook Messenger也跟著被停用了。

二〇一八年，我又能幫到他：我聯繫Facebook，他的帳號就被恢復了。但是沒過多久，他被Twitter永久停用。那是經過驗證的帳號，已經用很久了。這一次，儘管抗議運動得到世界各地知名社會運動者及前Twitter員工支持，但Twitter並沒有讓步。大衛・凱伊（David Kaye）是聯合國促進與保護意見及表達自由權的特別報告員，連他都找Twitter要求停用流程透明化，依然於事無補。[37] 那個帳號包括阿巴斯十年來的行動主義活動與文件，他在Facebook的一則貼文中形容刪除他的帳號簡直就是「希特勒焚書」(Hitler burning books)。[38]

帳號被封之後沒多久，埃及政府的安全部門逮補了阿巴斯，罪名是「參與恐怖主義團體」、「散播假訊息」，以及「濫用社群網絡」。他在未經審判的情況下被關押了幾個月，他的拘留期每十五天被延長一次。後來，他為了確保能獲釋，被迫簽署了認罪文件。埃及媒體事後聲稱：他的Twitter帳號被封鎖是因為「煽動暴力」。這麼做是試圖合理化政府的非法拘捕行動。Twitter在這件事的沉默是毫無道理的。正如我在當時所寫的：「這些決定被媒體和真實世界的法院當作證據——並且造成了真實的後果。媒體藉此作為反對社會運動者的宣傳，而其中有些法院即缺乏自己的正當程序，例如審判阿巴斯的『媒體委員會』。」[39]

阿巴斯在不久前獲釋，卻從此不再發聲。他的Twitter帳號一去不復返，他也從此沒有在Facebook貼文。他的政府，與兩個世界最大社群媒體平台的通力合作——得到了最後勝利。

3

社群媒體革命家

我曾說，如果你想解放社會，你只需要網際網路。
我錯了。

——威爾·戈寧（Wael Ghonim）

有句話非常有名，我想，是胡斯尼·穆巴拉克（Hosni Mubarak）*說的：只是一群玩社群媒體的孩子，「他們開心就好」。我們玩我們的。

——拉莎·阿布杜拉（Rasha Abdulla）

* 譯註：埃及前總統。

二〇一〇年六月初，一個炎熱的日子，在埃及的亞歷山大港（Alexandrian）發生了一個改變歷史的事件。哈立德・賽義德（Khaled Saeed）是一名二十八歲男性，當時他坐在一家網咖的二樓，網咖位於克莉歐帕翠拉・哈馬馬特（Cleopatra Hamamat）的中心區。有兩名便衣警察進入網咖，要求所有人出示身分證明。根據一九六七年頒佈的緊急狀態法，這是相當普遍的現象。該法律自從宣佈之後，至今仍或多或少有效。

賽義德拒絕出示，因而惹怒了警察。目擊者說，警察便開始打他。他們將他拖出網咖，在大庭廣眾之下繼續毆打他，讓人怵目驚心。賽義德一度大喊：「我快死了！」其中一名警察回他：「你先死我再走。」兩名警察將垂死的賽義德拖上貨車，然後開走，又在十分鐘之後返回原地棄屍。

接下來的幾個月乃至幾年，哈立德・賽義德的死亡，在埃及和全世界都變成了神話。他被奉為烈士。早期有一些報導引述他的家人，指出他之所以被針對，是因為握有警察貪腐的影片。但是，這段影片的畫面模糊，在賽義德死後被上傳到YouTube，而且內容見仁見智。某一篇深度分析所描述的賽義德，是一名人生毫無目標、喜歡吸食大麻的人。他極度依賴網路世界的連結，渴望擺脫埃及的束縛，回到美國，他曾經在那裡短暫學習編寫電腦程式。這個版本繼續寫道：然而，他被一群嗑藥的人抓住，其中有一個人要將他出賣給警察。[1] 但是這些細節通通無關緊要，他被警察殘忍地殺害，這才是不爭的事實。

賽義德幾乎是一個人單獨生活，就一名埃及年輕人來說，有點少見。他的母親經常待在開羅，幫助他的姐姐照顧年幼的家人——於是他的個人經歷就給了社會大眾豐富的想像空間。不過，有一點可以確定：他被折磨至死的屍體送到了太平間。他的哥哥用手機拍下他扭曲變形的臉，照片後來被他的家人拿去網上分享。照片被廣泛分享，進而有人開設了粉絲專頁，名稱為「我們都是哈立德．賽義德」(We Are All Khaled Saeed)。粉專組織了一系列抗議酷刑的遊行示威，並且公告賽義德葬禮的詳情，後來有超過一千人到場觀禮。那個專頁很快成為阿拉伯世界追蹤人數最多的，短短數月就得到了數十萬人加入。它接著發起一月二十五日的遊行示威，因此推翻獨裁者胡斯尼．穆巴拉克(Hosni Mubarak)長達三十年的統治。但是，假如情況稍微有所不同，或許根本不會發生。

在二〇一一年的起義之前幾年，安全部門對於國內青年公民在網路的活動，已經更了解。雖然有些人選擇大膽地以真名公開發表言論，其他人則是理所當然地會關心人身安全與生計。因此，建立「我們都是哈立德．賽義德」專頁的人謹慎地決定使用化名管理，在Facebook個人檔案以化名設定登入。

雖然化名留言在Facebook上很常見，使用化名卻是違反它的政策。當馬克．祖克柏在哈佛的宿舍構思Facebook時，他想像的平台是能讓大學生們互相認識及關注的，所以必須使用本名。因此，Facebook早期的政策禁止使用筆名或「假名」。隨著這個社群網絡壯大而向社會大眾開放，不侷限於大學生——這項政策依然有效。

Facebook的前內容政策負責人戴夫．威爾納說：「當時Facebook有個信念——也許不正確——那就是如果人人都使用真名，彼此會更親切。」他就是協助草擬規則的人。此外他還告訴我：「Facebook希望能被主流大眾接觸到，並且讓他們在網際網路上公開身分。這個做法在當時並不是主流行為。」

到了二〇一〇年，我已經在部落格很生氣地談到這個政策。曾經有一名叫做娜雅特．凱斯勒（Najat Kessler）的摩洛哥女性跟我聯絡。我當時寫道：對Facebook公司的某個人而言，她的穆斯林名和猶太姓顯然是不太可能的組合，因為在她應要求遞交身分證件之後，她的帳號依然被停用。[2] 隔年，世界知名的作家薩爾曼．魯西迪（Salman Rushdie）發現自己被禁止使用Facebook，因為他不使用出生名阿邁德（Ahmed）。這一事件讓執行那條政策的荒謬程度達到巔峰。

但是我在意的不僅是獨一無二的姓名或著名的筆名。我在那一年四月寫道：Facebook的政策「讓有意攻擊的人有了簡單的方法檢舉個人資料」。[3] 檢舉某人使用假名，在當時以及現在都會促使Facebook要求提交身分證明。回到當時，唯一的方式是在回覆Facebook的電子郵件附上個人身分證明。這些年來電子郵件已經變得更安全，可是當時從大多數電郵服務商寄出的信件，很容易被駭客或政府部門攔截。這個選項對社會運動者是有風險的。Facebook保證不會和政府部門共享它們的資訊，但一般人大可合理懷疑。而且娜雅特．凱斯勒的經驗告訴我們，即使提交身分證明也不保證可以恢復帳號。

埃及的國會大選在二〇一〇年十一月舉行，在準備期間，就在星期五遊行預定日的前一天，「我們都是哈立德．賽義德」專頁充滿了活動。地球的另一端，有一名NGO的好心工作人員寄給Facebook的聯絡人一份埃及熱門粉專的名單，並且附註這些專頁一直遭受攻擊，請求Facebook注意，以防政府人員或同情者惡意檢舉。Facebook果然加強注意了，而且也許是過分注意，一發現「我們都是哈立德．賽義德」專頁的建立者是使用化名，立刻就移除他們的個人檔案，導致那個專頁也隨之下架。

專頁被移除的消息傳到丹尼・歐布里恩（Danny O'Brien）這裡，當時他是「保護記者委員會」（Committee to Protect Journalists）的網際網路倡議協調員。[4] 其他人早已衝向Facebook要問個明白——但那一天是美國的感恩節，大部分員工都回家團聚了。歐布里恩想試試運氣，發了一封電子郵件給艾略特・史瑞吉（Elliot Schrage），他是Facebook的溝通與公共政策部門副總裁。對方很快就用iPhone回覆，表示正在調查此事。

史瑞吉將訊息傳給理查・艾倫（Richard Allan），那時候的歐洲與中東政策主任。對方提出一個很有創意的修復建議：找一個願意使用真名的新管理員。專頁的管理員們從聯絡人裡挖出一位娜遞・瓦哈巴（Nadine Wahab），她是住在美國的埃及人，自願挺身而出。第二天，專頁已復原。瓦哈巴告訴作家麥康瑞，她覺得Facebook的政策讓人很火大：「我不認為Facebook的員工知道，它的規則和程序對埃及這一類地方的社會運動者有多大的影響。」[5]

事件過後幾天，我和其中一位管理員在線上聊天，他說就是因為他的化名檔案造成專頁被刪除。「我想保持化名身分，」他說：「我已經收到無數封恐嚇電子郵件，不希望我的生命曝露在危險之中。」

接下幾週，我和麥康瑞、歐布里恩在電子郵件裡有過一番爭辯：NGO工作人員給的粉專名單，是不是被Facebook錯當成下架指引？還是說，那個專頁是惡意反對者鎖定的目標？經過大量討論，歐布里恩匯整我們的想法之後寄給史瑞吉，副本給麥康瑞、Facebook的其他幾位工作人員，還有我。他在信中感謝Facebook方面的積極回應、強調我們關心NGO工作人員寄給他們的專頁名單，最後是對「我們都是哈立德・賽義德」專頁、以及更早一週前諾貝爾和平獎得主穆罕默德・

巴拉迪(Mohamed ElBaradei)的專頁被刪除的時機，表示我們的不安。那個專頁被刪除，可能有兩種解釋——不是因為分享那份名單，就是遭人惡意攻擊。有人知道管理員是用化名才去檢舉，害它被下架。「至少，」歐布里恩寫道：「對於所有專頁被刪除的時機，我們當然必須講清楚說明白——否則在社會大眾的爭議中，最偏激的解釋必然會壓倒其他說法。」

史瑞吉的反應迴避了這個問題：

從我們的角度來看，我們是刪除一個違反政策的專頁(與內容無關)——我們每天都會刪除幾百萬個，這是其中一個——而且就這個特殊個案而論，我們協助用戶進行矯正，在我們收到人權團體聯繫之後六小時內，用戶就取回了專頁。我之所以對此次的行動與回應印象深刻，原因在於：在正常情況下，一旦我們發現專頁有違規情節，我相信我們**不會**協助讓它復原。[6]

他說得沒錯：只是因為我們說那個專頁對埃及的人權運動者很重要，Facebook就幫忙搶救，這是說不過去的。但是，我們想要知道那個專頁究竟遇到了什麼事。我們寄去很多電子郵件，字數都超過了二千字，而Facebook的代表人員從來沒有回應我們。這也是真的。

瑪麗亞▲是Facebook社群營運部門的前員工，在二〇一二年進入柏林的辦事處。她說刪除那個專頁的人是埃及人，和她同一組。她曾經聽到流言說，他將那次事件歸結為人為失誤。「那時候，」瑪麗亞在Skype上跟我說：「阿拉伯語組的只會刪除假名的個人檔案。」她回憶說：小組裡面有人刪除了化名個人檔案，才會導致那個專頁被刪掉。「他有夠笨，一點都沒想到他的行為會有什麼後果。」

她談到一次類似事件：那時在某個獨裁國家，有一個專頁正在組織大型的政治示威遊行。「在Facebook，你無法想像，當你忙得七葷八素的時候，你會有個想法：你必須動作快一點、必須打破常規，所以犯個錯也沒關係，」她說，她不小心對那個專頁做了地理封鎖。「好可怕，每個人都在說這件事。」

「我們都是哈立德．賽義德」專頁的管理員無疑是犯規了，但是那些規則在二〇一〇年時還不夠清楚。最重要的一點，Facebook用戶的指導文件《社群守則》尚未問世，用戶反而應該去依賴《服務條款》，那是以法律用語寫的冗長文件。但是，就算他們看得懂——二〇一〇年時《服務條款》只有少數幾個語言版，不包括阿拉伯語。

接下來幾個月，我們向Facebook提出許多議題，這是其一。一開始這是成果豐富的交流，Facebook的代表們經常提供更多細節，令人感到驚喜。然而，好景不常。

第一次接觸

我第一次聯繫Facebook的工作人員，並不是因為「我們都是哈立德．賽義德」專頁被刪之後的討論。在突尼西亞革命發生之前幾個月，我在巴勒斯坦難民研究網（Palestinian Refugee ResearchNet）的部落格讀到一篇貼文，聲稱Facebook封鎖「Palestinian」（巴勒斯坦人、巴勒斯坦的）這個字，不准用在粉專的名稱。貼文中還包括建立「Palestinian Refugee ResearchNet」專頁的擷圖，圖的頂端有一條橫跨版面的警告：「我們的自動化系統不允許使用『Palestinian Refugee ResearchNet』作為專頁名稱。它可能是違反我們的『粉絲專頁使用指引』，或是包含被禁用的字或詞語，以避免建立非官方或被禁止的專頁。如果您確信禁用您的申請是個錯誤，請聯絡我們的客戶支援小組。」

部落客雷克斯・布萊能（Rex Brynen）測試了數個類似名稱，將「Palestinian」換成「Israeli」（以色列人、以色列的）和「Afghan」（阿富汗人、阿富汗的），結果都沒事。於是他寫信給客服小組。那時候，我決定在我的部落格寫文章談這個問題，我問道：「Facebook消滅為被邊緣化族群建立的粉絲專頁，目的是什麼？」我還在那一週第二次建議社會運動者停止使用Facebook。[7] 部落格Gawker也報導

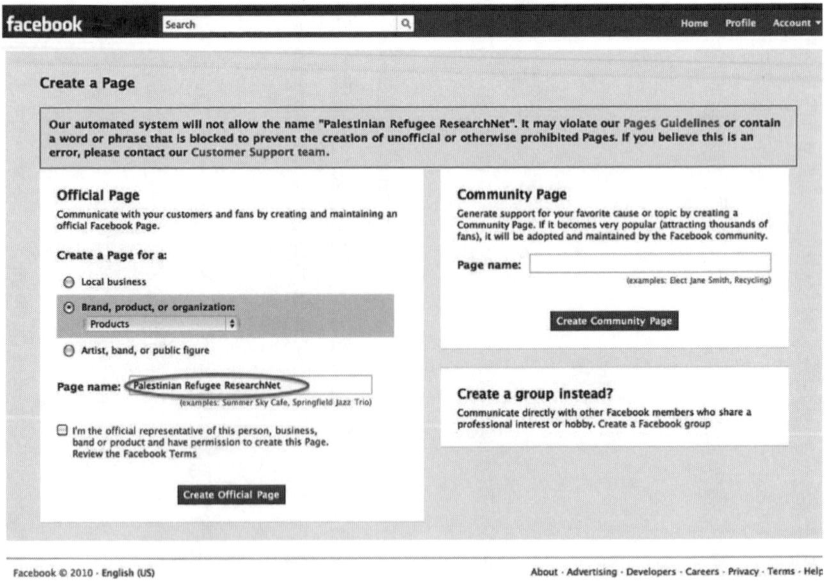

了這個事件，提到馬克．祖克柏相信Facebook能弭平中東和所謂西方之間的隔閡。它評論說：如果Facebook「任意阻止使用『Palestinian』之類的詞——儘管無害」，他的信念是緣木求魚。[8]

令我震驚的是，第二天我點開收件匣，發現有一封郵件的信箱位址是facebook.com。「約克女士——」信件一開頭如是說：「我們致函是告知您，無論是您的部落格或是未來的出版物，凡是有關Facebook的內容政策方面，我們將為您提供任何協助。[8]」

信件接著說，「Palestinian」一詞被排除，是「自動化系統異常的結果」，進而造成「已往未見過的程式錯誤」。它繼續說道：

> 我們知道，為了保護使用我們服務的五億用戶，我們建立的自動化系統在過去曾經造成混淆。世上沒有完美的系統，更何況是我們如此大規模運作的。我們將會持續致力於改進我們的系統，並且使之更加透明。您可以在我們的部落格閱讀到我們更多的努力措施。
>
> 此外，我們了解，對於人權及全球倡議社群而言，我們的產品是許多人的寶貴資源。未來如遇有關真正社會運動者與組織者的任何特定問題，請不吝直接來信。
>
> 我們一直持續在檢討《服務條款》。和您一樣，我們也認為Facebook應該扮演社會公益及社會分享的工具。我期盼有機會與您展開對話，解決您的擔憂，並且知無不言。

這封信的寄件人是一名二十二歲的公共政策部門工作人員，進入Facebook公司才一個月。接下來幾年，他都能說到做到。Facebook有幾名工作人員——幾乎清一色都是史丹佛畢業的男孩子——是我遇到問題時會聯絡的，他是其一。

二〇一〇年時，Facebook向社會大眾開放還不到四年，相較於現今的龐然大物，它只算是個小不點。當時它還沒有全球政策組和中東辦事處，負責制定及執行政策的小組，主要成員都是二十來歲的大學畢業生，除了在Facebook，很少有政策方面的資歷。他們裡面有許多人各有不同的政策選集在媒體上被引用。從Facebook的實名制政策到保障弱勢族群，主題範圍很大。

他們有時坦誠得令人耳目一新，有時則近乎粗魯地拒人於千里之外。在一次電子郵件交流中，我提到突尼西亞社運專頁被刪，同時質疑導致這個結果的政策。有一位政策工作人員告誡我：

> 順便說一下，我們注意到幾則您最近公開發表的評論，認為我們的做法有失透明性。我們特別找上您，與您聯繫，是希望您能夠直接給我們建設性的回饋。我們想集合一小組社會運動者協助解決這個社群的問題，目前內部仍然在討論怎麼做最理想，希望很快就能制定好計畫。不過，恕我實話實說，如果您寧可批評我們而不是參與，我不確定這裡的同事們會有多大熱情想將您加進來討論。

我從未收到那個社會運動者集會的邀請。

另一次事件中，我在彭博（Bloomberg）電視頻道發表了一段意見評論，指出Facebook的實名制政策會讓「支持民主的社會運動者面臨在社群網絡上曝光的風險」。[9] 事後有一名Facebook公共政策與溝通部門的人打電話訓了我一頓，指責我的公開評論——儘管這個有問題的政策我已經和Facebook公司談了超過一年。

最近我詢問那位前政策工作人員，有誰寫過電子郵件給我，為什麼他認為Facebook一開始就和我聯絡了。「Facebook希望意見領袖、部落客及記者能加進來，更理解我們的世界，成為對話的一部分，而不是單純地冷眼旁觀，」他寄了一封電子郵件給我：「我在Facebook工作的這一年裡，這一類拓展工作越來越常見。」

同時的Google則是正積極努力融入公民社會……或者說，至少在某些層面。Facebook第一次和我聯繫之後一個月，我收到Google的一封電子郵件，邀請我到布達佩斯參加國際會議，會議名稱是「自由的網際網路」(Internet at Liberty)，重要主題包括「網際網路作為民主化力量的角色」和「提昇透明度和問責性(accountability)」。我和我的「貝克曼・克連網際網路與社會中心」主管商談過後，接受了邀請。

在此之前幾個月，我曾有意寫一篇論文，談帳號被停用及內容被刪除。我的主管羅伯・法瑞斯(Rob Faris)當時是本中心的研究主任，他很喜歡我的構想。雖然我不過是一名專案協調員，他仍協助我寫作。一開始的規劃是將它納入當時中心正在製作的一本專書，但是Google宣佈召開會議的消息之後，我們決定將截稿日提前，趕在九月的活動之前及時發表。

論文的名稱是〈準公共領域的內容監督〉(Policing Content in the Quasi-Public Sphere)，探討政治與人權行動主義活動使用社群媒體的情形，以及我在Facebook、Twitter、YouTube和Blogger等四個平台所見到的「停用模式」。[10] 它引用到許多學者的研究，包括贊伊涅普・圖菲克西(Zeynep Tufekci)和丹娜・波以爾(danah boyd)*兩位，她們也準備開始寫作內容審核行為。據我所知，我是首次有人撰文質疑這

* 譯註：她本人習慣以小寫署名。

些公司日益強大的權力。

在布達佩斯的會議中，法瑞斯（Faris）發表開幕致辭並提到我的論文。結果，那一天我的部落格湧入數千次點閱。我去用午餐的路上，大衛．德拉蒙德（David Drummond）找我攀談，他是Google的資深副總裁兼法務長。接下來幾天，我和一些突尼西亞、埃及的社會運動者交談過，也和Google的工作人員有過好幾次私下對話。在會議結束後不久，他們成立一個小型的私人郵件討論組，供人權運動者與Google的政策小組互動。

和Facebook及Google之間的互動只在二〇一〇年持續了幾個月。後來的幾個月乃至幾年，突尼西亞人和埃及人首先走上街頭，隨後又有敘利亞人、巴林人、摩洛哥人和其他地方的人也紛紛效法，最後形成遍及中東和北非的一系列起義。這個現象證明那些互動的影響深遠。過去幾年，這些公司日益壯大，各種互動也變成公事公辦。遇到麻煩的情況，工作人員不太可能提供變通辦法。如今回顧，一切顯而易見。但是，當時的我並不了解，那些重要的互動，以及我們所交談過的每一名工作人員本身的信念與價值觀，二者之間的關係有多密切。

審查的先驅

突尼西亞人在全國遍地開花，走上街頭推翻政府，異議的種子早在十年前就已經開始埋下。一九九八年，有兩名學生因為有感於國內生活的壓迫與無聊，架設了一個論壇。論壇的名稱是「塔克里茲」（Takriz），這是借用一個突尼西亞俚語，字面意思是「憤怒」。論壇的代管主機是在國外，它提供一個空間，讓參與者可以靠北剝奪他們機會的體系。

塔克里茲（Takriz）是衝第一波的其中一個，他們在網路空間主持公開對話，暢談纏繞著突尼西亞的各種不滿。這個論壇起初的形式是祕密的郵件討論組，「去中心化而且故意沒有組織」，從國家媒體談到網際網路審查、性別關係和童貞，討論的主題很多。[11] 到一九九九年為止，塔克里茲的訂閱戶超過兩百人。二〇〇〇年，它推出網站和電子雜誌。

塔克里茲的第一個公開版很快惹惱政府當局，不到幾天它就被封殺，也使得該團體更下定決心。它的成員聯繫國外的朋友，尋求媒體關注這項封鎖，並且匯集資源，要設法利用網站代理伺服器和匿名工具突破防線。縱然有這些人的勇敢作為，封殺行動依舊對塔克里茲產生了寒蟬效應。到了二〇〇二年，團體便偃旗息鼓了……至少是暫時的。

在塔克里茲的灰燼中誕生了另一個平台TUNeZINE，它的名稱令人想起當時突尼西亞總統的名字：獨裁者宰因・阿比丁・班・阿里（Zine El Abidine Ben Ali）。這個網站是塔克里茲的成員「埃通希」（Ettounsi）創立的，主打政治漫畫以及批判政治制度對人權的侵犯，並邀請突尼西亞的讀者共同參與。有一份民調問受訪者，他們認為突尼西亞是個民主國家、王國、監獄，還是動物園——最多人回答「監獄」。[12]

TUNeZINE的讀者越來越多，引起當權者注意。官方封鎖了網站並且確認「埃通希」的本名是祖懷爾・亞希奧維（Zouhair Yahyaoui），是直言不諱的法官馬克哈塔・亞希奧維（Mokhtar Yahyaoui）的侄子，也是一家網咖的老闆。亞希奧維受過教育，但找不到好工作。在無聊又沮喪之下，他善用了他的聰明才智。他向當地一家網咖提出交易——他願意無償工作，條件是可以無限制使用網際網路。就是在那裡，他知道了網際網路審查和規避的方法，以及如何架設網站，乃至後來推出了TUNeZINE。

二〇〇二年六月四日，亞希奧維在工作的網咖被捕。官方人員搜索房子、要求交出TUNeZINE的密碼，最後銷燬了網站。亞希奧維被判處二十八個月徒刑，罪名是散播不實資訊。此舉無疑是官方在向蓬勃發展的網路社運社群釋出強烈的訊息。服刑期間，他受到酷刑並進行了數次絕食抗議。由於國際關注越來越多，他被提前釋放。才幾個月後，他就死於心臟病，時年三十七歲。[13]

先驅國家

突尼西亞是第一個連上網際網路的阿拉伯國家，也是非洲大陸的第一名。一九八五年，美國國際開發署（US Agency for International Development, USAID）補助突尼西亞，成立了「電腦科學與電信區域研究所」（Institut Régional des Sciences Informatiques et des Télécommunications），簡稱IRSIT，致力於促進突尼西亞的電腦科學及電信事業。IRSIT早期的工程師曾經留學外國，帶回尖端的知識，使突尼西亞早期的網路能和歐洲國家並駕齊驅。到了一九九一年，突尼西亞就上線了。[14]

一九九六年，突尼西亞政府委託成立「突尼西亞網際網路機關」（Agence Tunisienne d'Internet, ATI），進而鞏固了突尼西亞的網路，並將控制權集中在政府行政部門之下。ATI成為全國唯一的網際網路骨幹經營者，控制.tn網域的註冊。它發出五張網際網路服務供應商（internet service providers, ISPs）執照，其中至少有三家是完全或部分屬於班・阿里的家族成員。它同時也是負責全國審查事宜的機關。到了二〇〇〇年左右，突尼西亞的九百六千萬公民有將近百分之三已經上線，正好來得及體驗自我出版革命。Blogger和LiveJournal提供了空間，個人可以採取相對匿名的方式分享未經審查的思想，在突尼西亞，那就代表批評班・阿里根深蒂固的政權。

二〇〇五年，不知道是出於什麼原因，突尼斯選為聯合國贊助的「資訊社會世界高峰會」(World Summit on the Information Society, WSIS)的主辦國，而且哈比・阿馬爾(Habib Ammar)被任命為籌備委員會主席——該國的前部長，倡導反酷刑，他被判八年徒刑，直到二〇二〇年還在服刑。突尼西亞人理所當然對於突尼斯被選為主辦地感到憤憤不平，但是可利用此次機會吸引國際關注班・阿里的審查政權。

由於政府官員的干預以及對當地人權運動者的攻擊，WSIS遭受了損害。但是突尼西亞部落客的宣傳活動大獲成功，鼓舞他們繼續抗議下去。與此同時，隨著有越來越多公民能連上網際網路，政府的審查設備亦日漸龐大而且複雜。到了二〇〇八年，有將近三分之一的突尼西亞人能夠上網……或者，至少剩下三分之一。ATI的封鎖網站名單中，加入了影音分享網站YouTube和Dailymotion、國際人權組織網站，以及用來規避封鎖的代理伺服器。那些嘗試連線被封鎖網站的人，會連到一個假的「404錯誤」(error 404)*頁面。這是政府企圖將審查偽裝成技術問題。有聰明的社會運動者將頁面擬人化，稱為「阿馬爾404」(Ammar 404；或者用阿拉伯語聊天字母寫成「3mmar 404」)。[15]

二〇〇八年下半年，政府方面犯了一個致命錯誤：它封鎖了Facebook。至今已十多年過去，當

* 譯註：代表「找不到網頁」的錯誤碼。

時這個禁令的真正動機依舊無法確知。有些人認為，當年稍早社會運動者針對「加夫薩磷酸鹽公司」(Gafsa Phosphate Company)展開示威抗議，政府封鎖Facebook是企圖讓參與其中的社會運動者消音。突尼西亞人民抗議這個決定，威脅要關閉他們的網際網路帳戶並迫使政府讓步。據報導，班・阿里於九月三日親自下令解除封鎖。

突尼西亞的部落客社群因為此次勝利而大感振奮，但是他們的勝利並沒有維持太久。到了二〇一〇年，班・阿里政權已加緊腳步在消除線上言論。與此同時，利用社群媒體記錄人權議題的突尼西亞社會運動者，遭遇了來自企業的內容限制。

其中有一名社會運動者叫史林・阿馬茂(Slim Amamou)，他在革命過後曾短暫擔任青年與運動部長。當年十月，他寫信給我，請我協助讓某個專頁復原。那個專頁的名稱是「放手吧」(Sayeb Sala7)——「放手吧，阿馬爾」(Sayeb Sala7, ya Ammar)的簡稱——它是一個持續進行中的宣傳活動在網路上的代表，活動宗旨是懇求國內的審查員放鬆審查。或者，以那個活動的用語來說，是「放手」。

另一名社會運動者叫薩米・本・加爾比亞(Sami Ben Gharbia)，他和兩名在歐洲的突尼西亞流亡者共同開設社運活動部落格「納瓦特」(Nawaat)。他憑藉自己的優點長期從事社運活動，二〇一〇年他將時間投入納瓦特的寫作，並且管理「全球之聲」兩個當時剛成形的倡議專案(目前稱為「Advox」)。[16]和瓦埃勒・阿巴斯一樣，他與媒體及NGO都有良好關係，因此當他得知他的影片被YouTube封鎖，隨即寫信給我和郵件討論組的其他成員，提醒我們注意這次的狀況。

導致帳號被封的影片，內容是關於一群突尼西亞少年在吸強力膠，這是北非的弱勢青年不幸的普遍習慣。在Advox上我寫了一篇短文，分享YouTube寄給本・加爾比亞的訊息，內容是：「不宜上傳內容不良的影片，如虐待動物、嗑藥、未成年人飲酒及吸菸，或炸彈製造。任何類似的內容應為教育或記錄之目的，不應旨在協助或鼓勵其他人模仿。」[17]

於該影片的內容是基於教育目的，解封帳號並非難事。不到二十四小時，本．加爾比亞就來信告知納瓦特已經恢復連線。事情到此本該告一段落，然而差不多同一時間，麥康瑞正寫到Facebook在香港封鎖了一連串帳號。麥康瑞是「全球之聲」的共同創始人，從二〇〇〇年代早期就開始寫作社群媒體平台方面的文章。而且，更是兩年前成立全球網際網路倡議的重要助力。

這些事件發生至今已經十年，然而，我能從當時的郵件中收穫的，是我們的部落格寫作促使GNI的同事們安排了一場電話會議，主題為帳號停用及內容刪除。這場會議僅限受邀者參加，會中Yahoo!、YouTube和SlideShare等網站的政策主管詳細說明他們的內容審核做法與內部的運作方式。包括瓦埃勒．阿巴斯、本．加爾比亞在內的社會運動者、香港民主派立法會議員莫乃光，還有我，則是分享內容刪除事件，並且強調保障人權的重要性。

這場電話會議使學術界、數位權利組織及矽谷公司之間展開了一系列對話——從私下變成公開，討論內容審核對於人權的影響。當時社群媒體剛出現不久，大部分公司的政策團隊都能夠敞開心胸傾聽意見，也都渴望把事情做好。

那一場決定性的會議之後，我加入麥康瑞、香港社會運動者林藹雲，還有維多莉亞．格蘭（Victoria Grand），YouTube全球政策負責人，在「全球之聲」於智利聖地牙哥舉行的國際會議中，共同討論這個議題。這場小組討論的影片在網路上已經消失很久了，但是我還記得格蘭，她思考我們提出的議題時總是既坦率又深思熟慮，令人驚喜。麥康瑞在她的部落格長久保存著這場小組討論的重點總結，內容充滿先見之明，容我在這裡全文照錄：

- 自動化審查及防止濫用的程序，必然會造成錯誤而傷害社會運動者。務必將人工判斷——知曉適當的文化知識、語言及全世界的政治事件加入程序中共同進行。
- 各家公司關於刪除、審查及停用帳號的程序如何運作，應盡可能公開透明。否則，如果用戶不再信任它們，是它們咎由自取。
- 各家公司應指派專人負責關注人權，其工作應是開發管道，使人權社群能定期與之溝通。
- 全球流行的社群網絡及內容分享服務商，幾乎不可能聘僱足夠的員工，能對世界上所有語言、所有偏僻角落的政治運動與爭端都具有足夠的知識。但是，像「全球之聲」及其他類似組織擁有部落客和世界各地線上社會運動者組成的大型網絡，已準備好也願意協助各家公司，同步掌握世界各地的熱門政治議題與網路運動——甚至能協助應付冷門語言——因此能處處格外謹慎，使政治行動主義活動不會再被誤會成垃圾廣告郵件或其他某些形式的濫用行為。我們只需要釐清如何建立可行的機制，讓我們得以藉此進行上述回饋、建議和溝通。
- 社會運動者需更注意社群網絡平台採用的服務條款，也應更主動自我教育，了解審查、刪除和防止濫用機制的運作方式。或許我們需要一本《人權運動者避免帳號被停用及刪除指引》。

- 擁有某種受尊重的資訊交流組織或組織聯盟——或許也不錯，可幫忙調解社會運動者和各家公司之間的問題。
- 從事政治與社會行動主義活動的人，如果依賴企業經營的社群網絡及內容分享平台，應該更主動與企業的行政管理人員互動，改良平台的政策與做法。預想問題並協助解決，這麼做對自己以及社群裡的其他人都有好處。行為要像個公民，而不是被動的「用戶」。[18]

那個時代，伊森・查克曼（Ethan Zuckerman）的觀察同樣具有先見之明。他寫道，當時社會運動者的主導策略，是「希望服務供應商能保護言論自由，若它們做不到就設法去施壓」。他還提到，這個方法「往往只有最會吵的和關係最好的才有糖吃——如果你認識該公司內部的人，有時候就有可能讓可接受的內容被重新裁量甚至逆轉決定。但是這樣的模式並非維持言論自由的長久之計。」[19]

當時的我們想必知道自己的方法無法行之久遠；然而，誰能料想得到這些社群媒體平台最後竟然變得如此巨大，而它們的做法如此難以對抗。

靠Facebook革命

到了二〇一〇年四月，突尼西亞的ATI已封鎖所有影片分享平台以及大多數社群媒體平台，官方也下令封鎖社會運動者的Twitter帳號。根據艾咪・艾森・卡蘭德（Amy Aisen Kallander）的說法，僅僅二〇一〇年四月，ATI即封鎖了將近兩百個網站。在突尼西亞人民起義之後不久，卡蘭德在一篇論文章中說：「審查行為的任意性與不負責本質塑造了一種恐嚇的氣氛，成功分化了部落格圈，並團結了社會運動者。」[20]這種團結，再加上令人窒息的網路氛圍，導致突尼西亞的部落格網絡策劃進行一場街頭抗議。示威抗議訂於五月二十二日，他們稱之為「反阿馬爾日」。社會運動者使用「放手吧，阿馬爾」作為口號，呼籲鬆綁網路審查。遊行號召張貼在部落格及社群媒體上，吸引了國內外的新受眾。政府也見到了號召並火速採取制止行動，在遊行前一天逮捕多名發起人，直到他們發佈影片取消遊行才被釋放。最後，只有少數社會運動者走上街頭。他們身穿白衣，那是哀悼的顏色。

遊行示威未能按計畫進行，「但是改變即將發生，因為新一波的網路審查影響了每一個人，」本・加爾比亞在五月二十七日那天如此寫道。[21]他說得沒錯。二〇一〇年上半年所發生的種種事件是催化劑，在六個多月之後爆發了人民起義。社群媒體在阿拉伯起義中究竟扮演了怎樣的角色？專家、研究人員、突尼西亞人和外部觀察家在事後為此爭論好多年。有一點卻是毫無疑義的：班・阿里政府在現實中的鎮壓呼應了線上鎮壓，推波助瀾創造了那一年後來突尼西亞人走上街頭的條件。

隨著革命進行，突尼西亞部分相對速戰速決，僅持續了二十八天。西迪布濟德（Sidi Bouzid）的街頭攤販穆罕默德・布瓦吉吉（Mohamed Bouazizi）因不堪警察騷擾而進行抗議，並在十二月十七日自焚。抗議者隨即聚集示威，然而官方以高壓手段回應，以至於抗議轉變成暴動。在西迪布濟德，抗議者與警方的衝突逐漸升高，暴力影片傳到了突尼斯。這一點，要部分歸功於部落客，是他們和國際媒體分享那些影片。於是，示威活動迅速蔓延到其他城市。

在此期間，政府持續網路鎮壓行動：逮捕了國內知名的線上人士，並且採取新措施扼殺社會運動者傳播資訊的能力，讓他們無法將國內的現況告知外界。官方的措施之一，是編寫一段惡意程式碼，有人登入Facebook時，它能捕捉到對方的個人訊息。在突尼西亞有聯絡人的「電子前哨基金會」發出一系列建議做法，協助用戶保持安全。同時，呼籲Facebook確保用戶登入時預設為加密。[22]

當時Facebook的安全長喬・蘇利文（Joe Sullivan）告訴《大西洋月刊》（*Atlantic*）說，Facebook「從來沒有見過像突尼西亞發生的那種事。」[23]蘇利文的團隊以技術解決方案回應，先是將突尼西亞的登入請求引導路徑到HTTPS（hypertext transfer protocol secure，超文本傳輸安全協定）伺服器，並且對先前在惡意程式碼運作期間登入的用戶設下「路障」，要求他們回答問題以辨認他們的帳號，然後再設定新密碼。[24]這是獨一無二的特殊配置，只針對突尼西亞用戶，雖然本質上與政治沒有關係。這個做法被廣泛複製到其他大眾身上，多持續了將近兩年的時間。

正當Facebook在努力應對技術挑戰，YouTube則是在突尼西亞的暴力事件中，被質疑其政策是否適當。在一月份稍早，本・加爾比亞提醒我注意到有一則影片被YouTube移除。該影片宣稱是阿爾及利亞邊界附近的凱賽林鎮（Kasserine）發生平民大屠殺的證據。[25]他分享一張擷圖給我看，上面是一條橫幅，聲明由於該公司關於「令人感到震驚、厭惡的內容」的政策，該影片已被移除。

那一則影片確實令人震撼，但是影片本身的處境也是：除了半島電視台（Al Jazeera），國際媒體很少報導針對平民的暴力事件，網路社會運動者想發聲的空間正在迅速縮小。我聯絡YouTube的政策組談那一則影片被下架，他們很慎重地回應：該影片出現流出的腦內組織，這是典型的紅線。然而，該小組也支持這種情況，要求我寄給他們新聞報導或相同場景的其他影片，作為附加背景資料。最後他們態度軟化，恢復影片並建議社會運動者在上傳影片時盡可能提供背景資料。

那次對話在未來一定會產生影響，因為遍及整個地區的示威正遭遇暴力。但是，至少目前的突尼西亞社會運動者有辦法確定，外界能看見他們所面對的暴行。一個多星期之後，他們的付出有了回報：班・阿里決定下台，結束二十三年的統治。出逃沙烏地阿拉伯之前，他在最後演說中承諾國民會有自由開放的網際網路。

革命將會發推文

在突尼西亞東方不到兩千英里處，埃及人正在遠觀突尼西亞境內事件的發展。胡斯尼・穆巴拉克在位的時間比班・阿里多六年，埃及人口有八千五百萬，到處都有貧窮和鎮壓。警察暴行稀鬆平常——如瓦埃勒・阿巴斯長期以來所記錄的，許多從事政治活動的埃及人生活在恐懼政府的日子裡。

與突尼西亞不同的是，埃及政府並沒有將太多心力放在網際網路審查或數位監控上。埃及當然沒有言論自由，不過官方的手段不是封鎖網站，而是更有可能以知名人物當替罪羊，以儆效尤。雖然有這些鎮壓措施，但這個國家的部落格圈很有活力而且相對龐大，社群媒體的用戶也日漸成長，他們的寫作混合了阿拉伯語和英語。

目睹突尼西亞人挺身對抗獨裁者，有些埃及人看見了機會。

「我們將追隨！」（WE WILL FOLLOW!）塔瑞克・夏拉比（Tarek Shalaby）在二〇一一年一月十四日發了

一條推特。[26] 次日，馬納・莫合森（Manar Mohsen）在推特發了一個「埃及革命Facebook活動」連結，並加上「參加請回覆！」

這個Facebook活動正是連到了「我們都是哈立德・賽義德」專頁。自從它在十一月恢復上線以來，聲勢上揚——追蹤者也更多。此刻它被用來號召一月二十五日的「憤怒日」活動，當天剛好也是全國警察節（National Police Day）國定假日。

對許多外界的觀察家而言，這場示威抗議看起來像是臨時起意，或者完全是在Facebook激發起來的。事實上，它是長期蘊釀的結果。即使自從一九八一年前總統艾爾・沙達特（Anwar Sadat）遇刺以來，緊急狀態法就一直生效至今，埃及人依舊能設法表達對政府的不滿。

「如果你是在談歷史，這次革命是某個過程的高潮，這個過程始於二〇〇〇年爆發的第二次巴勒斯坦起義，」在柏林的一家網咖，霍薩姆・艾爾-哈馬拉維（Hossam el-Hamalawy）喝著咖啡，如此解釋。他是記者、攝影家、前部落客，並且自稱是革命社會主義者，比許多社會運動同行稍微年長，因此他對埃及示威遊行的研究觀點略有不同。革命剛結束時，他在《衛報》的一篇文章中表達了類似意見，稱之為「始於上一個十年的過程，得到如今的結果」。

二〇〇〇年代早期，第二次巴勒斯坦起義的支持者大團結——「或許是一九七七年以來首見，」艾爾-哈馬拉維說——激勵了埃及人走上街頭抗議伊拉克戰爭，啟發了社會運動者「一磚一瓦地拆除恐懼的高牆」。[27] 早期的這些示威抗議在二〇〇四年導致凱法雅運動（KefayaMovement；Kefaya的意思是「足夠」）興起，對抗穆巴拉克家族的貪腐。凱法雅運動利用早期的社群媒體，使全國的埃及人都能看到開羅的社會運動者正在勇敢對抗什麼。

但是，直到二〇〇八年在馬哈拉市（Mahalla）發生工人罷工，這些遊行抗議才有了自己的生命。馬哈拉市的紡織工人取得勝利，消息透過傳統與社群媒體傳遍全國，激勵了更多罷工。艾爾－哈馬拉維回憶道：到了二〇〇八年，小型的示威抗議已經成為家常便飯。那一年五月，他在一篇部落格貼文回想起一段無意中聽見的電話交談。那是一名參加示威抗議的工人，他說：「聽聽我們在喊口號……告訴鄉親不必害怕。我們在開羅這裡示威抗議，沒有人動我們。」[28]

當埃及工人在街頭發聲，同時的文人、學者則是在部落格。到了那十年的後半，如果不是數千名，也已有數百名埃及部落客在寫作，他們的政治立場形形色色，談論著各種主題，包括政府的鎮壓。部落格是一股力量，將政治立場迥異的人聚在一起：「馬克思主義者部落客霍薩姆．艾爾－哈馬拉維（Hossam al-Hamalawy）、阿拉．阿卜．艾爾．法塔（Alaa Abd El Fattah）和伊斯蘭教主義者阿卜杜勒．莫奈姆．馬哈茂德（Abdel Moneim Mahmoud）肩並肩一起寫作及示威遊行。」[29]「憤怒日」當天，許多重要的部落客轉向社群媒體，尤其是 Twitter，他們能利用 Twitter 在街頭推文更新狀況。二〇一一年一月二十五日，埃及人推文寫自己的位置，以及有關示威遊行的新聞，都是實況報導，許多人看得津津有味。從 Twitter 看到的街頭，大家都意志堅定，簡直可說是欣喜若狂。

但是，那一天下午稍晚，穆巴拉克政府採取前所未有的行動，封鎖了 Twitter。精明的示威者利用代理伺服器就避開了封鎖，持續傳送更新。隔日，街頭擠滿示威抗議的人潮，官方也封鎖了 Facebook。不過，遊行抗議照樣越演越烈。「我封鎖 Twitter 和 Facebook，是要讓大家可以專心工作好嗎，不要跑去街上喊什麼 #jan25。」有人推文諷刺穆巴拉克的封鎖理由。

到了一月二十八日，憤怒日不再只是憤怒日，人數不斷擴大。星期五禮拜（Friday prayers）*之後，有數十萬人加入示威抗議。警方的應對之道，是祭出水炮和催淚瓦斯。反對勢力越來越強大，讓政府當局震驚，於是下令ISP和行動通訊業者關閉服務，只留下努爾（Noor）一家ISP仍然上線，明顯是為了讓國內的股票市場交易能夠保持正常。幸運的是，有少數重要的社會運動者是努爾的客戶，他們在家裡歡迎朋友上門，朋友們便在到訪期間零星地更新示威抗議現況。

埃及人有五天無法連上網際網路，在此期間只有少數Twitter用戶可讓全世界跟上示威抗議的最新發展。當時能在現場的主流媒體非常少，只有半島電視台英語分社的報導例外。許多示威抗議者質疑某些集中在資訊技術面的報導，但那些報導依舊大量訴諸這方面的說法，如「網路行動主義助長埃及的遊行示威」或「抗議運動以暴力開場，Facebook粉絲專頁成為出口」。[30] 在大斷網期間，哈馬拉維設法上網幾分鐘，寫道：「主流媒體報的搶劫、暴力全部**誇大不實**！抗議活動強大進行中。」

革命開始兩天，威爾．戈寧（Wael Ghonim）——Google杜拜辦事處的經理，抽空加入示威抗議——他失蹤了。他是示威抗議期間被拘捕的眾人之一，但是由於他的身分和人脈，他成為所有被捕群眾的代表。隨後，一場要求釋放他的宣傳活動紮下了根。

戈寧失蹤了十二天，在這期間他的案件得到國際特赦組織（Amnesty International）和其他人權團體聲援。二月七日，他終於被警方釋放，在塔里爾廣場（Tahrir Square）站上了一個小舞台，宣告：「我們絕不會放棄要求，那就是政府下台！」[31]

---

* 譯註：又稱「主麻日」，穆斯林於每星期五舉行的聚會禮拜。

同一天晚上，他接受「夢想電視」(Dream TV)記者莫娜・艾爾-沙知里(Mona el-Shazly)專訪，承認他是「我們都是哈立德・賽義德」Facebook專頁的管理員之一。他說明那個專頁是以民主方式運作，決策都要經過所有管理員投票。他也提到，政治組織者很辛苦才有了「憤怒日」活動的構想，他不希望那個專頁只是他們的擴音器。

在這次長時段訪談中，戈寧表現得很謙虛，將起義的所有功勞歸於他被捕之後還留在街頭的人。訪談到了尾聲，戈寧泣不成聲，向捐軀者的父母致歉。在背景的小提琴音樂聲中，畫面特寫了革命烈士的影像。「錯不在我們！」他哭喊道：「錯在每一個掌握權力、迷戀權力的人！」[32]

戈寧的專訪成功感動了全埃及。內雯・扎基(Nevine Zaki)發了推文：「每一個人都哭了。**每一個人！**」知名部落客馬哈茂・沙冷姆(Mahmoud Salem)在Twitter上說：「**明天有幾百萬人會到塔里爾。幾百萬！**」[33]哈馬拉維稍後表示：「我們需要將抗爭的影像及影片散播出去，激勵更多人採取行動。在革命中，一台相機的重要性並不亞於卡拉什尼科夫自動步槍。」[34]

四天後穆巴拉克下台，全世界鄭重其事地開始一場爭辯：在埃及所發生的是不是一場Facebook革命？「社群網絡足以推翻政府嗎？」一名《雪梨晨鋒報》(The Sydney Morning Herald)的專欄作家問道。左派出版物《國家》(*Nation*)則表示「網路實用主義扳倒了穆巴拉克。」[35]博學多聞的作家麥爾坎・葛拉威爾(Malcolm Gladwell)在《紐約客》不以為然地寫道：「拜託，早在Facebook發明之前，就有人民遊行抗議而推翻政府的。」讓他成為數十篇文章的眾矢之的。[36]

戈寧告訴CNN「這絕對是一場網際網路革命，我會稱它革命2.0。」不見得人人都會同意。阿拉・阿卜・艾爾・法塔和他的妻子從南非返回開羅，投入遊行示威。那一年稍晚，他問紐約的觀眾，他們認為他在塔里爾廣場用得最多的科技是什麼。「社群媒體系統嗎？」人群中有人叫道：「你的手機！」「Twitter！」

「才不是。石頭和棍棒，」阿卜・艾爾・法塔笑著說。他的話或許可以代表幾千名埃及人。

阿卜・艾爾・法塔的話聽起來像是在挖苦，但他不是唯一的。起義之後接下來幾年，許多當初的重要參與者都在指責西方媒體，認為它們對革命的看法過度簡化。其後，埃及局勢惡化，軍方發動政變，就是利用社群媒體想要給人萬民擁戴的表象。此時，有些人更是覺得西方媒體的簡化說法很危險。

阿卜杜勒拉赫曼・曼蘇爾（AbdelRahman Mansour）承認，他和威爾・戈寧所建立及管理的Facebook專頁非常重要——但是，他對於矽谷也是十分戒慎恐懼的。我和曼蘇爾在線上初次接觸，是二〇一〇年十一月二十六日，因為那時候「我們都是哈立德・賽義德」專頁被Facebook封鎖了。我們在開羅的共同朋友介紹我們認識，對方是名部落客，每天都寫文報導革命現況。「麻煩你們，我想保持匿名身分，不要讓別人知道我就是專頁的管理者，」當時在一次線上聊天時他這麼寫道：「我收到好多威脅郵件，我才不想遇到生命危險。」

戈寧曝光自己的角色，而曼蘇爾卻遠離聚光燈，雖然那時候大家已經知道了他是誰。過去十年來他致力於開拓學術生涯，最近七年都住在美國，參與全美多所最負盛名大學的計畫，並且著手創立自己的非營利組織。曼蘇爾和他的埃及同胞一樣，對於革命之後的局勢感到失望。但是，他仍然沒有氣餒。二〇一九年，他在《外交政策》（*Foreign Policy*）上面的一篇文章說：「每隔幾個月，在中東和北非就會出現一波新的抗議浪潮，顯示八年前開始的那場運動普及人心，依然充滿活力，不會輕易結束。」[37]

在一通紐約打來的電話中，曼蘇爾詳細說起管理那個著名Facebook專頁的經歷。「對我來說，革命前後的Facebook並不一樣。埃及公民在革命之後知道了Facebook，」他提到二〇一一年以前的Facebook只屬於國內受過教育的中產階級，「後來革命發生了，大家從新聞報導中知道有個東西叫做Facebook，它是個網站，它剛好開啟了革命。」有幾百萬新用戶加入之後，他說：「那個平台上的交流型態改變了。」

曼蘇爾和戈寧的看法也變得不一樣了。「在革命之前，我們只是建立那個網頁的人……但是後來大家都說革命成功是我們的功勞，想知道我們的意見，」曼蘇爾告訴我，他覺得被當成了自己並不認識的某個人。

他說，時至今日在Facebook上面的世界並未有太多改變。「如果你匿名，就能有自由的想法以及更有彈性的行動。如果人家知道了你的姓名和住址，你就是政治遊戲的一部分。」

在交談中，我們重新檢視那個專頁被刪除然後復原的過程。我記得那是外國NGO的人救回來的，而曼蘇爾說那是戈寧利用他在Google的影響力，找Facebook談那個專頁。後來我們發現兩個故事都是正確的。

「威爾．戈寧去找雪莉．山柏格（Sheryl Sandberg）、雪莉去找政策組，」革命後進入Facebook社群營運部門任職的瑪麗亞說：「這是內部的大事，因為他聯絡了雪莉。」曼蘇爾回憶說：「那時候和Facebook的溝通是根據矽谷的文化在走的。」也就是說，「如果你認識某個人，或者你是在Google這樣的大型公司上班，Facebook就會迅速回應……所以問題就是，你認識Facebook的誰，你的份量有多大。」

一點都沒錯，要不是戈寧有人脈，或者，幸虧曼蘇爾認識NGO的人，否則那一場革命發生的時間和過程還會一樣嗎？正如我的朋友馬哈茂・艾爾・大杉（El Dahshan），他也參與革命，目前是一家顧問公司的執行合夥人，他說：「要不是有二十萬埃及同胞在Facebook用回應『參加』掛保證，群眾會走上街頭嗎？」

「我不知道，」他總結說：「我想回答會，但事實是，每一件事都很不確定，相關的環節那麼多，每一處都可能出錯。我想，若是有**任何一個**環節出事了，我們的結局會大不相同。」

拉莎・阿布杜拉（Rasha Abdulla）是開羅美國大學（American University in Cairo）的教授，有很多著作是關於社群媒體在各場起義中的角色，她的看法很務實。在一次視訊聊天中她告訴我：「社群媒體是很了不起的加速器……很棒的協助者和組織者。要說無論如何埃及革命都註定會發生嗎？或許吧。但是，如果沒有社群媒體，它也許會遲到二十年。」她繼續說道：「它讓民眾覺得自己也能發言，而且自己的意見能產生效果。在這個空間裡，埃及的年輕人有史以來第一次有了發言的機會。」

對矽谷的高層而言，這些細節無關緊要。從他們遠在千里之外的觀點來看，他們所打造的工具還有更偉大的目標。雖然一開始馬克・祖克柏曾經公開表示，對於傳遍中東和北非的那些起義，如果有任何一家公司出來邀功，那是「極其自大的」。然而在Facebook公開上市之後，他的語氣就不同了。他說：「我們賦與人們分享的能力，因而開始看到他們能讓自己的聲音被聽見，其規模之大可說前所未見。」[38]

祖克柏後來的態度，和我的記憶裡那一段意興風發的日子，十分吻合。二〇一一年三月，我在

「貝克曼・克連網際網路與社會中心」上班，有幾位Facebook的高層大駕光臨，參加一次午餐會議。來的人包括艾略特・史瑞吉、政策工作人員麥特・沛洛特（Matt Perault）和Facebook的營運長雪莉・山柏格。臨近會議開始之前，有人問起那個無可避免的問題，那就是Facebook如何看待自己在「阿拉伯之春」（Arab Spring）的角色。他們的回應令我永生難忘：山柏格把手放在胸口，表示對Facebook在埃及開創的局面感到自豪。

除了這一件事，當天的會議成效很好，並且定調了接下來幾年雙方的工作關係。隨著那個地區的情勢日趨惡劣，證明我們雙方的關係非常重要。我們協助無數人重新取回帳號，或者在被拘捕之後關閉帳號，藉此保護社會運動者網絡裡的其他成員。然而，有一件事也明明白白揭露在我眼前：竟有那麼大的權力是集中在少數幾名美國人的手上。

4

利益至上

我知道一條簡單的生意規則：如果你從比較容易的事先做，其實是在創造很大的進步。

——馬克・祖克柏（Mark Zuckerberg）

二〇一一年春，正當抗議群眾仍占據開羅的塔里爾廣場，他們的行動呼聲響徹整個地區，約旦人也開始利用Facebook和直播，號召在一月舉行示威遊行。[1]在Twitter上則有巴林人號召在二月十四日走上街頭。還有摩洛哥人，他們透過部落格和社群媒體開始的行動，後來被稱為「二月二十日運動」(February 20 movement)。[2]

但是在敘利亞的狀況略有不同。在二〇一一年，全國兩千萬人口中僅有百分之二十二的人能上網。而且，不同於前述幾個國家，社群媒體和部落格平台多年來都是在嚴禁之列。雖然如此，敘利亞仍有小型的部落格圈及Facebook流量，不過只限於懂得利用代理伺服器的人才能參與其中。

即使是在這些限制之下，擅長數位技術的敘利亞人依然利用Facebook和Twitter號召在首都大馬士革進行一場「憤怒日」示威抗議。他們的目標是終結貪腐，以及從一九六三年實行至今的緊急狀態。一共有二十五萬人加入Facebook群組，響應參加二月四、五日兩日的示威遊行——這個人數比當時敘利亞的Facebook用戶總數還多，至少根據敘利亞政府的消息是如此[3]——不過，後來只有少數人到場。[4]在一場訪談中，敘利亞總統巴沙爾·阿塞德(Bashar al-Assad)表示，這個地區的其他地方瀰漫著動盪不安，但敘利亞「免疫」。[5]

早先號召示威抗議而功敗垂成，隨後的發展令人驚訝。在二月九日，敘利亞人突然不必經由代理伺服器就能夠連上Facebook、Blogspot和YouTube。有些人認為這是「對人民虛晃一招，」其他人毫不關心，我卻對此舉深表懷疑。[6]這些網站解封之後兩天，我寫道：「社會運動者應謹記一件事：連線自由不等於表達自由。有些國家將社群媒體用作監控的工具，這些工具是很容易被利用的。」[7]

沒多久我的預言就成真了。三月，在南部城市達拉（Daraa）的一場示威遊行遭遇國家暴力鎮壓。於是流言四起，說敘利亞人的Facebook帳號被駭了，駭客弄了偽造的SSL（secure socket layer，安全封包層協定）憑證——這是一種數位憑證，用來認證網站並啟動加密連線。當反對派記者哈立德・艾爾埃科提亞（Khaled Elekhetyar）的Facebook專頁開始貼出擁護當權派的內容，我相信流言是真的。我聯繫Facebook，看看他們是否能幫上忙。[8] 他們很快就採取進一步行動，說目前已收到類似個案的消息，正在調查中。隔天他們通知我，已經將該帳號設定為「路障狀態」，禁止登入，「直到帳戶主人聯絡我們，證明他或她的身分」。

我很快得知，艾爾埃科提亞已經被逮捕，被迫交出他的帳號資訊給安全部門——包括密碼，他們藉此用他的帳號貼文。我將事態發展通知Facebook，建議他們對敘利亞IP位址採取二步鑑別（two-step authentication）。二步鑑別也稱為二因子（two-factor）鑑別，這種方法是要求用戶在登入網站或應用程式時提供「某件你知道或你有的東西」——例如，在密碼之外還需要透過手機簡訊或鑑別應用程式取得一組代碼。現今這個方法很普遍，但是在二〇一一年很少人使用，不只是社群媒體才這樣。

Facebook的回應很冷淡——沒有更多數據的話，他們不想為了改變做法而把工程組牽扯進來。與此同時，持續有社會運動者被捕，但是沒有人同意和Facebook分享他們的資訊。

我們一籌莫展。我試圖透過其他管道，聯絡了朋友的朋友，他們是在Facebook工作而願意幫忙的。但是，最後註定回到我一開始的聯絡人，也得到相同的答覆。我越來越洩氣。與此同時，街頭的暴力沒有停過，我和抗爭者在Facebook的對話也同樣令人沮喪。從二月到了三月，有更多敘利亞人被捕，國家安全部門要求他們交出Facebook帳號的案例也倍增。三月下旬，一名我在貝魯特的研討會認識的敘利亞朋友——已故的巴塞爾．薩發迪．卡塔比爾（Bassel Safadi Khartabil）被拘留審訊。卡塔比爾是開源程式開發員，熟悉各種安全措施。「他們說，如果我變更密碼就逮捕我，」他被釋放後寫信給朋友談到那次經歷。

我再次寫信給Facebook：

有一名用戶（如果你能保證他的帳號不會「被路障」，我會說出他的名字）告訴我，他被拘留訊問，然後被迫交出他的登入資訊。官方並沒有損害他的帳號，但是他們威脅他不許變更密碼。他交出了帳號資訊，但從此沒有再更新。我只能得出這樣的結論：安全部門的目的是為了干涉他的帳號。如果他們允許他保留帳號，他的朋友們遇到的也好不到哪裡。

這一回Facebook的反應有用得多。他們願意調查該帳號，而且不會將它的狀態設定為路障。「當然，不敢保證我們的自動化工具不會因此檢舉到其他不當存取，」我的政策組聯絡人寫道：「但無論如何這種事是有可能發生的。」此次調查或許能讓我們識別其他被影響的帳號，或者腦力激盪出有創意的解決方案。」

時間一久，更多敘利亞人知道了這種狀況，於是開始建立第二個帳號，以防被逮捕。然而，政府總是比你超前部署：後來有一名社會運動者回憶說，安全部門要她交出第二個帳號的登入資訊。只要知道新的被捕消息，我和其他同事會持續向Facebook更新。但是衝突日益升高，被捕人數也不斷成長，並且開始傳出刑求行為。[9] 既然無法從Facebook公司得到有用的協助，社會運動者開始想出保護自己帳號的策略，例如和朋友分享密碼，讓他們刪除反政府貼文或關閉帳號。[10]

未來大事的預兆

這一年過去了，這個地區大部分國家的局勢越來越黑暗。媒體依舊陷在沉悶乏味的爭辯之中，空談「阿拉伯之春」能不能歸因於社群媒體。同時，大家對數位權利的關注持續增強：光是二〇一一年我就被邀請了二十五次，發表演說談社群媒體與表達自由，現在很出名的國際研討會如RightsCon（當時稱為「矽谷人權高峰會」〔Silicon Valley Human Rights Summit〕）也推出了。這讓人覺得，有個新的領域突然就冒出來了。

這一段期間，各平台蒸蒸日上。到了二〇一一年底，Facebook已有八億四千五百萬用戶，比年初成長了四成。[11] 當時的Twitter只有五歲，在九月時自誇日活躍用戶有兩百萬。[12] 用戶越多，員工越多。在二〇一一到二〇一二年間，Facebook的員工人數從三千兩百人增加到四千六百多人——成長率百分之四十四。[13] 如此重大的成長帶來了巨大的改變：二〇一二年五月，Facebook股份公司（Inc.）公開上市了。它的尖峰市值超過五千億美金，是史上最大的首次公開募股（Initial Public Offerings, IPO）公司之一。

隨著這些平台日漸壯大，它們的政策組和人權運動者的關係卻日漸緊張。與此同時，社群媒體的監看與監控行為也在加劇，因為各國政府更了解它們的國民在網路上的活動。不久之後，社群媒體公司就被捲入貓捉老鼠的遊戲中，它們對於全世界表達自由的權力昭然若揭。

在世界另一端，就在突尼西亞人走上街頭抗爭前一個月，有一個新型的戰鬥正在醞釀。維基解密（WikiLeaks）公佈國家網際網路封鎖名單、祕密山達基教會（Church of Scientology）的文件，以及二〇〇七年巴格達空襲影片而因此出名——剛剛釋出大量的外交電報。包含對世界領袖及地主國的外交評鑑。雖然許多內容都相當平凡無奇，其他部分則呈現了特定國家政府的腐敗，包括突尼西亞。社會運動者對這些文件感激萬分，有一部分人將他們的運動進展歸功於維基解密。[14]然而，美國政府可沒有相同的熱情。參議員約瑟夫．利柏曼（Joseph Lieberman）公開要求各大公司不要代管維基解密網站的內容，二十四小時之後，這些公司開始清除伺服器上的維基解密。[15]

Amazon（它的伺服器代管了維基解密網站）率先服從，其後是Tableau，這是一家軟體公司，代管了使用者為洩漏資料製作的視覺化內容。隔天結束之前，EveryDNS.net——網域名管理服務公司——終止了WikiLeaks.org的網域，PayPal、Visa和Mastercard則是封鎖對那個計畫的贊助。

公開這些電報固然是有爭議的行為，但維基解密已經和有份量的記者合作，他們隸屬於《紐約時報》和《衛報》等刊物，為這些文件排定優先順序，並且編纂其中的重大資訊。如同一九七〇年代的丹尼爾．艾爾斯伯格（Daniel Ellsberg）和五角大廈文件（Pentagon Papers）*，維基解密揭發了不公不義。但是，並非每個人都是這麼看的。有些專家很快就開始譴責這種類比：他們反駁說，艾爾斯伯格有針對的目標，而且自己保留了特定文件。[16]另一方面，艾爾斯伯格則認為，政府迫害維基解密，證明了美國正走上壓迫者的道路：「保密，」他當時說：「對帝國很重要。」[17]

有一家公司的行動與眾不同，那就是Twitter：美國司法部向它遞交2703(d)法院命令，要求交出與維基解密有關的三名用戶數據，限定Twitter在三大內回覆，但它並沒有提交任何人的資料。

Twitter提出訴願而不是乖乖服從，且告知用戶，該項要求來自於法官許可。[18]「Twitter上個月引入一項新功能，但是沒有告知任何人。而且，其他科技公司應該特別注意並提出自己的版本，」科技記者萊恩·辛格（Ryan Singel）寫道：「Twitter進行了風骨的實用前測試（beta test）。」[19]

然而，對我來說，大部分矽谷公司針對維基解密而採取的措施，相較於它們曾經設法服務突尼西亞與埃及人民的行為，形成尖銳的對比。也許是美國政府施加的壓力太大；也許它們只是假好心協助那個地區的抗爭者，因為它們在那裡看到了大賺其錢的潛力；或者，也許只是我對低期望的軟性偏執。無論如何，到了二〇一一年底，驅動「阿拉伯之春」的那股希望與樂觀正在迅速消逝，如同那個地區的社會運動者對社群媒體一度抱持的信心。

二〇一一年，消息傳出沙烏地王子阿-瓦里德·本·塔拉勒（Al-Waleed bin Talal）擁有的王國控股公司（Kingdom Holding Company）購入Twitter百分之三的股份。雖然報導稱該王子並無投票權，部分社會運動者仍然感到憂心。「如果你可以買下反對派，何必費心消滅他們的聲音？」政治分析家蘭米·雅可柏（Ramy Yaacoub）發出這樣的推文。[20]有其他人士提出警告說，雖然該王子目前還無法影響公司，如果Twitter公開上市，那就另當別論了。

其實Twitter並不需要沙烏地王子教它審查言論，它一路走來一直都在研究該怎麼做。到了一月份，Twitter宣佈實施一種措施，能依國家別限制發推文，跟它的競爭對手已經在做的事一模一

* 譯註：指艾爾斯伯格在一九七〇年代將美國國防部一份關於美國與越南關係的文件，洩漏給《紐約時報》及《華盛頓郵報》。

樣。在一篇部落格文章中，回顧一年前埃及切斷網際網路期間，有關表達自由的貼文——Twitter指出：

隨著我們的成長日益國際化，我們將進入對表達自由的輪廓有不同看法的國家。有些國家的看法與我們大相徑庭，會讓我們無法立足。有的國家雖然與我們類似，卻由於歷史或文化因素而限制某些類型的內容，例如法國或德國禁止支持納粹的內容。直到目前為止，為了考量某些國家的限制，我們唯一能做的是一概刪除那些內容，全球一視同仁。從今天起，我們有能力回應特定國家的要求而防止用戶接觸內容——其他國家的用戶仍然能見到。我們也建立了透明的溝通方式，可讓用戶了解內容在何時被禁止以及禁止的原因。[21]

許多用戶對這項政策感到憤怒，號召大家抵制。即使當時Twitter的政策比Facebook更加透明，然而這個平台長久以來都被視為表達自由的聖地，新政策代表政府，而不是代表讓平台得以成長茁壯的用戶——將能為所欲為。最讓人憤憤不平的，是Twitter將獨裁國家和德國、法國這樣的民主國家等量齊觀。當時的我寫道：「我們用戶必須開始思考網際網路是如何被治理及控制的。」[22]

Twitter依地理位置封鎖推文的做法，那時候看起來沒什麼大不了，畢竟它只是追隨Facebook的腳步。但是多年下來，這一類政策顯然讓大家有樣學樣，變得稀鬆平常。正是這項政策形成了一股助力，使權力匯集到少數幾家公司的手中。看到各家公司輪番上陣封殺維基解密，Twitter封鎖地方推文的措施並不是創新的解決方案，不過是一丘之貉罷了。

我們很快就目睹到這種群體思考一次又一次上演：首先是為了對付線上極端主義，然後是各家公司聯手，封鎖白人至上主義和陰謀論者。固然有些人很讚賞這種集體行動，我卻看到了危險。Facebook或Twitter哪來的權威能決定誰已經越界了？各國政府參與這一類勾結，是為了打擊犯罪或國外恐怖主義之類的目的。各家公司則是更進一步箝制言論，那些言論在許多地方或許是能夠獲得保護的。

公開上市

Twitter的IPO（首次公開上市股票）還有一年多才會發生，但Facebook已經蓄勢待發。二〇一二年二月，Facebook向證券交易委員會（Securities and Exchange Commission）提交了意向書，隨即展開了路演（road show）*。CEO祖克柏的簡報和服裝選擇（當然是連帽T）受到批評，但最後證明根本是雞毛蒜皮的小事：Facebook在四月以十億美金併購了Instagram，隔月開始進行IPO，估值約為一千零四十億美金。

祖克柏在此前曾經聲稱Facebook的收購是「人才收購」。二〇一〇年時，他說：「我們不曾為了公司而買公司。我們買公司是為了得到優秀的人。」他要「Facebook成為創業精神的麥肯錫

* 譯註：指證券發行前的推介活動。

（McKinsey）*」[23]然而Instagram並不一樣——這家公司很快就大受歡迎。對Facebook來說，它代表簡便的策略，很容易就能讓人注意到，透過行動裝置進去這個平台的用戶人數，不斷地成長。在IPO之後一個月，Facebook再次大採購，以六千萬美金併購了以色列的臉部辨識技術新創公司Face.com。[24]收購Face.com和競爭者Instagram，使得Facebook在競爭對手面前大占優勢，因為Facebook能藉此協助用戶辨認及標記照片中的自己與別人，進而加強他們的社群關係圖。

大體上，Facebook的IPO是一次慘敗。CBS新聞台稱它是「史上最爛到出名的IPO」，《華爾街日報》（*Wall Street Journal*）指出它的股價每天下跌一美元，這家公司有望在六月時一文不值。[25]對部分近距離觀察的人而言，這場IPO正好呼應Facebook惡名遠播的內部座右銘：「快速行動，打破陳規」（Move fast and break things.）。但是，在數位權利社群來說，它意味全然不同的事——祖克柏和公司對於即將發生的未來，毫無準備的程度令人震驚。

我的線索來自祖克柏的〈創辦人的公開信〉，張貼在他的Facebook塗鴉牆。他在信中充滿自信地說道：「我們賦予人們分享的能力，因而開始看到他們能讓自己的聲音被聽見，其規模之大可說前所未見。」他進一步預言：

> 這些聲音的數量與音量將會越來越大，誰都無法忽視。長久以來，我們期望政府能更靈敏地回應直接由全體人民提出的議題與關心事項，而不是在乎遴選出來的少數人所控制的中間機構。
>
> 透過這樣的過程，我們相信在所有國家將會出現這樣的領袖：支持網際網路並且為人民爭

取權利，包括隨意分享的權利，而且有權利取得別人想與之分享的所有資訊。[26]

值得點出的是，他的認知裡Facebook的中介角色。在祖克柏眼中，Facebook只是一個管道，對言論自由的保障那是由政府和人民決定的事。在如此框架之下，當外國政府要求Facebook刪除內容，公司方面只是奉命行事而已。

當時我為半島電視台寫了一篇文章，我在文中表示不解：為何Facebook公司沒有「更加關心弱勢的用戶人口」，但是以後見之明來看，一切顯而易見：祖克柏不過是沒有把保護用戶以及他們的言論，視為Facebook的責任。[27]假使他有的話，他應該會投資更多經費建立公平、公正的內容審核系統，或是投資改善供用戶使用的技術工具，而非併購競爭對手。

這封〈創辦人的公開信〉真是趣味十足，讓我們見識到祖克柏的預言——以及他對公司精神的觀點——後來證實錯得離譜。他將駭客文化描繪成「極度開放而且用人唯才」，這個觀念早就受到女性主義者強烈質疑。他還聲稱駭客深信「最好的構想與實踐」應能天下無敵，無視於白人男性主導的工作文化之下，有些最好的構想連浮上台面的機會都缺乏。

但是，問題最嚴重之處，或許是祖克柏在信中如何申論Facebook的五個核心價值：「注重效益」、「快速行動」、「大膽進取」、「公開開放」及「創造社會價值」。[28]表面上看，它們聽起來大多像是大公司應該有的堅定價值，然而魔鬼藏在細節裡——以及實踐之中。祖克柏認為Facebook專注於

＊ 譯註：總部位於美國的國際管理顧問公司。

「最重要的問題」，卻沒有說他究竟如何定義「重要」。有人或許會說，「重要」應該包括保護Facebook用戶的（特別是那些最弱勢用戶的）隱私與表達自由。然而，往往並非如此。「大膽進取」與「公開開放」是正面價值，但是Facebook的公開開放很少及於外部的商議或批評，而大膽進取者，只能藉由Facebook的一句格言才有辦法參透：「最冒險的事，就是完全不冒險。」因此，只要搭配適當的謹慎，即有可能大膽行動，雖然Facebook很少聽從它自己的智慧。

同樣地，雖然祖克柏聲稱期許Facebook的員工「每天所做的每一件事都是在為全世界創造真正的價值」，我們很難理解，這家公司為何無法保護它的用戶不受資料探勘公司「劍橋分析」（Cambridge Analytica）*的侵害；或者，它和網路新聞供應商的合作，除了能讓Facebook賺更多錢，並沒有其他真正有價值的貢獻。

Facebook的口號「快速行動，打破陳規」大剌剌印在海報上，在Facebook的辦公室隨處可見。或許，長年下來證明了就是這句口號造成的傷害最大。祖克柏寫道：「這麼說的理由在於，假使你從來不打破什麼，很有可能是你的行動不夠快。」我訪談過的Facebook前員工，幾乎每個人都批評過這句口號。有一位希望匿名的前員工告訴我一個故事，那是關於職員接到政府要求封鎖內容的要求時，必須快速行動——快到不必先等翻譯，於是不小心封鎖了某個重要國家一個大型遊行抗爭的專頁。

你無法想像，有時候你忙得要死，而且你知道在Facebook必須快速行動，打破陳規，因此如果犯個錯也無所謂，」他這麼說：「你相信自己貢獻了效益、拯救了生命。你每天工作的時間這麼長，而且遵守政策在做事。」

營運部門前職員安娜解釋說，事實上這個口號是要求職員的行動「他媽的快」，她還說，無處不在的勵志海報還包括其他格言，像是「如果你願意學，什麼都學得會」，還有「如果拋開恐懼，你會怎麼做？」——據說這是雪莉．山柏格最喜愛的一句。

迪雅．卡亞里（Dia Kayyali）是人權運動者，也是我的密友及前同事——認為這個口號是更大、更隱密問題的一部分。卡亞里從事企業政策方面研究的時間跟我一樣久，但是在過去幾年轉向，與各地方的人權運動者密切合作，包括緬甸、巴勒斯坦、印度以及其他受到Facebook嚴重危害的地方。「每一個大型平台——因為它們在一開始就未能將人權納入平台，因為它們的經營者都缺乏人權或社會正義的背景——它們成立了公司，」他告訴我：「而我們知道企業會傷害人。它們並沒有想到外在的潛在負面影響，這就是我們的現況。」

卡亞里（使用they/them代名詞的人）比較Facebook的快速成長和愛河（Love Canal）事件的發展。愛河位於紐約州尼加拉瀑布城（Niagara Falls）附近，在一九七〇年代因為一次公共衛生危機而惡名昭彰。該事件起因於有一家企業將數萬噸化學廢棄物倒入水源地，造成多個家庭流離失所，更有為數眾多的白血病及其他嚴重的健康問題，可歸咎於它的毒素。紐約州衛生署（New York State Department of Health）署長大衛．艾克瑟羅（David Axelrod）說該事件「是個全國級象徵，代表未能替後代著想的後果」——卡亞里認為這個詞呼應了各大平台的行為。[29]

「我猜，他們只是以為神不知鬼不覺……或者只是決定要對人體『快速行動，打破陳規』，」卡

* 譯註：該公司於二〇一八年爆發竊取Facebook五千萬名用戶數據的醜聞。

亞里嘲諷地說：「老實說，二〇二〇年的Facebook和它一模一樣。Facebook必須為數十人的死亡負責，遠多於愛河事件……除非能特別建立人權方面的事物，或者抱持基本的人權關懷，否則下場勢必是那樣。」

雖然我和Facebook公司早期的政策組織成員有過良好互動，當時的我並不懂，原來那些年輕而且經常很天真的工作人員，都是設法盡其所能要讓世界變得更好。他們願意協助我，並非出於公司的政策，而是反映他們個人的價值觀。我未能注意到，他們熱切想協助我卻在後來束手無策，其實是被Facebook這家公司阻攔了。如今回顧起來，看到大多數年輕員工在IPO之後沒幾年就紛紛離開，一點都不令人驚訝。

祖克柏的預言純屬天真浪漫，而且是故意的。只要他簡單地檢視一下審查網路言論的國家有那麼多，而且持續在增加；或者，只要他注意到他的平台越來越常夾在人民和他們的政府之間，或許他會預言Facebook最終將成為世上最大的審查者。如果他意識到他將自己——以及以美國白人為主的員工和全員男性的董事會——的道德價值觀植入Facebook的政策，正在扼殺表達自由；或者，僱用低薪及訓練不足的內容審核員，是註定沒有好結果的努力，或許他會改弦易轍。然而，祖克柏的超級權力就是他無視批評的能力，於是他開始偽造。

利潤至上

Microsoft在二〇〇九年推出Bing搜尋引擎之後沒多久，黑敏・諾曼（Helmi Noman）——隸屬「貝克曼・克連網際網路與社會中心」的研究員——注意到一件怪事：當他將瀏覽器中的所在位置設定改為（用詞不當的）「阿拉伯國家」（Arabian countries），某些關鍵詞會找不到任何結果。具體來說，諾曼發現阿拉伯語的「乳房」（ثدي）、「男同性戀」（شاذ）、「女同性戀」（سحاق）及「性交」（جماع）都被言論審查了。他沒有得到搜尋結果，而是顯示這樣的訊息：「您的國家或地區需要嚴格的Bing SafeSearch設定。」

諾曼將初步發現分享給我和其他同事，我們腦力激盪出一個方法。我們用阿拉伯語及英語建立了一份敏感詞清單，包含多個類別。然後，有一組人馬開始手動測試，分別以約旦、阿拉伯聯合大公國（UAE）、敘利亞和阿爾及利亞這四個國家設定，測試Bing。

諾曼發現，無論是以哪一個國家為依據，都有很多詞的搜尋結果被封鎖。這些關鍵詞包括「性」、「色情」和「裸體」這一類，還有LGBTQ方面的特定用語、無害的詞如「親吻」，以及表示人體部位的詞，包括「陰蒂」和「陰莖」，但奇怪的是「陰道」沒有。[30] 封鎖清單很草率——有些阿拉伯詞的形式不正確、有些詞卻意外落榜——但是它奏效了：有效封鎖阿拉伯語用戶，讓他們無法找到跟性（sex）與性主題（sexuality）相關的內容，包含乳癌或性傳染病檢驗的重要資訊。還不止這樣，SafeSearch會在其他幾個位置強制開啟，如印度、泰國、香港和中國。

關於這個審查案例，最值得注意的是Microsoft宣稱那是應法律要求。誠如諾曼在論文中所言：

這一點在部分國家固然沒錯，但是這份清單在其他國家卻超出了現有的網際網路審查，部分實例則是超過當地的敏感內容。身為全球網際網路倡議的會員之一，Microsoft承諾會「保護及促進用戶的表達自由權利與隱私，包含面臨政府的審查命令。」具體而言，身為會員的公司應該致力於「避免或最小化政府限制表達自由所造成的傷害」。[31]

然而，後來我和Microsoft的高層主管對話，才知道它的決定是依據市場調查，而非法律要求。這個做法令人不安，因為絕大部分的市場研究，只有在那個區域的少數幾個國家進行——這些國家通常比較富有，也比較保守。Facebook和市場研究公司「侃塔」（Kantar）合作，這家公司的重心在UAE及沙烏地阿拉伯，而Google和「貝恩」（Bain）策略顧問公司合作的報告則顯示，大多數研究也是在那些國家與埃及進行的。[32]

市場研究中經常被忽略的，是社會比較自由的國家，像黎巴嫩和突尼西亞。於是，住在那些國家的人民，往往受制於同一地區裡最低公分母國家的價值觀。Bing在阿拉伯地區的審查行為只不過是早期的一個實例，顯示矽谷的公司選擇服務比較富有的用戶——和他們的專制政府——犧牲了其他用戶的自由表達與存取資訊的權利。

審查的實例不勝枚舉——有時候是因為懶惰，其他的則是惡意。二〇一七年，黎巴嫩樂團「偉大的昔日」（Al-Rahel Al-Kabir）有五首嘲笑宗教基本教義派和政治壓迫的歌，從中東地區的iTunes平台下架了。該樂團和貝魯特的組織SMEX合作，向Apple請願，才知道那個審查決定並不是來自Apple公司，而是UAE的中間商「卡納瓦特」（Qanawat），它認為那五首歌曲不妥。[33]這次事件中，iTunes道歉並重新上架歌曲，同時保證會和不同中間商合作——然而，在大多數個案中，用戶可沒這麼好運。

例如Twitter，它封鎖這個地區全部的酒類廣告，聲稱是因為「這些國家禁止一切酒類廣告。」[34]如果這個說法正確，那麼該政策也是合理的。但任何到過貝魯特的人都知道，在這個城市無論走到哪裡都難逃酒類廣告，而且社群媒體是酒商經常鎖定的目標。[35]二〇一四年，北部城市崔里波里(Tripoli)為了遏止酒駕曾企圖禁止酒類廣告，部分網路評論家稱這個決定「就像伊斯蘭國(ISIS)」。[36]雖然我們不清楚Twitter的政策從何而來，它的地區廣告商合作夥伴是「連結廣告公司」(Connect Ads)。這家公司的總部在埃及——那裡禁止酒類廣告。[37]

就算黎巴嫩的飲君子看不到網路上的酒類廣告，其實也沒事。儘管如此，Twitter制定政策時的懶惰心態又是另一個活例，示範了像黎巴嫩這樣的國家如何「被那麼多政策的漏洞打敗了，」如Facebook的前營運經理安娜說的：「不要低估這些公司可以粗心到什麼程度。」

企業阻撓女性學習乳癌的知識，或者是在樂團自己的國家審查該樂團的歌曲，當然是不公平的。然而，矽谷的公司有時候需要滿足政府的要求，在地緣政治層面的影響卻是更大的。

新製圖師

有些人對時區瞭如指掌——但我不是。當我得打電話給遠在地球另一端的人，我會做的事跟很多人一樣：開啟Google。二〇一三年二月的某個上午，我想安排時間打電話給約旦河西岸的一位律師，我就是這樣做。

「拉馬拉（Ramallah）現在幾點？」我打完字按下輸入鍵。

得到的答案讓我有點意外。倒不是時間讓我意外，而是螢幕頂端的Google「答案欄」（answer box）*回傳的其他資訊。在小時數字的下方有一行字：「以色列拉馬拉時間。」

不論政治立場是什麼，大多數人都知道拉馬拉位於被占領的約旦河西岸，稱之為「（約旦河）西岸」、「巴勒斯坦占領區」或「巴勒斯坦」，都是可以接受的說法。我搜尋納布盧斯（Nablus）或其他巴勒斯坦城市，回傳的結果都一樣。我做了幾張螢幕擷圖，寄給Google政策組的聯絡人，五分鐘之後收到回覆：「哇！我去過拉馬拉，我敢確定它在約旦河西岸。:)」

我的聯絡人和她的小組同事分享這些螢幕擷圖，沒幾天Google就實施了解決方案：他們只是將巴勒斯坦城市名的國家欄位移除。基於好奇，我開始在Google搜尋全世界其他占領區的時間：從西薩哈拉（Western Sahara）的達卡拉（Dakhla）試到阿爾察赫共和國（Republic of Artsakh）首都斯帖潘納克特（Stepanakert）。我發現大部分情況下都沒有國家欄位，但是有一個例外值得注意：拉薩（Lhasa），條列的內容是「中國，西藏，拉薩」，以及——不意外——耶路薩冷，直接了當算進以色列。將Google處理邊界的方式和它的競爭對手相比，這項解決方案看起來十分優雅。

邊界爭端比現代民族-國家的歷史還要長遠，製圖師想要精確繪製國土邊界一向很辛苦。在美國，許多地圖出版公司的傳統做法，是從國務院獲得線索，至於其他人（例如《國家地理雜誌》〔National Geographic〕）則是尋找政府之間的共識；還有一些人是以虛線或其他記號表示衝突區域。[38]

如今，毫無疑問Google製造了全世界最常查閱的地圖，於是它被賦予獨特的責任，必須創造精確而且沒有當地偏見的產品。以精確而論，這家公司大體上是成功的：我使用Google的路線規劃功能，僅有一次開錯方向，進入單行道（那是在克羅埃西亞，而且我平安無事）。但是關於避免偏見，大家都知道Google會依據地圖在哪裡被使用，迎合不同國家的政府而調整邊界。

以印度為例：在印度國內看，加穆－喀什米爾邦（Jammu and Kashmir）出現在印度國界內；但是，在其他國家看的話，那個分隔印度和巴基斯坦的國際爭議區域，是以虛線標記邊界。同樣地，在摩洛哥以外地方，Google和Microsoft的Bing也是以虛線標示西薩哈拉，它自一九七五年以來即被摩洛哥占領。

喀什米爾和撒拉威阿拉伯民主共和國（Sahrawi Arab Democratic Republic）** 都不是獲得廣泛承認的獨立國家，以至於Google的工作更加複雜。但是說到其他地區——巴勒斯坦占領區，則是另一回事。巴勒斯坦是聯合國一百三十八個會員國承認的法理主權國家，從二〇一二年起享有聯合國非會員觀察員的地位。然而，只看Google的人不會知道這些。在地圖上，那一塊土地是用虛線和奧斯陸協議（Oslo Accords）決定的邊界，標記為「西岸」和「加薩」。

《華盛頓郵報》曾經說，會左右Google的「不止有歷史和當地法律，還有外交官、政策制定者，以及它自己的高層等等這些人變幻不定的心血來潮。」[39] 巴勒斯坦的例子顯然如此，但是到了敘利亞，有其他力量加入了。二〇一二年，起義活動轉入暴力，《華盛頓郵報》報導了一個奇特的現象：反對運動者利用Google的Map Maker（地圖繪製工具）程式重新命名重要地點，用來紀念革命英雄。[40]

---

* 譯註：指Google搜尋結果頁面最接近輸入欄框下方的內容，那是針對搜尋問題所提供的直接答案資訊。

** 譯註：通稱西薩哈拉。

雖然有一些反對派份子欣賞這一招，可是敘利亞的聯合國使節指控Google參與外國的陰謀，企圖破壞敘利亞的領導階層。

要說企業的數位製圖促成了衝突，那不是第一次也不是最後一次。二〇一〇年，尼加拉瓜實質入侵哥斯大黎加，將鄰國的地盤納入自己的勢力範圍。事件的起因，是Google Maps誤指那塊土地屬於尼加拉瓜的一部分。尼加拉瓜政府官員斥責Google的程式錯誤，但哥斯大黎加一點也不開心。當時報導引述Google說：「製圖是複雜的工作，邊界總是在變化。」[41]

製圖確實很複雜，而且Google的錯誤——至少在尼加拉瓜與哥斯大黎加的爭議事件中是誠實的疏失。雖然是製圖的錯誤與偏差，也能造成實際後果。因此，地圖繪製需要相當程度的謹慎以及專業知識。然而Google的態度往往缺乏應有的嚴肅。根據觀看者的位置不同而呈現不同地圖，從獲利的角度來看這個做法是有意義的。可是，讓一國的社會大眾不知道某塊土地存有爭議，是否合適？

在某些個案（如巴勒斯坦），Google似乎是和美國及以色列等大國站在一起。Google解釋道：提供「當地版」地圖時，Google「顯示的地名與邊界是遵照當地立法機關的要求」。如此混合策略的結果是得到混亂的世界觀，當人們在這些地區移動時，會變得更加混淆。

安撫獨裁者

UAE（阿拉伯聯合大公國）獲得美國及其他西方國家支持，被視為對抗恐怖主義的重要盟友，是美國與歐洲許多企業辦事處的地主國。雖然如此，UAE是君主立憲國家，人權紀錄不堪聞問，從酷刑到公開石刑再到同性戀判處死刑，應有盡有。婦女被視為二等公民，尤其是來自貧窮國家的穆斯林婦女，而移工的法律地位取決於雇主的贊助——和一時的興致。

在UAE當然無法保證有表達自由，網際網路普遍受到審查，批評政府的言論很快就會被移送法辦，遊行示威是絕對禁止的。觸犯這些法律的人，往往不必經過審判就被囚禁好幾年。如果是外國人的話，雖然常常是以驅逐出境取代牢獄之災，似乎還是要看當事人的膚色及出生國籍。二〇一四年，有一名斯里蘭卡裔美國人在一場作秀式的審判中被判處一年徒刑，原因是將一則影片上傳YouTube，內容是搞笑模仿UAE首富之城杜拜的有錢青少年。[42]

Facebook認為杜拜是開設地區辦事處的絕妙之地，或許它的想法情有可原，畢竟Google比它早到了四年。這兩家公司似乎都不太在意UAE的人權紀錄。杜拜風光如此多嬌，而它們舉目所見大概無非滿地是錢。事實上，回到二〇一二年，曾有人引述Facebook自稱該決定「純粹只是商業考量」。[43]

人權運動者早就看出了不祥之兆。當二〇一五年稍早有消息傳出Twitter將追隨Google和Facebook的腳步，他們的擔心其來有自。他們害怕Twitter即將背叛它自詡的使命：「讓人人都能立即創造及分享資訊，無拘無束。」就在數月前，Twitter的總法律顧問維賈亞・蓋德（Vijaya Gadd）於《華盛頓郵報》的專欄寫了一篇文章，似乎和那樣的使命一致。他寫道：「假使我們繼續讓聲音保持沉默，只因為他們害怕大聲說出來，那麼表達自由作為我們的基本理念，根本毫無意義。」[44]蓋德的重點是關於Twitter上面日益激增的仇恨言論。雖然如此，Twitter在中東最專制的國家之一開設辦事處，她的說法依舊呼應了社會運動者對此舉影響的擔憂。

二〇一五年四月，我和國際特赦組織及多個地區組織共同參與和Twitter的電話會議，想說服Twitter三思而行。但是，當我們知道那個辦事處早就開張了，我們改變策略，轉而想說服Twitter揭露更多細節，關於在全球視野下，它將如何確保對人權的關注。我們詢問Twitter的代表，他們是否研究過UAE的人權紀錄，以及他們打算如何遵守UAE的法律，但我記得他們無法直接答覆。我在會議期間速記的一份筆記寫道：「我正在史上最糟糕的電話會議。Twitter對於在杜拜開設辦事處的可怕決定支支吾吾。」

在那時候，Twitter決定在杜拜成立辦事處，讓我覺得是背棄理想。雖然，從Twitter一路走來的表現而言，那樣的理想是否真的存在過，令人懷疑。但是，在它的年輕時期——尤其是和大型平台Facebook、YouTube相比之下——這家公司算得上是逆風而飛的小鳥。當美國政府要求它交出維基解密涉案人的帳號資訊，它不屈不撓。抵抗外國政府的審查命令時，它也撐得比其他平台更久。

如今回想起來，顯然那些決定大部分都要歸功於亞歷山大·麥克吉利夫雷（Alexander Macgillivray），他擔任Twitter的總法律顧問直到二〇一三年。[45]麥克吉利夫雷強烈支持表達自由，即使不合流俗也在所不惜。才不到一年的時間，Twitter就開始做出有違人權理念體系的決定：例如毫無透明度可言地大刪特刪所謂「恐怖主義者」的帳號，以及成立辦事處所在的國家，長年禁止言論反對政府的人，哪怕只是輕微反對的也難以倖免。更近幾年，Twitter效法它的競爭對手，也開始應政府要求限制合法言論，有時候還會為了賺錢而跪舔獨裁領袖。然而，這些矽谷公司迄今為止最令人反胃的作為，是繼續和沙烏地阿拉伯合作往來。

波斯灣國家的公共投資基金是矽谷的最大投資者之一，而且透過SoftBank的合作，是Uber、WeWork、Slack及其他美國公司的大股東。沙國政府在伊斯坦堡的大使館內殺害沙國記者賈馬・卡舒吉（Jamal Khashoggi），更早之前沙國王子穆罕默德・本・沙爾曼（Mohammed Bin Salman；通常被稱為「MBS」）訪問幾家大型科技公司，受到熱情歡迎，媒體上看得到他和Google及其他公司高層的合影——毫不在乎他的國家在人權上的殘暴紀錄。[46] 雖然西方國家的媒體大力吹捧MBS的「改革者」形象——尤其是《紐約時報》，它在二〇一七年刊出湯瑪斯・弗里曼（Thomas Friedman）所寫的一篇肉麻評論，說MBS正掀起新的「阿拉伯之春」運動）——那個地區的觀察家卻更了解也看得更明白。[47] 但是他們的警告只是矽谷的馬耳東風。

一位高層私下告訴我，沙烏地人每年都會來拜訪科技公司，有些公司會為政府官員鋪上紅毯。固然有些友好表現是見錢眼開的貪婪使然，有的則純屬無知。一位Facebook的前員工跟我說過一個故事，是關於那裡的某次會議。會中公司方面發表簡報，遊說沙烏地阿拉伯停止封鎖WhatsApp的IP語音傳輸（voice over IP, VoIP）。然後有一名資深的政策工作人員問：「為什麼我們不去遊說沙烏地的國會？」（請特別注意：沙國的協商會議〔consultative assembly〕並沒有權力提案或通過法律，那是保留給國王獨有的權力。）

我和大型社群媒體公司的政策組往來互動多年，如今得知擁有碩士學位的資深政策工作人員，居然不曉得沙烏地阿拉伯是極權專制的君主政體，我感到失望卻不意外。像Facebook這些公司或許會獎勵工程方面的獨創性，然而跳出框外的思考早已不在政策圈受人重視。事實上，政策組僱用的人越來越多來自政府、司法界或其他企業的政策部門，如此一來形成了旋轉門，僅有一小撮人進得來。

因此，矽谷制定的政策和政府部門的日益神似。然而就缺乏民主化參與這一點來說，我所說的那些正是獨裁政府。二〇一九年，「衝擊國際」(ImpACT International)這個組織寫道：「如果科技公司也能塑造企業、NGO、政府和一般民眾互相通訊的方式——正如社群媒體巨人目前在做的——那麼科技公司的干預或合作(取決於運作的形式)對思想及表達自由這類普世人權，將會造成極大的風險。」[48]

縱然有卡舒吉遇害事件，仍不足以導正矽谷前進的方向。二〇一九年十月，沃克斯傳媒(Vox Media)的網站Recode指出：「卡舒吉被殺害至今已過了一年，沒有任何具體證據能夠看出，那些理論上會憤怒、具有社會意識的科技巨頭們，有讓沙烏地阿拉伯付出什麼嚴重代價。」[49]巴結沙烏地阿拉伯並未能讓該國停止繼續為害：二〇一五年，有一名沙烏地間諜以員工身分滲透Twitter，成功取得並送出數千萬用戶的數據給國內政府。公司前員工及資料外洩的受害者，紛紛譴責Twitter未能善盡職責保護好用戶資訊。[50]

在矽谷的時間尺度下，二〇一五年彷彿上輩子那麼遠。在接下來幾年，這些公司的保全措施想必會更嚴密，而它們和外國政府的關係也一樣。主流媒體總是說，像法國和美國這些國家，政府正在對這些公司施加壓力。但是，圈內人說的卻是另一回事……那些不民主的國家在向這些公司招手，往往是雙方的勾結更加合作無間。圈內人還說到另一個暗流湧動的發展：在政府很少或沒有直接涉入的情況下，政策執行正在複製現今的社會權力動力學。

鎮壓的小幫手

二〇一一年阿拉伯地區的起義震撼了全世界，讓那個地區的許多人滿懷希望。如今十年過去，那樣的希望早就煙消雲散。突尼西亞已建立些許民主規範，而且——感謝當地人民的行動未曾停歇——走走停停地持續進步著。雖然如此，其他國家的進展可沒這麼好。不論是好是壞，社群媒體仍是一個透視鏡，讓我們得以觀察到敘利亞、葉門和利比亞連綿不斷的戰火、波斯灣幾個國家的鎮壓日漸升高，以及黎巴嫩的經濟崩潰與人民起義。然而，我們無法保證那樣的透視鏡可長久存在——天知道某個平台能不能存活下來。企業併購，如Yahoo!在二〇〇九年買下GeoCities，能讓整個網路世界從此不復存在——審查也做得到。

對埃及人來說，革命之後那些年過得特別不安。革命勇士們推翻獨裁者胡斯尼·穆巴拉克之後不到兩年，前將軍、當時的國防部長阿卜杜勒·法塔·艾爾-塞西（Abdel Fattah el-Sisi）所領導的埃及軍隊取得了政權。有些觀察家將之視為第二次革命，但是在許多埃及人眼中，這根本就是政變。一旦新政府鞏固了權力，它很快便開始逮捕反對派及安裝監控科技，以便在社群媒體監督更多對手。

新政府和前任領導者如出一轍，一開始繼續迴避公開審查的行為，轉而追（並當作樣板）未能遵守規定的人。二〇一九年，「保護記者委員會」將埃及列為世界上關押記者最多的國家之一。監督團體指出，那一年埃及和沙烏地阿拉伯並列第三，兩國各自囚禁了至少二十六名記者。[51] 普通人民也無法倖免於鎮壓。二〇二〇年一月，英國記者茹絲·麥可森（Ruth Michaelson）報導，據估計約有六千人正被關在埃及的監獄裡。[52] 兩個月後，麥可森被埃及驅逐出境，因為她批評埃及政府對新冠肺炎疫情的處置方式。[53]

二〇一九年秋，大約有兩千名埃及人再次走上街頭，號召推翻艾爾-塞西（el-Sisi）。[54] 埃及政府火速採取鎮壓行動，逮捕了示威者及至少一名記者。遊行抗議結束後，Twitter暫停一群埃及人的帳號，估計約有三十到六十個，大部分都是以阿拉伯語推文為主的。[55] 其中有許多人使用了一個多重意義的阿拉伯詞「عرص」（ars），它通常被認為是「皮條客」或「戴綠帽」的意思，但是已經發展出「跪舔者」的意思。其他帳號則是使用了這個詞的變異字。我詢問到的人都說，Twitter對於這次停用決定並沒有提出清楚的理由。

威爾・埃斯堪達（Wael Eskandar）說，這不是失手。他是政治評論員及記者，和其他埃及人都曾經很欣賞Twitter，因為它能讓人們保持知情。提到這次封鎖，他寫道：「Twitter不再賦予用戶力量，我們不能以為它是個中立的平台。Twitter的行動暗示它正在系統地壓制中東與北非地區（Middle East and North Africa, MENA）的聲音。」[56]

「在埃及人和Twitter用戶身上有兩件事同時發生，」埃斯堪達在電話那頭對我說：早在遊行示威及上述整批封鎖事件之前，檢舉並移除違反Twitter仇恨言論政策的帳號，就已經持續了一段期間。「遊行示威後的大量封鎖並沒有特別的原因，有些人被封鎖是因為使用多個主題標籤，有的是因為可疑的活動。」

埃斯堪達把重心放在後者，決心要讓帳號恢復。他說：「我嘗試聯絡喬治・薩拉馬（George Salama），」他是Twitter的政策負責人，也想找政府官員和對這個地區友善的人。但是，喬治・薩拉馬的運氣不夠好，沒有人理他，更別說繼續追蹤這次事件。「我覺得Twitter並不想聽到新的聲音。

我把我的發現公諸於世，而他們的MENA辦事處好像不太高興。」

最後埃斯堪達贏得一次機會和Twitter的信任與安全組開會，對方同意會去了解情況。到了二〇一九年十二月，他說那批被大量移除的帳號，大部分都已經恢復了。但是，Twitter不解釋它們為何被封鎖，或者，為何還有其他帳號無法恢復。「有很長一段期間，一直有人在抱怨被Twitter封鎖，」埃斯堪達回憶說。但是他們的主張「很容易被打回票，」即使是和這家公司合作的NGO。「我和Twitter的互動能幫助我了解它的結構……它的權力四處分散在整個公司裡。」埃斯堪達的經驗和我的一致：我聯絡上公司內部不同的人，只會得到對同一個情況的不同解釋。地區政策工作人員如薩拉馬，好像只有最起碼的決策權——權力乃是集中在加州少數幾個人手中。

埃斯堪達相信，在這次集體封鎖事件中，涉及了結構化的種族主義或歧視。他更覺得，在埃及這類國家，這種事情很容易為所欲為地發生，那裡可沒有法律體系能挑戰這些公司。「假如這是發生在美國，它一定會被告上法院，」他說。埃及政府略過了平台上的審查，轉過頭去讓這些公司奉命行事反而更有效率，更容易「根據政治傾向來封殺人民。」

半年後，我的突尼西亞同事回報，國內有超過六十個社會運動者及記者的帳號被Facebook無預警封鎖。被波及的人包括海森・艾爾・梅基（Haythem El Mekki），他是一名記者、評論員，他的部落格在二〇一一年的革命中具有重要影響。「它只是說我的帳號被停用了。這就是我收到的最後通知。這件事根本沒得商量，」他告訴《衛報》。[57]

事後不久，Facebook宣佈：經調查發現有一家叫UReputation的突尼西亞公關公司，組織一個名為「迦太基行動」（Operation Carthage）的複雜宣傳活動，企圖影響非洲多個國家的選舉。因此，它隨即封鎖了數百個突尼西亞的帳號、專頁和群組，原因是「虛假的協調行為」。[58]有多個當地及國際人權團體，質疑社會運動者的帳號被封鎖是否與此有關，於是致函Facebook要求澄清。[59]

Facebook回覆了，但大部分問題都避而不答，反而怪罪封鎖事件是「技術失誤」：「我們不會限制任何人發文或表達自己。因本次事件而造成不便，我們深感抱歉，」它向《衛報》這麼說。[60]

類似埃及和突尼西亞發生的大量封鎖事件，並不常見。但是，隨著各家公司大力對抗「迦太基行動」等影響力宣傳活動，大量封鎖事件也越來越頻繁發生。為了保護民主政治，防止這類行動發揮影響力是很重要的。雖然如此，確保社會運動者和記者的重要聲音不會被消滅，也同樣重要。

比大量封鎖更罕見的，是這些公司願意和無關聯的個人會面。以我過去幾年的工作經驗來說，大多數矽谷公司的政策小組寧可透過既有的NGO來過濾資訊。雖然所有大型公司都會向NGO諮詢，它們在諮詢時表現的透明程度各不相同。

以Twitter為例。二〇一五年有一個針對Twitter發起的GamerGate活動，要求Twitter採取更多行動，阻止有人利用這個平台騷擾別人。在這個持續進行的反騷擾活動發生之後，Twitter開發了一個信任與安全網絡。[61]這個網絡包含數十個網路安全與表達自由領域的NGO，分佈遍及全世界，名單全公佈在Twitter公司的網站上。有好幾個和我共事的NGO也名列其中，它們透露Twitter公司的諮商很有效，一般來說都覺得自己的意見有被聽進去。

另一方面，Facebook會定期與NGO及其他利害關係團體開會，但是不願說明是哪些人。這家公司的政策組同樣對於政府的壓力非常敏感。根據我跟六名以上人員的訪談所知，它經常在特定政策的會議中，公開向NGO提到這一點。其中一人說道：Facebook「很容易搞出假平衡」——比如說，想尋求裸體政策的意見時，對於傾向宗教的組織，以及關注表達自由的團體，雙方的觀點它都會同等考量。

不僅如此，隨著威權主義在整個中東地區悄悄地捲土重來，加上審查與監控方興未艾，矽谷各家公司持續推出政策阻撓這個地區最激進的社會運動者，有時會置人於危險境地。我問威爾．埃斯堪達，他是否認為埃及也像沙烏地阿拉伯，已經成功滲透了Twitter。

「滲透和媒體操控是任何國家的情報工作必備的策略，」他回答說：「所以，只要他們做得到，有何不可？」

說得沒錯，在企業平台上的表達自由之戰，往往就是外人將各方利益衝突搬上台面的戰鬥——政府是其中一方，另一方則是某個領域的倡議者。企業和廣告商的利益當然也算在內，但是如果遇到最有爭議的主題——例如「恐怖主義」，總是讓人覺得這些公司的政策組寧可袖手旁觀，讓其他人去決一勝負。

箇中問題自然在於各公司將政府和公民平等看待。然而，事實上政府整體而言都是先利用權力施行各種政策，以至於你想要通過法律，除非同時改變憲法。這些企業藉由保持中立而充當國家的管道，它們是現代審查者，跟已往的宗教機構及政府，並無不同。

雖然表面上政府及公民（以NGO或公民社會組織形式）都具有平等的溝通管道，但真相是沒有任何公民，就算是強大NGO的負責人，隨便拿起電話即可直接打給馬克．祖克柏抱怨某個政策決定，如同以色列總理納坦雅胡（Netanyahu），大家都知道他正是那種做法。[62]

事實上，埃斯堪達說：雖然Twitter等公司很正確地提供選項，讓大家可以對政策決定提出申訴。可是，自從新冠疫情讓內容審核員回到家中，這個程序形同報廢，基本上已經沒有意義了。去年秋，當他在研究埃及人的Twitter帳號被大量封鎖時，也申請自己的新帳號，並在推文中使用可能會被嚴禁的用語，很快他的帳號就被永久封鎖了。他向Twitter申訴，幾乎立即被駁回。他又用別的帳號試了一次，不到兩個小時，申訴也被否決。

埃斯堪達懷疑那個決定是自動化運作的結果，因此他引用《歐盟一般資料保護規則》(European General Data Protection Regulation, GDPR)規定的解釋權(right to explanation)*，提起解釋請求。他得到的解釋令他失望，至少可以說：該解釋表示那個決定正確無誤，他確實違反規則，而且那是人工做的決定。然而，他後來才從Twitter獲知，那其實是個錯誤的決定。

這類應付GDPR解釋權請求的程序，設計目的是讓個人能循正當程序獲得申訴，類似個人遭遇國家不當審查時，可享有的程序。但是，申訴的裁決仍完全取決於那一家公司是否誠實。這其中沒有找出事實的使命、沒有蒐證，只有用戶和公司雙方各說各話。

這些企業一度被認為是永遠的潛在力量，現今早已忘了它們的初心。隨著祖克柏等人的口袋逐漸塞滿廣告商從全世界掠奪而來的鈔票，他們和權力者你儂我儂，顯然不會太在意對方的權力從何而來。這些企業領袖談過平台的力量讓人民推翻了政府，曾幾何時他們卻和獨裁統治者在密室暗通款曲，進而窒息了公民的表達權。[63]

這些公司很早以前就選擇重利益而輕民眾的路線，這是不爭的事實。有幾百萬沙烏地人使用Facebook或Twitter，潛在利益上看數十億美元，理所當然沙烏地王室的殘酷、野蠻在業者眼中只不過輕如鴻毛。[64]看在金錢的份上，這些公司鋪設紅地毯恭迎沙烏地王侯，或者對於那些政府操縱平台系統的行為睜一隻眼閉一隻眼，我們並不意外。

世界日益全球化，我們身為公民，不只挺身對抗自己的政府，也包括那些能影響企業政策的政權。假如Facebook因為保守政府的壓力而封殺裸體內容，我們都會身受其害。如果沙烏地阿拉伯能滲透Twitter並取得用戶數據，沙烏地的用戶逃到哪個國家都不會安全。當敘利亞政府要求用戶交出帳號密碼，用戶該向何處申訴？還有，當歐盟運用其影響力封鎖仇恨言論或管制擁有版權的內容，我們所有人都會受制於它的裁決，無論是居住在哪裡。

* 譯註：指對演算法的輸出結果得到解釋的權利。

5

極端主義召喚極端措施

每一則推文都有可能使弱勢民眾變得更為激進。

——迪恩・海頓(Dean Haydon)

英國倫敦都市警部反恐指揮科指揮官

二〇一九年春，熱得反常的某一天，我在巴黎經濟合作暨發展組織（Organisation for Economic Cooperation and Development）安排的一個小而美會議室裡，專注聽著紐西蘭總理賈辛達・阿爾登（Jacinda Ardern）說話，講述兩個月前右翼份子攻擊基督城（Christchurch）兩座清真寺的影響。該次攻擊事件共槍殺五十一人並造成另外五十餘人受傷，摧毀了基督城內關係緊密的穆斯林社群。阿爾登政府迅速採取改革措施，在一個月內即禁止使用軍用半自動步槍與突擊步槍。

凶手——澳大利亞籍二十八歲的白人至上主義者，在Facebook直播此次槍擊過程，很快就在多個平台分享開來。影片是以電玩遊戲主觀視角拍攝的，目的是在表演作秀，一來恐嚇不小心看到影片的人，二來可讓那些跟他一樣抱持有毒意識型態的人感到刺激。

事後紐西蘭三家主要的ISP立即封鎖代管該影片的網站，電影與文學分級審查辦公室（Office of Film and Literature Classification）將影片列為「禁播」（objectionable）類，散布者可依法判處個人最高十四年有期徒刑，或對公司處以六位數罰鍰。Facebook、YouTube、Reddit及其他平台已刪除影片，但是它很快就在網路上到處流傳。

雖然社群媒體公司盡力把關該影片與相關內容，但紐西蘭政府的動作很快，在巴黎召開了一場國際會議，邀集其他國家政府、科技公司與公民社會與會。他們在會中推出了「基督城請求」（Christchurch Call）倡議，以刪除網路的暴力、極端內容為目標。它的開宗明義說道：「一個自由、開放與安全的網際網路是強大的工具，可提升連結、加強社會包容，以及促進經濟繁榮，」接著概述一系列政府與線上服務供應商的自願承諾，內容包含增強社會彈性及確保現有法律之有效執行。在發表當時，這項倡議獲得十八國政府及六個以上科技公司支持。

總理抵達之前，我環顧會議室裡的西方學者和反恐怖主義支持者，聆聽政府官員了無新意的談話，不由自主地想著：這大概又是一次老套的會議，充斥著對線上極端主義幽靈的焦慮不安及各種提案，無疑是對表達自由的又一次傷害。我在筆記本邊緣草草寫下我的想法，預期這又是另一場大開眼界卻虛有其表的節目，就像四年前法國《查理週刊》(*Charlie Hebdo*)總部槍擊案之後所發生的事一樣。

然而，阿爾登一踏進會議室，氣氛馬上轉變。她在會議室的一側靜靜等候其他人結束發言，然後才加入會議室中央的其他官員，開始發表她的演說。她的發言毫不留情：以最強烈的措辭譴責槍擊事件，並自述她在社群媒體的動態消息不小心看到凶手影片的經驗。她分享一份令人痛心的統計數字，內容是有多少紐西蘭人在大屠殺隔天打電話向心理健康服務專線求助。她的發言直率而誠摯，坦承她並不知道所有答案，但是一定會採取必要手段來遏止線上極端主義的浪潮。

阿爾登結束正式演講之後，接下會議主持的棒子，請會議室內的人評估這份倡議。她專注地坐著，雙腿交叉，雙手支頤，傾聽研究者對這個提案的批評。令人意外的是：我們會議室裡約有四十人左右，竟然壓倒性同意那個提案：眾人都承認，有越來越多人利用社群媒體招兵買馬，再以極端意識型態激化人心。極少人認為網際網路公司能解決問題，更是幾乎沒有人相信審查是有效的解決方案。

阿爾登當天的行動稱得上空前精彩。過去十年來，我見過無數政府毫無顧忌地利用恐攻當幌子，對人民實施越來越嚴厲的措施：有英國迷戀的閉路電視監視系統，還有法國憤世嫉俗的「巴黎統一遊行」(Paris unity march)，將民主派人士和暴君齊聚一堂高喊「我是查理」(Je suis Charlie)*。恐怖主義

* 譯註：紀念《查理週刊》總部遭遇恐攻的活動。

的幽靈往往掩護了政府行使更多控制的企圖。

阿爾登訴說槍擊影片對她的影響，她開誠佈公的態度給我很多好感；她坦承並不知道所有答案，也征服了我。然而，姑且不論她的誠摯，有一件事讓我大受震驚：我覺得「基督城請求」與已往的措施並無多大差異——都是受到感情以及「應該有所作為」的呼聲驅動，導致對於公民自由同樣盲目無知。這正是過去幾十年來，大家對於恐攻的回應，絕大多數共同的特色。

以恐怖手段推進意識型態的人，一定需要找到觀眾，否則他們的攻擊就失去意義了。電視曾經是恐怖份子用來散播訊息及激發支持或恐懼的媒介：一九七二年慕尼黑奧運會的照片，估計全世界有九億人次看過；或者，九一一恐攻影像在國際媒體一再重現了好多天。它們深深烙印在我們的腦海，提醒我們人類作惡的潛力。但是，電視媒體需要有攝影機拍攝及正確對準目標，而社群媒體則是為所有極端主義者提供了免費的平台。

於是政府和科技公司的行事邏輯是：只要拿走工具，等於剝奪了極端主義者的影響力，也消除了他們的能力，使其無法聚集、招募，以及（但願不會發生）播放他們的攻擊行動給全世界觀看。

自從二〇〇八年印度孟買遭受恐怖攻擊開始，世人普遍認識到恐怖攻擊與社群媒體之間有所關聯。那時候媒體提到當地人利用Twitter分享恐攻資訊，並且呼籲大家到當地醫院捐血。CNN甚至引用一名Twitter用戶的話說：「孟買不是一個受到恐攻的城市，而是一個正在進行中的社群媒體實驗。」[1]

正當普通人將社群媒體應用於良善的事，恐怖份子集團同樣也注意到它在增強訊息方面的潛力。到了二〇〇〇年代結束時，政客也懂了。二〇〇八年，美國參議員約瑟夫・利柏曼（Joseph

Lieberman）寫信給Google當時的CEO兼董事長艾瑞克・史密特（Eric Schmidt）。約瑟夫・利柏曼寫道：

> 根據我們的委員會收到的證詞，蓋達組織（al-Qaeda）及其他伊斯蘭恐怖主義組織所製造的線上內容，能在激化人心的過程中產生重大作用，最終導致著手規劃與執行恐怖攻擊。伊斯蘭恐怖份子集團即使遭遇軍事上的挫敗及各方執法部門與情報界的成功行動，YouTube卻仍不知不覺地允許他們維持活躍、普遍且強大的聲音。YouTube雖有公告《社群指引》以供用戶依循，但貴公司顯然並未切實執行，以至於該《指引》沒有對影片內容發揮作用。[2]

參議員進一步懇請史密特採取行動，聲稱如此一來Google將「在國家的重要工作上，帶來突出的重大貢獻」。[3]

YouTube在公司的部落格公開回應此函，解釋道：「每天都有數十萬則影片上傳到YouTube」，而且「因為無法事先檢視如此多的內容」，他們必須仰賴用戶檢舉任何可能違反規則的影片。YouTube指出，他們已移除利柏曼所稱含有血腥暴力、仇恨言論和其他禁止內容的影片，然而「大多數不含暴力或仇恨內容的影片不會受到影響，因為它們沒有違反社群指引」。文中又提到：「我們尊重並理解利柏曼之見，但是YouTube鼓勵且保護每個人表達不受歡迎觀點的權利」。[4]

這是利柏曼初次向史密特提出懇求，但不是最後一次。他很快就聲名大噪，因為呼籲社群媒體平台審查受憲法保障的言論。不到一年，他的助理做了一件著名的事，那就是施壓Amazon終止維基解密的服務。不過，利柏曼整體的重心仍是放在恐怖主義上。二〇一〇年，一起汽車炸彈事件因被紐約當局破獲而未遂。一年後，策劃攻擊者被發現有一個Blogger的帳號。利柏曼呼籲Google增設一個系統，讓用戶可檢舉「恐怖主義」內容。不久，參議員又要求Twitter刪除阿富汗塔利班組織的帳號。

追打塔利班帳號的決定特別引人矚目：阿富汗塔利班不同於蓋達組織，並未被美國政府正式認定為恐怖主義團體。就它的暴力史而言，這似乎很奇怪。但是，我們來看一個團體如何被如此命名的過程，就能解釋了。

根據《一九六五年移民和國籍法》（Immigration and Nationality Act of 1965）第二百一十九條，美國國務院持有一份指定的外國恐怖組織（foreign terrorist organizations，或簡稱FTO）名單。它的標準很明確：該組織必須是外國的、從事恐怖活動，並且其活動必須威脅到美國或其國民的安全。它將某個團體納入名單的方式，本質上就是政治行為：由美國總統提名的國務卿，可將符合這些標準的任何團體列進去。然後，國務卿必須告知國會的相關議員，並將名單公佈於《聯邦公報》（Federal Register）。九一一事件之後，《愛國者法案》（Patriot Act）的附加法規表示：向名單上認定的恐怖主義團體提供「物質支援」者，將受到刑罰。

然而，國會或國務院可將某個團體從名單剔除。二〇一二年，經過漫長且昂貴的遊說活動，包括送錢給記者及民選政客、國會的支持以及相關團體的訴訟，國務卿希拉蕊·克林頓（Hillary Clinton）就這麼做了。

伊朗人民聖戰者組織（Mujahedin-e Khalq, MEK）是伊朗的一個軍事組織，倡導推翻伊朗政權，是國內最大也是最活躍的反對團體。它的成員也有污穢的暴力史：包括在一九七五年殺害兩名美國空軍軍官；在一九八一年炸毀伊朗執政黨總部，奪去七十四條人命；以及在兩伊戰爭中與薩達姆·海珊

(Saddam Hussein)結盟。這個組織被其前成員稱為「狂熱宗教」，「人權觀察」(Human Rights Watch)組織也有大量文件記錄發生在MEK營區內的虐待行為。[5] MEK還因為企圖讓批評者閉嘴而聞名。

二〇〇〇年代中期，MEK開始宣傳從恐怖主義團體名單除名，並在二〇〇七年首次告捷，倫敦的一個法庭裁決將之移出名單。二〇〇八年，它已正式離開英國的國家名單。一年後，亦從歐盟的名單中移除。至於擺脫美國的名單，則是花了更多心血——以及金錢。

二〇〇六年，立場介於中間和右派的《中東季刊》(*Middle East Quarterly*)在一篇文章中稱MEK是「左派的怪物」，編輯指出：暗示MEK得到華盛頓權力中心的支持，是「反猶太及由黨派推動」的陰謀論。[6] 然而，在權力的最核心白宮，當時的副總統迪克·錢尼(Dick Cheney)已經表態支持這個團體，和國防部長唐納·蘭姆斯菲德(Donald Rumsfeld)共同主張應利用MEK當作反伊朗政府的棋子。

隨著新保守派反伊朗的熱情升溫，MEK也努力改善他們在美國的形象。這個組織致力於除名的那幾年，伊朗裔美國團體付出了龐大的費用找遊說團體倡導在伊朗的人權——各項要求中包括將MEK從FTO除名。科羅拉多州某個伊朗裔美國社群的主事者付了將近一百萬給華盛頓的「歐華律師事務所」(DLA Piper)，設法使MEK不再被封殺。他的兄弟則是買機票將國會議員鮑伯·菲爾納(Bob Filner)送到巴黎與MEK的各個領袖會面。前紐約市長魯迪·朱里安尼(Rudy Giuliani)收錢在MEK的活動中發表談話——要特別強調，他在九一一事件發生時譴責過恐怖主義。據說，《華盛頓郵報》及《芝加哥論壇報》(*Chicago Tribune*)的記者也從這個團體收到錢。雖然其中有一部分人面臨美國政府的審查與司法追究，大多數人都被忽略了。

二〇〇七到二〇一二年間，有五名伊朗核子科學家被暗殺身亡，使用的手段極為複雜，專家將矛頭指向以色列。伊朗政府宣稱MEK人員曾在以色列受訓，同時有兩名美國官員對NBC新聞台確認MEK涉入該案。在正常情況下此事可能會引起譴責，但許多保守派專家卻稱讚暗殺以及那個令人討厭的聯盟。他們對伊朗政府的仇恨和反感如此之大，竟然足以將所有的道德信念拋諸腦後。

最後MEK和它的華盛頓同盟大獲全勝。雖然有些人認為將該組織從名單刪除是正確的結果，卻有許多人看出其中充滿政治操作而且往往隨心所欲的本質，從FTO名單到指控某些人的行動是在提供物質支援皆然。正當MEK被取消禁令，記者兼專家葛林．格林沃爾德(Glenn Greenwald)痛批他所見到的「穆斯林美國人獨立司法系統」，他說：「毫不誇張地說，任何穆斯林和他們的距離近到聽得見打噴嚏的聲音，就會被起訴」。他進一步指稱除名行為「只不過體現了順美國者昌、逆美國者亡」。[7]

如學者麗莎．史坦普尼茨基(Lisa Stampnitzky)所論，恐怖主義曾經被視為不滿情緒的產品，它是個工具，反對勢力和當權者雙方都可以使用。但是，美國政府對它的定義很快就不一樣了。它將恐怖主義一詞純粹視為次級團體的活動。「平定叛亂的論述，是基於某個知識生產的模式，在這個模式中，對叛亂者及叛亂本身進行的道德、政治和理性評估，(至少在理論上)是和專家／科學分析分道揚鑣的，」史坦普尼茨基寫道：「然而，新的『恐怖主義』論述中，政治暴力的道德性、政治性及理性，將與專家、專業知識的生產和評估密不可分。」[8]

那麼，網際網路公司在判斷恐怖主義內容時，它們具備或憑藉的專業知識為何？它們仰賴美國或其他國家政府給的名單嗎？還是它們有自己的指引？當它們想要確定怎樣才算恐怖主義組織，外部團體扮演的角色是什麼？

事實證明，答案並不明朗。過去幾年來，隨著來自政客、恐怖主義「專家」、甚至國務院的壓力不斷累積，科技公司已經調整政策來適應變遷的環境。從前YouTube保護了蓋達組織的言論自由權利，曾幾何時，公司的政策是，凡是在政府名單內的組織所製作的內容，一律刪除——即使一般社會大眾想看那些東西。

這些公司在不久之前還會企圖平衡言論自由和自身的法律、倫理與道德責任，然而當時的重要考量，到了今日卻似乎難以置信。

「我記得曾經參與影片審核，片中是幾名男人背著槍疲憊地穿越沙漠，看起來和美軍訓練的影片一模一樣，」黃安娜回憶道：「有時候我不清楚是因為什麼才要進行審核，同樣不清楚我怎樣單憑內容而做出區別。找一個不是訓練有素的律師來區別，而且長遠下來必須前後一致、符合原則……」她的話聲漸漸輕淡，似乎是在承認這是不可能的任務。

二〇一一年，索馬利亞（Somali）青年黨（al-Shabab）發動多起暴力攻擊——及推文——Twitter不得不解決這一類問題。

Twitter和它的對手公司不同，是出身於西部草莽。它早期的服務條款出名地簡潔有力：唯一禁止的內容是垃圾郵件，唯一的警告是不得「侵犯、騷擾、威脅、冒充或恐嚇」其他用戶。新版的服務條款於二〇一〇年公佈，只是多列舉幾個限制事項，包括冒充、「直接、具體的暴力威脅，」以及非法活動。色情是被默許的——雖然禁止用於個人資料或背景圖片——服務條款進一步包含精妙的「提示」，例如：「你的推文可能會立即被全世界看到。你就是你的推文！」因為這一點——無疑也是因為這個平台簡易與開放的架構，它很早就吸引了FTO名單上的一些團體，包括索馬利亞青年黨。

二〇〇六年，索馬利亞的伊斯蘭法庭聯盟（Islamic Courts Union），曾經控制索馬利亞南部大片地區——被過渡聯邦政府打敗，分裂成幾個教派，青年黨即成立於此時。兩年後，這個團體就被加入FTO名單。二〇一〇年，美國官方宣稱青年黨召募了二十幾名美國人。青年黨得到母語是英語的同夥，使用Twitter變得很上手。它在爭奪索馬利亞控制權時，利用這個平台臭罵對手軍隊，並且和肯亞的一名少校大吵起來。《紐約時報》因此大感困惑，斥責這個組織使用Twitter平台「簡直是徹頭徹尾的虛偽行徑，」並且寫道：「青年黨不齒西方國家的作為……卻擁抱Twitter，它可是現代網路化社會的招牌之一」——但是，它承認青年黨的精明屬於一個成長中的趨勢。[9]

這個趨勢始於蓋達組織，後來擴及它在非洲的分支，很快即蔓延到敘利亞、利比亞等等國家。就不過幾年前，在這個地區到處散發的希望，已經被強勢的暴力取而代之。

Google轉彎

二〇一一年，敘利亞人開始上街遊行抗議之後不到兩個月，媒體開始預言內戰即將發生。在達拉（Daraa）的示威行動被政府暴力鎮壓，有人拍攝影片上傳到網際網路，要讓全世界都看到。敘利亞——以及利比亞不斷昇高的暴力事件，在全球媒體的報導少得可憐，因此Facebook和YouTube成為全世界觀看這些衝突的窗口。

YouTube固然曾經辯護有權利代管恐怖主義團體上傳的內容，而它的母公司Google一向會與血腥暴力劃上界限。但是，有鑑於傳統媒體的報導及觀看管道都很少，加上社會大眾亦要求讓那些內容保持上線，YouTube決定網開一面。二〇一一年五月，YouTube的新聞經理奧利維雅·馬（Olivia Ma）表示：雖然這些影片有很多違反本平台的政策，「如果影片是屬於教育、紀錄片或科學性質，我們的社群指引中有條款允許例外處理……因此，我們將會主動且即時調整政策，以因應各種狀況。」[10]

此一政策轉變受到人權運動者歡迎，但它是依主題的性質而定，表示並非所有影片都會保留在線上，至少不去爭取就不會。這一類影片中，有一則是早期從敘利亞發出來的，內容記錄了據稱遭受酷刑致死的十三歲男孩哈姆札·阿里·阿爾-卡提布（Hamza Ali Al-Khateeb），他的臉成為該國反對運動者的象徵。

該影片上傳到YouTube之後，立即被瘋狂轉發。影片中展示阿爾-卡提布的遺體，旁白者以影像詳細描述他的年輕身體遭受到的損傷。[11]這段影片被半島電視台報導，而且傳進了敘利亞。可是，沒過多久它就被YouTube下架。影片上傳沒幾天它即被移除，YouTube引用政策，說影片有「震驚、噁心的內容」。[12]《國家》聯繫了YouTube之後，影片又被復原了。當時有人引述我的話，我說：「我想，往往必須拉高投訴的層級，才會被重視。我不怪他們，可以想像他們一定被各種投訴淹沒了。」[13]

艾力克斯（Alex）是我訪談過的人裡面，少數曾在YouTube工作過的。他說，二〇一一年時那裡的審核員「不到一百人」。根據多名前員工的說法，公司的信任與安全組在內部稱為「小隊」（Squad），由他們負責處理法律和政策方面的投訴，他們聘請一些語言專家處理來自全世界的要求。「當時被檢舉的影片，每一則都是由母語是阿拉伯語的人進行檢視，」艾力克斯說。

艾力克斯在二〇一一年到YouTube上班，當時公司剛剛改變立場，不再允許美國指定的恐怖主義團體發表言論。有一名在美國出生的葉門裔神職人員叫安瓦．艾爾-奧拉基（Anwar al-Awlaki），他所上傳的影片被要求下架。當時YouTube的全球政策主管維多莉亞．格蘭（Victoria Grand，後來轉到Facebook和WhatsApp，擔任類似職位）在一封給《紐約時報》的電子郵件中說，「被指定為外國恐怖組織的成員所註冊」，或用以促進這類團體利益的影片，均已被本公司移除。[14]

在二〇一一年之前，YouTube要執行政策反對暴力及「恐怖份子」主義的內容，並不太困難。整體而言，由蓋達組織、青年黨及其他被指定的恐怖組織成員上傳的影片，大多數都能清楚識別。在「阿拉伯之春」以前，雖然要識別「具有新聞價值」的血腥暴力會比較複雜，但這一類內容在平台上畢竟不多。可是，隨著有攝影功能的手機變得普及，鏡頭捕捉到的暴力內容同樣與日俱增。

那一年代表YouTube的「轉折點，不能再說『喔，我們又不是闔家觀賞的影音平台，不能只是把這個下架』，」艾力克斯說。他在公司早期看到許多影片從敘利亞傳出來。「內容太多了，我在影片中看到了好多種意識，」他回憶道：「攝影師大概會說：『我們現在人在敘利亞的德爾祖爾省（Deir Ezzor）』然後打上日期……很容易決定保留這則影片。」

然而，談到影片被下架，艾力克斯回憶起來較不在意審查，而是更關心重要內容會石沉大海。「如果公司移除了兒童性虐待的影像，事情會到NCMEC（國際失蹤及被剝削兒童保護中心）手上，[15] 有人會持續追蹤。但是，至於這些影片，沒有人會站出來說『這是違反人權，有人應該看到』，」艾力克斯說到一則來自敘利亞的影片，內容有一名少年的臉被炸得血肉模糊：「你這輩子都忘不掉」。

那一段期間，人權團體開始和YouTube的政策組開會，想要建立一個資訊交流中心，確保有辦法保留人權相關的內容，不會被平台移除。他們也談到要針對人權內容建立一個嚴格審查的頻道。但無一成真。「我不知道……是否有什麼人權儲藏室……但我真的希望有一天會有，」艾力克斯說。他自稱處理暴力內容是很孤單的經歷：「你覺得你是唯一知道的人，而且你無能為力。」

這就是系統崩壞之處。社群平台在成立之初，會制定一組簡單行為規則。當時使用的人數相對較少，大部分人在貼文時**確實**會遵守規則。那些不遵守規則的，很快就會被抓到，並且採取行動處理他們的內容或帳號。但是，隨著平台成長——最初緩慢，然後指數型壯大——想監督每個項目、每個行為，變得越來越困難。最後，想審核大規模內容已經難如登天。

如今這些公司意識到這一點，卻繼續制定新政策、程序和技術，想打一場失敗的戰鬥——這個策略往往讓我覺得像是往牆壁丟麵條，指望它能黏在上面。包括極端主義者在內的用戶更早看見這個不祥之兆，反應也更快。他們開始利用熱門但不相關的主題標籤標記有爭議的內容，然後用不同名字重新上傳被下架的影片。他們一再重複這個過程，和平台玩起貓捉老鼠的遊戲，公司方面似乎不夠敏捷，缺乏勝算。貼文的人對社群媒體的掌握，硬是比政府官員及企業高層高明得多。

到了二〇一三年，這一點變得尤其明顯。當時青年黨攻擊了肯亞首都奈羅畢（Nairobi）的購物中心，隨即在Twitter上吹噓戰功、嘲諷肯亞軍隊，還威脅會製造更多破壞。Twitter不斷刪除這個組織的帳號，然而這是一場打地鼠遊戲，新帳號一下子就在另一個地方冒出來。敏銳的觀察家指出了該組織的英語推文和索馬利亞語推文的差別，前者顯然是為了上頭條，後者則是為當地觀眾量身訂做的。評論家也提到肯亞軍方拙於網路傳播，正好讓青年黨趁虛而入。[16]

這個索馬利亞組織——如今全球媒體的後見之明——無疑是為即將到來的發展鋪好了路。它利用社群媒體抓住頭條版面、招募新血，以及震懾大眾，確確實實讓其他有類似目標的團體更加關注。

統一與聖戰組織（Jama'at al-Tawhid wal-Jihad）興起於一九九〇年代晚期，於二〇一四年六月下旬美國入侵伊拉克之後，宣誓效忠蓋達組織，活動範圍主要在伊拉克。它宣稱是全世界的哈里發（caliphate）*，對全世界的穆斯林擁有宗教與政治權威，並且更名為伊斯蘭國（Islamic State, ISIS）。[17]這個組織早已有條不紊，它精通網際網路，每年都會出版年報，詳述它的各種行動。《金融時報》（Financial Times）比較ISIS和企業的「精準等級」，指出它的年報「似乎是在向潛在金主展示業績」。[18]其實早在哈里發正式成立之前，媒體已經注意到它的網路敏銳度，發表過一些文章，題目有〈ISIS戰士和他們的朋友都是社群媒體專家〉和〈ISIL的精密社群媒體策略〉等等**，記者描述了「各種極端主義者越來越常利用社群媒體召募新人、激化人心及募款，而ISIS是把這一套玩得最熟練的好手。」[19]

「有一天，我們一覺醒來發現有幾百萬則ISIS的內容，」瑪麗亞回憶道。她當時在Facebook上班。《衛報》的一篇報導解釋了箇中原委：

> 他們的數千名追蹤者安裝了一款app名叫「喜訊曙光」（Dawn of Glad Tidings），讓ISIS可用他們的帳號發送中央統一寫作的更新訊息。這些訊息同步送出，灌進社群媒體，讓ISIS的線上影響力大舉提昇，遠勝使用自己的帳號。「曙光」app會發佈ISIS的最新進展消息、血腥圖

片，或是戰鬥影片如《戮歌IV》（Swords IV）***——它要製造印象，讓人相信那是一股狂暴而且所向披靡的力量。[20]

雖然這款app能帶給ISIS的追隨者誇張的表象，該組織仍積極主動地努力吸引新追隨者。他們應用社群媒體、採用新技術，例如在召募新人的影片中，插入從極為暴力的流行電玩遊戲《俠盜獵車手》（Grand Theft Auto）擷取的短片。[21]

ISIS的宣傳活動不斷在各個社群媒體上出現，令人眼花撩亂。起初，這些公司顯得張惶失措，找不出一致的反制策略——直到某次事件改變了一切……那就是ISIS在敘利亞西北方斬首詹姆斯·佛雷（James Foley），直播影片傳遍社群媒體，供全世界觀賞。

佛雷是記者，遇害時正與法新社（Agence France-Presse）及《環球郵報》（GlobalPost）合作。我們兩人的家鄉只相隔幾個鎮的距離，他的死亡對我們的家鄉是一記沉重的打擊。他在二〇一二年末被俘，俘擄他的人要求數百萬贖金才肯釋放他。據稱《環球時報》準備了幾百萬要贖他，但是美國政府拒絕談判，而是打算採取軍事營救。[22] 然而，由於ISIS已經將俘虜撤離，美國的救援行動宣告失敗。二〇一四年八月十九日，ISIS在鏡頭前殘忍地斬首了這名記者。

Facebook的作法和YouTube不同，早已做了一個有爭議的決定：只要有充分的背景，斬首的影

---

* 譯註：意為先知的代理人，是伊斯蘭教的宗教與世俗最高統治者。

** 譯註：ISIS或ISIL只是英美媒體對伊斯蘭國的不同譯法。

*** 譯註：伊斯蘭國製作的宣傳影片。

片可以保持上線。[23]直到佛雷被謀殺之前，大部分類似的影片都是遠距離拍攝的，而且受害者不詳——或許就是這一點讓政策制定者可以自圓其說，那些影片才能繼續上線。如今，來自社會大眾的呼聲——佛雷的家屬亦然——導致他們重新思考這個政策。大眾的壓力巨大，Twitter和YouTube已經屈服，禁止那一則影片被分享。[24]Facebook的一名發言人表示，他們的政策早就不允許恐怖主義團體，或是任何個人或團體，「推廣恐怖主義，或以施虐為目的分享圖像內容」。[25]主流媒體也不再公開靜態照片。

雖然大眾情緒整體而言支持這一結果，但有些專家卻有不同意見。美國大屠殺紀念館（United States Holocaust Memorial Museum）的前館長瓦爾特・瑞許（Walter Reich）表達見證的重要性，主張企業應採取中介措施：「公司應該標示暴力警告訊息，而社會大眾應有觀看與否的選擇。假使他們想要觀看，就應該能看到——並且在過程中學到重要的東西。」[26]《波士頓環球報》（Boston Globe）專欄作家傑夫・雅克比（Jeff Jacoby）同意這個想法，寫道：「我們所能做的，至少是見證他以勇氣與尊嚴面對可怕的終點。」[27]

待過YouTube的艾力克斯說，他「猶豫不決」，不知道公司該怎麼拿捏。佛雷事件無論如何都會被報導出來，而他擔心的事情之一，是平台上還有好多血腥暴力的影片，內容也是處決，但是被害人身分還無法辨識。這個事實讓艾力克斯非常不安。

「沒有人知道的部分，你怎麼做？」他痛惜地說：「有一則十七分鐘的影片，沒有名氣，被斬首的不是白人，一共有五個人被殘忍地斬首。有些影片如果被我們下架也沒人會知道，這就是其中一則。你想想看，『如果明天我被公車撞死了，這一段歷史就永遠石沉大海了。』」

這其中隱藏一個核心問題，關於矽谷的政策制定者如何處理血腥和極端主義暴力。二〇一一年時，斬首影片開始從敘利亞流出，受害者都是無名無姓的人。當時這些影片是被視為「有新聞價值的」，可保持上線。但是，當一名美國人之死傳遍全世界，那樣的考量改變了。佛雷的家屬已經發聲支持禁止分享影片，這個事實固然很重要，可是那些敘利亞受害人呢？他們的家屬無法上達YouTube天聽，更不用說找上主流媒體。

更重要的是，公司方面的政策轉變並沒有搭配任何保存影片內容的實質作為，例如在網站上建立一個封存的檔案庫。這同樣讓艾力克斯很焦慮。

艾力克斯和我討論到，YouTube嘗試為這類內容建立一個資訊交流中心卻半途而廢，一事無成的結果讓他很失望。艾力克斯說：「我希望有一天可以實現。即使以一個內容審核員的角度來說，你知道發生了什麼事，但是你覺得只有你一個人知道，而且你無能為力，這種感覺很糟糕。」

* * *

隨著敘利亞的衝突慢慢過去，YouTube充滿來自那個國家的影片，時數非常龐大，其中有非常多都是非專業記者記錄的重要內容。二〇一八年，有一名大型科技公司的工作人員在一場談話中說：「關於敘利亞內戰，在YouTube上面的影片，比發生在現實世界的時間還要長。」[28]

在眾多化學武器攻擊和桶裝炸彈、主觀視角敘事，以及社群抗爭的紀錄影片中，當然會有無數影片是來自ISIS或其他極端主義團體的，展現他們的殘暴或鼓勵年輕人加入他們的行列。關於詹姆斯．佛雷影片的決定，在當時很困難，對於矽谷的政策制定者來說，卻無疑是相對簡單的：它是單一影片、容易辨識，而且是明顯的罪行。

二〇一七年，華盛頓特區的《國會山報》(*Hill*)有一篇評論文章，指責美國監視及打擊ISIS在社群媒體上的應用，是「怯生生、舉棋不定，而且外行」的努力，它推薦政府「立即攔截ISIS的論述，然後製作自己的替代版本」。[29]但是川普總統正忙著對國內的媒體開戰，將線上迎戰、打擊ISIS的艱巨任務丟給矽谷單獨去應付。

雖然如此，因應社會大眾和媒體要求對ISIS的壯大**應該有所作為**，Facebook採取了新做法。二〇一七年六月，Facebook宣佈將引進人工智慧(AI, artificial intelligence)協助刪除極端主義內容。《紐約時報》報導：「Facebook的全球政策管理負責人莫妮卡・比克特(Monika Bickert)表示，人工智慧大致上是和逐案審核內容的人工審核員一起工作，但開發人員希望它的應用範圍可隨著時間擴充。」[30]

同一篇報導也引述我的話，我提到了一些問題：「它會有效還是會過度反應？……它會在一開始就勸退想要加入恐怖主義團體的人，還是讓大家不想在Facebook上面貼出恐怖主義的內容？」Facebook的策略是利用人工智慧識別並刪除極端主義影片與圖片，不論那是ISIS這類團體自己貼的，或是對這類團體的讚美。事實證明，這個做法更容易讓人不想在Facebook貼出恐怖主義內容。

審核圖片和影片當然比審核文字容易得多，尤其是在封閉空間如Facebook的社群或私下往來的訊息，更難審核。為了能夠辨識不恰當的圖片，機器學習演算法，以類似的圖片進行訓練。例如，假使向這種演算法提供足夠的花朵圖片，它就能輕易辨識其他包含花朵的圖片。然而，「極端主義圖像」並不需要包含花朵，脈絡才是重點。斬首的圖片當然不言而喻，但是一張爆炸的照片，可能是恐怖主義團體的吹噓，也可能是人權侵害的重要紀錄。當Facebook——追隨YouTube等公司的腳步，開始採取人工智慧對抗極端主義，迪雅・卡亞里說：「大家開始看到幾十萬影片被刪除。」

卡亞里（使用they代名詞的人）在目擊者（WITNESS）組織工作，那是一個非營利組織，它的使命是協助人們「以影片和科技保護及保衛人權」。二〇一七年，卡亞里開始注意到，用來對付極端主義的同一套演算法，也會下架敘利亞衝突的重要紀錄影片：「事實上，有很大範圍的內容都被刪除了……包括示威抗議、化學武器攻擊、還有侵害人權的凶手所拍的影片——例如，ISIS殺人時的自拍。」他在柏林辦事處和我喝咖啡時這樣說。

目擊者等人權團體首先注意到重要的紀錄影片正在消失。各家公司開始利用人工智慧對抗極端主義才不到幾個月，「攔截」（Intercept）組織就發表長文指責Facebook和YouTube移除了暴行和危險案件的戰爭罪證據。該文引述卡亞里以及多位專家的意見，他們分別來自「人權觀察」、加州大學柏克萊分校人權中心（UC Berkeley’s Human Rights Center），以及當時少為人知的團體「敘利亞檔案館」（Syrian Archive）。後來敘利亞檔案館的專家、卡亞里和我合寫了一篇論文。這些團體介入，做了一件事是那些公司未能做到的：保存證據。[31] YouTube計劃和多家公司共同成立一個資訊交流中心，用來保存人權內容，最後無疾而終。既然如此，失望的敘利亞人別無選擇，只能自己的內容自己保存。

敘利亞檔案館成立的目的，是紀錄及保存戰爭罪行的證據，但是它的工作人員很快就發現，他們花在與YouTube對抗的時間越來越多。幸虧他們和其他人權團體的關係不錯，才能在很短的時間內聯繫上YouTube，通知他們某些影片應該復原——雖然大部分情況下YouTube都能回應他們，但是影片很快再次被下架。

在某些個案，敘利亞檔案館根本很難讓影片恢復。這個組織的共同創辦人哈地・艾爾・卡提卜（Hadi Al Khatib）告訴「攔截」：「我們的館藏，有一部分是指證某個罪行的僅有證據。」他舉其中一個實例：那是俄羅斯針對敘利亞依德利卜（Idlib）鄉村平民空襲的影片證據。「這一則影片相當重要，」他說：「那是違反國際法律的行為，但是至今我們仍無法讓它恢復。」[32]

社群媒體證據可成為起訴戰爭罪的關鍵物品。二〇一七年，國際刑事法院（International Criminal Court）對利比亞的軍事指揮官馬哈茂・馬斯塔法・布塞夫・阿爾-烏爾發利（Mahmoud Mustafa Busayf al-Werfalli）發出逮捕令，就是根據從Facebook提取的影片證據。[33]阿爾-烏爾發利被指控直接下令處決三十三人。他的逮捕令指出，其中有七起事件的證據，是基於他社群媒體個人資料的影片及影片逐字稿。[34]

各個平台的政策與它們已往所推廣的價值衝突，人權組織表達它們的失望，是合情合理的。加州大學柏克萊分校人權中心的執行主任艾莉莎・柯尼格（Alexa Koenig）指出：二〇一一年的起義之後，這些公司鼓勵大家利用它們的平台記錄事件。「它們以社會公益的仲裁者自居，」柯尼格說：「就在它們建立了依賴性的那一刻，我認為它們也承擔了更結實的責任。」[35]

卡亞里說：我們正在流失的不只是罪行的紀錄影片，也是歷史。「我們很少談到文化和心理影響，」他告訴我：「人們不在乎正在發生的事，我是敘利亞人，我也聽過許多敘利亞人說到他們對這個現象的感受。我們都認為必須保存這些事件的紀錄，因為這是唯一的紀錄。所以，知道這些內容被刪除了，感覺就像是歷史被刪除，而且，更覺得全世界沒有人關心敘利亞、沒有人在意這些影片被刪除……這是非常重的打擊。」

三年後，敘利亞檔案館仍然在和YouTube及Facebook拉扯不停，雖然小型、不出名的團體很少能和這些公司溝通。面對逐漸興盛的極端主義，矽谷公司已經轉而向內，變得更不透明。

賈辛達・阿爾登的「基督城請求」，出發點是回應白人至上論恐怖份子的攻擊，本來可以和公民社會合作，開發創新的解決方案。然而，她卻找上一貫的嫌疑犯——此處是指Facebook、Google、Microsoft和Twitter，這四家公司組成了「全球反恐網路論壇」(Global Internet Forum to Counter Terrorism，或簡稱GIFCT)

GIFCT成立於二〇一七年夏季，是由企業領導的倡議。它一開始的目標是「阻止恐怖分子濫用本論壇會員的數位平台」。[36] 這個團體的工作分為三大支柱：即結合技術創新、研究與知識分享。在知識分享的各項作為中，或許最備受爭議且不透明的GIFCT倡議，是一個共享的「散列」(hash)資料庫，它的內容是「暴力恐怖主義影像與宣傳」。

這個資料庫會蒐集影片或圖片的散列——獨一無二的數位指紋——那是會員公司依據其政策而將某影片或圖片定義為恐怖主義內容所產生的。其他會員公司即可利用這個資料庫，辨識及封鎖它們平台上的相同內容。簡單說，假如其中一家公司確定某影片包含暴力極端主義或恐怖主義內容，並且將它下架，使用這個資料庫的任何公司也會將同一影片刪除——不用去看一眼它的內容是什麼。

表達自由與人權方面的組織，從GIFCT剛成立時就一直提出批評，同時亦不停要求該倡議及會員公司提高資料庫的透明度。二〇一九年二月，超過三十五個組織與個別專家聯名致函歐盟議會，信中提及立法人員和社會大眾「得不到絲毫有用的資訊，無法確知該資料庫或任何現有的過濾工具其實現目標的成效如何，以及民主價值和人權為此付出了怎樣的代價，」並且呼籲議會拒絕主動的過濾要求，如歐盟恐怖主義規章（EU terrorism regulation）提案中所羅列者。[37]

二〇一九年，GIFCT宣佈將轉型為非營利組織，獨立於當初創設論壇的公司，而且將成立獨立諮詢委員會（independent advisory committee, IAC），納入「公民社會、政府及政府間實體」。[38] 知名的數位與人權組織——包括「人權觀察」、「電子前哨基金會」、「美國公民自由聯盟」（American Civil Liberties Union, ACLU）及「民主與科技中心」（Center for Democracy and Technology）——對於將政府納入IAC及GIFCT所表達的要求中缺乏對人權的關懷，表示不以為然。此外，它們並於二〇二〇年二月向GIFCT的臨時領導主管遞交一封私人信函，詳述它們的擔憂：包括政府參與IAC會帶來法外審查的風險、散列資料庫的應用與範圍將日益擴張，「GIFCT活動長久以來即缺乏透明度」，以及未能關注人權的保護。[39]

GIFCT的回應未能解決這些團體的擔憂，於是它們發表另一封信函，聲明「因GIFCT先前無法回應我們的評論，以致我們決定不申請參與IAC，使IAC的組成幾乎僅有政府官員和學者。」[40] 在第二封信中，這些團體的主要擔憂是反恐與內容審查之間的界線越來越模糊、這些公司的高錯誤率，以及一個現實：GIFCT的運作「是在一個複雜的全球環境中，對恐怖主義或極端主義暴力缺少國際認同的定義，而且右翼暴力極端主義整體而言並未得到法律承認」。[41]

GIFCT資料庫的優先事項確實是在於ISIS和蓋達組織的宣傳活動，對於「基督城請求」所設定要打擊的那種極端主義效果很小。再者，資料庫的黑箱作業阻礙了公民社會參與，無法確保受恐怖主義與反恐影響最深的人——也就是阿拉伯與穆斯林社群——他們的人權不會被雙重侵害。

但是這個全行業資料庫讓人最擔心的，應該是各公司已經發現確定為「恐怖主義」的內容，其中的不公平和偏見。矽谷科技公司的操作，大致上是依賴美國政府所定義的「恐怖主義」，以及國務院指定的外國恐怖組織（FTO）名單，移除那些團體所發送的內容。雖然我曾聽幾位Facebook的工作人員說過，這個作法是法律義務，可是我諮詢過許多律師，他們並不認同。且說被指定的外國恐怖組織領袖可在《紐約時報》發表評論文章——他們可以，而且已經做過，當然也可以在Facebook開設專頁。這條規則亦有例外——那個團體或個人也出現在財政部（Treasury Department）外國資產控制辦公室（Office of Foreign Asset Controls）的「特別指定國民」名單中——但是這份名單很短。

每家公司的政策大同小異，整體來說大部分平台都會移除FTO名單上的團體所發（或歌頌它們）的內容。但是，這些公司普遍都會避免在政策上寫入「恐怖主義」這個詞。

例如Facebook，它用的是「危險團體和組織」一詞，這個說辭包含恐怖份子，也包含參與組織暴力、人口販賣及其他破壞行為的人。此外，Facebook的政策所針對的血腥暴力描繪，涵蓋了範圍廣大的潛在內容。YouTube的政策則不提及恐怖主義本身，卻禁止血腥暴力。然而，即使是FTO（外國恐怖組織）名單上比較不為人知的團體，它們所發的內容也經常被這兩家公司移除。

有趣的是，Twitter的規則禁止恐怖主義威脅或推廣恐怖主義及暴力極端主義。它提到，根據這些規則，「您不得加入及促進」恐怖主義團體的「非法活動」——可是，值得注意的是規則中也特別言明「下列情形為有限例外：該團體已改組或目前正參與和平解決過程，以及該團體有代表經民主選舉而成為公職人員。如可清楚判定係基於教育或記錄之目的而討論恐怖主義或極端主義，亦有可能成為例外」。[42] Twitter的政策似乎是在確認代管這些言論的合法性。

FTO的言論受到法律保障，對美國政客而言只是小事，有一些政客早已號召各家公司不要為它們提供平台，理由是它們在FTO上面的地位。其中參議員利柏曼可能是第一個，但絕非最後一個。過去幾年來，在好幾個國家的立法人員均懇請這些科技公司，能超越法律限制而移除某些被指名的團體，特別是伊斯蘭教組織哈馬斯和真主黨（Hezbollah）——他們往往能有求必應。[43] 最近一次，是二〇一九年有十六名美國國會議員聯名致Twitter，要它封鎖哈馬斯。Twitter因此屈服，這是它首次在立場上讓步，將那兩個團體的帳號都封鎖了。[44]

這些政客的做法，是因為不懂法律？或者只是想利用企業管制來迴避法律？我們並不清楚。然而在哈馬斯和真主黨的個案中，我們必須追問：此舉對巴勒斯坦及黎巴嫩的影響有多大？這兩個組織在當地可稱得上是強大的政治力量——當地政治缺少暴力團體嗎？

阿查・艾爾・馬斯里（Azza El Masri）是黎巴嫩的媒體研究人員，過去幾年來都致力於鑽研內容審核。「真主黨涉入敘利亞、伊拉克、葉門，以及參與伊朗-沙烏地阿拉伯代理戰爭，就等同於恐怖主義活動嗎？沒錯，」她在一則簡訊中說：「然而，也不可因此忽視一個事實：如今的真主黨是黎巴嫩最有權力的政治團體。」

對外人而言，黎巴嫩的政治現況之混亂，很難理得清楚。經過死亡數十萬人的十五年內戰，黎巴嫩國會實施了一部法律，凡是國會成立之前的政治罪行，均得到赦免，而且先前的民兵組織也能組成政黨。真主黨——在伊朗支持下成立，目的是在戰爭期間團結什葉派（Shia）教徒——是戰後敘利亞占領區唯一獲准保留民兵的組織。美國在一九九五年將真主黨（Hezbollah的意思是「神之黨」）指名為外國恐怖組織，距離它炸毀貝魯特的美軍營區，超過十年。其他國家如英國和歐盟——Twitter也是——將真主黨的軍事派及政治派分開對待——僅將前者列入黑名單，有的則是完全不列入真主黨。

艾爾．馬斯里指出：無論如何，真主黨業已成為黎巴嫩當代政壇最主要的勢力，科技公司屈從美國政府的壓力，對黎巴嫩的政治現況具有難以估量的影響。「這些平台公司的總部均設在西方國家，憑藉那一份名單來制定極端主義和危險團體方面的政策，將一個普遍的恐怖主義觀點，施加到當地複雜的環境，如黎巴嫩。如此一來這些政策就會變成政治方程式裡單邊利益的武器，」她說：「這種去平台化(de-platforming)做法，是用西方人的眼光看真主黨——將它視為恐怖團體——並且抹殺它的政治歷史，以及它在當地和區域政治上的地位。我這麼說不僅是因為它能和伊朗打交道，也是關於它在政府、國會和市政層級，以及在工會及企業集團等等方面的代表地位。」

這些企業的政策施行下來，結果不但是將這些團體封鎖，也包括任何敢提到它們名字的人。艾爾．馬斯里說：「有個獨立媒體平台，它有幾支影片是特寫真主黨領袖哈桑．納斯魯拉(Hassan Nasrallah)，全被Facebook和YouTube下架——雖然它們完全不是對真主黨歌功頌德。這些政策帶有西方權限，它們所造成的影響，也波及另類媒體與獨立團體，成為言論自由的威脅。」

想像一下，在一場選舉活動中，所有團體都能在社群媒體上進行宣傳，只有一個被排除在外。雖然艾爾．馬斯里說社群媒體目前在黎巴嫩的選舉政治上作用不大，然而它可能在未來具有更大的影響力。這個事實似乎是矽谷公司沒想到的——或者更糟糕的是，早就被否定了。利用封鎖特定的暴力團體而允許其他組織，Facebook將能有效決定主權國家選舉的結果。

總而言之，政府越來越依賴企業政策來完成現有法律做不到的事，這就是令人感到不安之處。

美國的名單當然是政治性的——而且在許多方面問題重重——然而，如果比較不民主的國家也開始將手伸到GIFCT這一類程序中，將會發生什麼事？它們對「恐怖主義」的定義，能不能禁得起國際輿論的挑戰？誠如記者湯姆・萊森（Tom Risen）在二〇一四年所說的：「社群媒體致力於刪除不當的貼文，另一個障礙是不同營運所在地主國的政府，這些政府推動內容封鎖的動機會大異其趣。」[45]

他說得沒錯，我們知道這些公司對於專制國家的要求向來唯命是從，例如沙烏地阿拉伯，最近幾年來它就是利用反恐法規來鎮壓異議者。[46] 我們不難想像這些國家也能對GIFCT等團體發揮其影響力。

時至今日，社群媒體對「恐怖主義」的審核，早已遠遠超出現有言論治理的相關規範。某些政客遇到內容被封鎖就會高喊「言論自由！」，但有些人只是提到恐怖組織的名字，未經任何應有的合理程序就被刪除，關於他們的言論，這些政客倒是不置一辭。各家公司參與其他的透明度倡議，都會規律地集體移除所謂的「恐怖主義份子」帳號，依據的是它們不願透露的標準。過去，Facebook和YouTube兩家公司都曾招致批評，因為它們為右翼陰謀論者的權利辯護，讓他們能在平台上狂吐假訊息與仇恨。如今Twitter宣佈它又刪除了五十萬所謂恐怖份子的帳號，大家視則若無睹。

誠然，對於社群媒體言論的治理，整體而言都能日趨透明且負責。但是，對於所謂恐怖主義言論的監督卻一天比一天黑箱。這些決策都是來自少數菁英在密室裡完成的，未能有效納入公民社會……以及最有可能因為這些決策而受到最大影響的社群。

6

二十一世紀維多利亞人

對一整個世代渴望權力、富有、異性戀白種男人而言，這就是當時的世道，之於藝術與人生皆然：女性的形式之存在只是為了被觀看、被控制。它不屬於女人——它屬於排隊要觀賞她的男人，描繪她、占有她。

——查理・亞瑟（Charlie Arthur）

由於我們的社群可能有部分用戶對裸露畫面和性行為相關的內容較為敏感，因此我們會限制這類內容出現。

——Facebook《社群守則》（二〇一九年六月版）

米開朗基羅的大理石雕像作品《大衛》(*David*),是值得一觀的傑作。原作陳列於佛羅倫斯人潮擁擠的學院美術館(Galleria dell'Accademia),複刻版位於舊宮(Palazzo Vecchio)外面。站在大衛雕像的下方,你會因為它高聳的存在而感到相形見絀。你的目光會向上凝望這座雕像,或許停留在大衛的完美雙肩,或是腹部的結實肌肉。你可能會一掃而過不值得一提的生殖器,因為大衛青筋暴露的雙手,或是雙腿的肌肉組織,莫不如此完美,將你的目光吸引過去。

這座雕像是年輕的米開朗基羅費時兩年才完成的。一五〇四年,它首先被陳列於市政廳的入口處外面。有些史學家說,那時候當地政府機關幾乎馬上就用金色葉子做的花圈蓋住大衛的生殖器。[1] 不到四十年,天主教會企圖審查米開朗基羅的壁畫《最後審判》(Last Judgment),在他死後終於獲得成功:在特利騰大公會議(Council of Trent)結束之後,教會聘請丹尼爾·達·沃爾特拉(Daniele da Volterra)塗蓋畫中男人們的生殖器。著名的「無花果葉運動」(fig leaf campaign)從此展開,所有藝術名作——尤其是雕像——的生殖器有時候會被挖掉,或者只是用石膏做的無花果葉遮蓋。這是向《聖經·創世記》亞當與夏娃的做法表示贊同的意思。

亞當、夏娃的故事是這樣的:他們來到世間時並不感到羞恥。(「當時,他們夫婦二人都赤身露體,並不覺得羞恥。」[*])然而,他們吃了禁果之後,意識到自己的裸體。「二人的眼睛果然明亮起來,這才發覺自己原來赤身露體,便把無花果樹的葉子編起來遮體。」對於非基督徒來說,亞當與夏娃的故事代表羞恥的起點是個文化建構的觀念。關於這一段寓言,大部分解釋都是認為,它的作用在於教導信徒,讓他們對身體感到羞恥,以及裸體的表現是有罪的(sinful)。

在佛羅倫斯,大衛雕像最早的照片始於一八七三年,包含了無花果葉。一八五七年,托斯卡尼大公（Grand Duke of Tuscany）致贈維多利亞女王一座大衛雕像的複製品，被陳列於南肯辛頓博物館（South Kensington Museum）——加上了石膏做的無花果葉，「以免來訪的女性顯要感到臉紅」（更可能是指她自己）。[2] 在更近的時代裡，這座雕像或是它的圖像傳遍各地，遠到加州、雪梨和耶路薩冷。在過去幾個世紀裡，可憐的大衛雕像遭受了那麼多次審查的羞辱。

有一個地方似乎沒有審查過大衛雕像，那就是Facebook。如果有人記得不是這樣，也是情有可原。過去幾年來，這家公司實施禁止裸體及其他「成人」內容的限制性政策，這往往和它的書面政策完全矛盾，卻已經下架了全世界最知名藝術家的某些作品。線上平台刪除藝術作品的行徑，在許多方面都可類比無花果葉審查的做法。但是，兩者有一個重要的差別：無花果葉只是遮蓋了藝術作品的一部分，但現代審查卻是讓它徹底消失。

行文至此，很難不暫停下來，注意到維多利亞女王——人稱「歐洲的祖母」（Grandmother of Europe）——和馬克・祖克柏之間獨一無二的相似之處。如同維多利亞女王在位期間所制定的法律，那個時期無處不在的審查以及一板一眼的道德規範，也不是一名女人特殊的性情有以致之。就像維多利亞女王被誤會是她設定了一個時代的道德標準，馬克・祖克柏也同樣被冤枉，說他的幼稚拘謹心態導致一套規則被制定出來，如今被平台的用戶視為規範，又被其他公司的領導階層拿去抄。

大衛雕像之所以能在Facebook存留，完全是因為他在規則中被指名道姓當作典範，承認它是合法的裸體表現。Facebook的《社群守則》第一版是在二〇一一年發佈的，內容提到「Facebook制定

---

* 譯註：此處譯文取自《聖經》當代譯本修訂版，下文亦同。

嚴格的政策，禁止分享色情內容和涉及未成年人的任何露骨的色情內容。我們也對裸露畫面設限。我們渴望尊重人們有權利分享具有個人重要性的內容，無論是米開朗基羅的大衛這樣的雕塑照片，還是以母乳哺育孩子的家庭照片。」雕像《大衛》被列入早期的政策中，才讓它倖免於內容審核員的關注。內容審核員的訓練無疑包含了將它的圖像牢記在心中，然而其他藝術家的作品就沒這麼好運了。

二〇一一年，紐約藝術學院（New York Academy of Art）的一名行政人員驚訝地收到Facebook的嚴厲警告，通知他們該校的Facebook專頁將有七天禁止上傳。理由呢？校內一名研究生史提芬・阿薩爾（Steven Assael）用鋼筆畫的女性上半身裸體素描，違反了Facebook公司的社群守則。學校從Facebook收到的訊息中指出，公司的政策旨在「確保Facebook對所有用戶，包括使用本網站的許多兒童，都是安全、可靠和值得信賴的環境」。[3]

該校在部落格公佈這次事件，提到他們「很難讓Facebook成為向全世界分享藝術作品的最後仲裁人——及線上策展人」。[4] 回應媒體報導時，Facebook收回禁令，公司代表引用一條「允許裸體素描或雕塑的不成文政策」。公司發言人賽門・阿克森（Simon Axten）進一步恭賀那位藝術家，說他的「人像畫栩栩如生，坦白說，唬住了我們的審核員」。[5]

隔年，《紐約客》違反了Facebook的規則，起因於編輯貼了一幅漫畫。畫中是亞當和夏娃裸體坐在樹下，他們的雙膝伸到胸前，圖說寫道：「喔，**以前是**原版」。畫中兩個人物的乳頭只是用筆點了一下而已，但是Facebook短暫封鎖了雜誌的帳號，理由是那幅漫畫違反公司對於色情內容的政策。雜誌的漫畫編輯羅勃・曼考夫（Robert Mankoff）稱該事件為「乳頭門」（Nipplegate）。[6]

在一篇文章中，曼考夫談到此次事件，引用了一份題為《違反濫用標準》(Abuse Standards Violations)的文件。oDesk是一家外包公司，也是Facebook的服務供應商。不到半年前oDesk的一名摩洛哥員工將這份文件洩漏給部落格Gawker。它是判定各式各樣內容的內部指南。在「性與裸露」一節，以下限制和其他十項並列：

・裸露的私密部位，包括突起的女性乳頭和裸露的臀溝；男性乳頭可。
・數位／漫畫裸體；藝術裸體可。[7]

審核員在檢視《紐約客》的漫畫時，可能必須分析那十二條要點，其中每一條都包含幾個禁止(或許可)項目，然後迅速決定那幅漫畫是否違反規則。那份清單中明確禁止漫畫裸體，但是，那兩點真的構成「突起的女性乳頭」？曼考夫不以為然。最後，Facebook也認為不是——雜誌的封鎖解除了。

安娜▲長期擔任Facebook的社群營運工作人員，目前已離職。她告訴我，雖然規則制定部門「正朝向更細膩的區別」，但是那五年裡的很多決定，她說：「笨透了」。她還說：「我們應該更重視訓練手冊，但是能用在這上面的時間很少。社群營運部門的運作永遠都是一片混亂，我們真的就是這樣的部門」。

雖然當初提交給紐約藝術學院的決定理應成為先例，藉此避免未來對藝術裸體的審查，但Facebook和它的同業並不是像法院那樣運作的：沒有判例法、沒有制約與平衡，而且——直到最近——沒有正當程序。它並不像運作良好的民主制度，它的法官(內容審核員)不是經由任命或選民投票選的，它的程序根本缺乏責任體系。因此，同一張圖片在甲用戶被封鎖，在乙用戶卻可能沒事。

二〇一一年，法國《世界報》（*Le Monde*）報導，有一名丹麥藝術家被Facebook封鎖，因為他貼了古斯塔夫・庫爾貝（Gustave Courbet）的名畫《世界的起源》（*L'Origine du Monde*），畫中描繪女人仰臥的下半身，雙腿微張，陰唇在一片陰毛下若隱若現。[8] 就像從前的維多利亞和教會，Facebook一再將這幅畫判定為不宜，許多貼這幅畫的用戶都說帳號被封鎖了。

巴黎教師弗雷德里克・杜蘭德–拜薩斯（Frédéric Durand-Baïssas）認為，庫爾貝被禁真的是太超過了。跟那位丹麥藝術家一樣，杜蘭德–拜薩斯也決定發文單獨推《世界的起源》這幅畫，下場是終身被Facebook封鎖。這名小學老師決定告上法院，控告Facebook進行審查，並且要求恢復他的帳號及賠償損失兩萬歐元。這件案子經過七年才終結，雖然法國法院判決Facebook敗訴，因為它未經通知杜蘭德–拜薩斯即關閉他的帳號，屬未善盡合約義務；但是，這名教師感慨法院迴避了一個問題，那就是這種封鎖行為是否侵犯他的表達自由？[9]

在案件結束前一年，有一套文件流出，內容是關於Facebook在藝術方面的性與裸體政策。這份文件顯示，為了政策執行的一致性，必須經過怎樣的心理操練。Facebook公司內部區別兩種藝術：「手工藝術」（handmade art）——允許裸體和性行為的描繪，以及數位藝術（digital art）——只允許裸體及生殖器的「輪廓」可見。

Facebook的政策不協調終於暴露無遺。正如一名記者的感嘆：「這一套藝術指南確實具體呈現了Facebook的內容審核有多麼荒誕無稽。它將繪畫視為「現實世界藝術」，不包括照片或影片。理論上說，可接受庫爾貝的《世界的起源》，但是數位列印的女人臀部卻不行。」[10]

現實世界藝術—未成年

允許

— 張貼現實世界藝術的照片，內容描繪兒童裸體

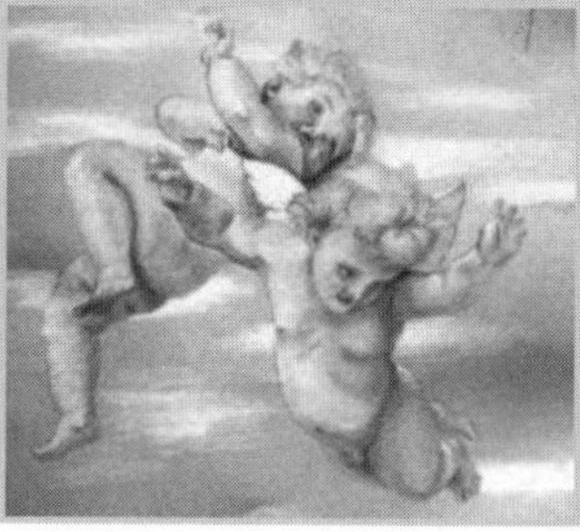

數位圖片—成年

允許

— 數位裸體

· 內容符合我們的真實裸體定義及

＊只有輪廓可見：陰莖、陰道、女性乳頭、臀部等無足夠細節

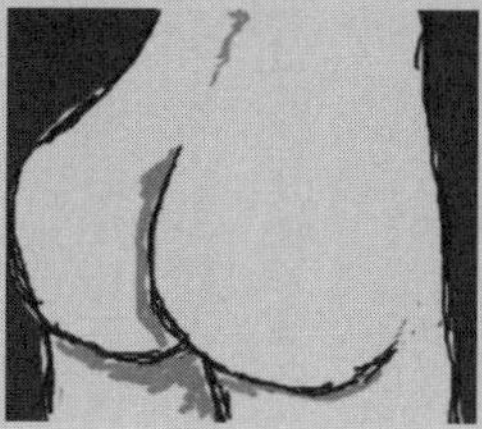
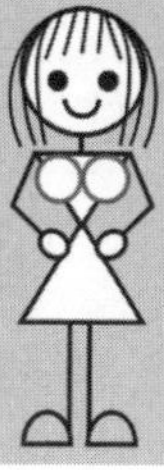

來源：“Sex and Nudity in Art: See Facebook’s Rules,” *Guardian*, May 22, 2017.

在杜蘭德-拜薩斯提起訴訟到收到判決期間，Facebook修訂了政策，明確允許更多裸體的藝術描繪──也就是說，「描繪裸體人物的繪畫、雕塑和其他藝術的照片」。[11]然而，二〇一八年三月，杜蘭德-拜薩斯遭受另一波打擊：法國高等法院推翻了判決。雖然如此，高等法院亦譴責Facebook未通知該名教師，並充分說明帳號被關閉的原因。

註定犯錯

雖然美國的社群媒體公司是在全世界的多樣社群運作，審核的內容約有五十種語文，[12]但是和工程及開發，或是合併及併購比起來，它們在內容審核的投資真是相形失色。意思就是說，內容審核主要外包給第三方承包商，依靠它們從事繁重的監督工作，而它們監督的對象是這些公司最重要的創新：這個全球網路化的通信平台。這並非巧合，而是刻意決定以擴張優先於核心服務。

這些商業化內容審核員，被迫迅速決定排隊通過的內容。這是一份讓人筋疲力竭的工作：一名普通的內容審核員每天得看幾千張圖片，還必須跟得上似乎瞬息萬變的規則。他們會接受最起碼的訓練，而且收入可憐，取決於他們是為誰工作、在哪裡工作，以及專業的程度如何。將如此重要的工作外包給高流動率的第三方公司，就好比高檔夜店用清潔人員取代訓練有素的保鏢。在這樣的環境下，審核員註定會出錯。同時，過分拘謹且模糊的規則，加上鼓勵用戶彼此檢舉，會造成最荒謬的審查行為。

二〇一一年，有兩名年輕男性在倫敦蘇活（Soho）區的「約翰．史諾」（John Snow）酒吧初次約會。

一名工作人員要求他們離開，據稱這位員工說他們的接吻「淫穢」。其中一名年輕人發推文談到這次事件，引起全國媒體注意。於是，有人發起一個「同性接吻」(kiss-in)活動作為回應，在Facebook上面的貼文吸引了數百人參加*。

理查・莫茨格(Richard Metzger)是英國電視第四頻道(Channel 4)節目「假訊息」(*Disinformation*)的前主持人，也是「危險心靈」(*Dangerous Minds*)網站的部落客。有一名部落客同行貼了同性接吻活動的訊息，包括照片，於是莫茨格也在自己的塗鴉牆分享這個活動。他分享的那張圖片是BBC(英國廣播公司)肥皂劇《東區人》(*EastEnders*)的劇照，圖中是兩名男人輕吻，一名男人用手扶住另一人的臉頰，兩人的唇輕微接觸……就這樣。圖中可看到另一名男人的手在另一側，手掌張開，此外沒有不安分的雙手、沒有羞恥或跟性有關的畫面。然而，根據理查在一篇部落格文章的回憶：第二天早上醒來，發現那一則貼文不見了。

「我並沒有很注意那件事，」他寫道：「但是那一晚我們要就寢前，我太太……提到這個有點像重金屬樂手的『傑瑞』在我的Facebook塗鴉牆針對那張照片寫了一大堆，都是些幼稚和恐同的東西，說他覺得很噁心。隔天我在早上六點起床，看到有一封Facebook的通知等著我閱讀。它的主旨是不祥的『Facebook警告』，內文說我貼了『濫用素材』，已遭移除。」[13]

就像這些年來我看過的其他警告信，這一封跟當時的規則很不協調：

* 譯註：Kiss-in是同性戀者以公開接吻方式進行的柔性遊行。

您好！您在Facebook所分享的內容已被移除，因為它違反Facebook的《權利與責任聲明》。分享的內容包含裸體，或其他任何圖像或性暗示內容，在Facebook是不允許的。本訊息僅為警告。如有累犯，將導致您的帳號被終止。請仔細閱讀《權利與責任聲明》並於未來節制，勿張貼濫用素材。預先感謝您的諒解與合作。[14]

《權利與責任聲明》在同一年被第一版《社群守則》取代，是一份冗長的文件，目的是補充《服務條款》。根據Facebook新聞室的部落格所說，它是濃縮「四十頁的法律術語成為不到六頁的內容」。[15]莫茨格的貼文被移除那時候，《權利與責任聲明》並沒有提到「性暗示」內容，只有這一行字：「您不可以張貼以下內容：仇恨、威脅或色情；煽動暴力；或包含裸體或圖像或無端暴力。」

但是，那張接吻的圖片並未包含裸體，當然也沒有色情。它沒有暴力、仇恨或威脅，也沒有「濫用」。而且，查對洩漏給部落格Gawker的文件，它甚至沒有違反Facebook的指南。當時有報導指出，如果那一對接吻的人是異性戀，圖片就不會被刪除了。在接受文化部落格「波音波音」(*Boing Boing*)訪談時，莫茨格提到他不相信Facebook公司會恐同，但是他指責社群監督系統害他的貼文被刪除。「我越思考這件事，這一件小審查越困擾我，」他說：「它真小家子氣。我不懂Facebook為何要刪除這張相當無害的圖片，我也被那個『傑瑞』小子惹毛了……就因為他是個**牢騷鬼**，要從我的塗鴉牆刪除點什麼才爽嗎……」[16]

莫茨格關於貼文如何被刪的直覺可能是正確的：這名恐同的傑瑞可能是按了一個鍵檢舉內容。回到當時，他會被提供一套選擇：一開始是「解除朋友關係」或封鎖莫茨格，接下來是一系列針對檢舉內容的選項，包括「不恰當的塗鴉牆貼文」。選取這一項，會將傑瑞帶到第二頁，詢問他「這篇貼文內容的最佳描述為何？」然後給他五個選項，其中一項是「裸體、色情或露骨色情內容」。

傑瑞很有可能點了那個按鍵，將檢舉函送去人工審核員手中。如我們所見，當時的公開規則與檢舉選項、莫茨格收到的解釋，都有顯著差異——只有後面提到的性**暗示**內容一項。就我們所知，內容審核員想必正在看另一套全然不同的規則。

就跟紐約藝術學院及《紐約客》的案例一樣，莫茨格能利用他的公共影響力吸引媒體關注。最後，Facebook恢復他的接吻圖片。Facebook提供一份聲明給某熱門的同性戀部格，在聲明中為「造成的不便」道歉，同時澄清那是錯誤的決定。[17] 然而，過去幾年來過度內容審查的傷亡者，從平凡無奇到荒謬絕倫，應有盡有，包括哺乳的母親、看起來像女陰的冰凍杯子蛋糕、史前維納斯雕像、十六世紀的海神尼普頓（Neptune）雕像、伊芙琳·艾克塞爾（Evelyne Axell）一九六四年的畫作《冰淇淋》、哥本哈根著名的小美人魚雕像，還有對Coppertone防曬乳液經典廣告的惡搞。

在我最近的記憶中，還有更無厘頭、更諷刺的社群媒體傷亡者，例如加拿大年輕詩人露比·考爾（Rupi Kaur），她在Instagram分享自己的藝術創作，因而聲名鵲起。考爾的詩作經常強調的主題有虐待、女性氣質和自我關懷。二〇一五年，作為大學期末專案的一部分，考爾撰寫了月經禁忌主題，在Instagram上貼出一系列她自己的照片，她的衣服和床單都被經血弄髒了。雖然她的線上社群表現支持的態度，但不到一天她的照片即被檢舉下架。

二〇一六年，接受加拿大廣播公司（Canadian Broadcasting Corporation, CBC）專訪時，她感慨說：「怎麼會有……比如說，來自子宮的人類……這個人怎麼會坐在那裡說這是不安全的？Instagram這裡——比如充滿了色情和視覺內容，有時候很蠢、很恐怖、對我們很有害處，而你想告訴我，那些我貼的內容，是有害的？」

考爾把那些圖片又貼了一次，但是不到八小時再度被刪除。然後，她將Instagram給她的訊息擷圖並和追蹤的粉絲分享，接著她火大地貼出一段文字：「感謝Instagram，你給我的回應剛好就是我的創作所要批判的」。[18] 她在二〇一六年的訪談中回憶說，隔天早上醒來，她發現那一則貼文有四百萬人按「讚」，而且她的圖片都回到Instagram了。

考爾的堅持以及她的公共影響力促使Instagram公司必須回應，但是大多數用戶都沒有這種運氣。誠如莎拉・邁爾斯・威斯特（Sarah Myers West）的觀察：名人和其他公眾人物才能透過媒體關注而獲得公司高層的重視。例如，歌手蕾哈娜（Rihanna）參與#FreetheNipple（解放乳頭）活動，她在Instagram貼出很多自己的裸照，結果是每一張都被處以暫時封鎖。由於蕾哈娜的人氣高，她被封鎖一事很快引起媒體注意，Instagram致函這位歌手表示道歉，說道：「您的帳號被我們的自動化系統誤判，因此曾被極短暫停用。造成不便，深感抱歉。」[19] 有時候，決定不審查只不過是經過算計的商業決定。

威斯特也回憶起一次類似經驗：故事的主角是孕婦攝影師希瑟・貝斯（Heather Bays），她的帳號被停用，因為她貼了一張自己為年幼女兒哺乳的照片。貝斯「一開始缺乏平台可以吸引公司方面注意她的個案，直到她利用其他社群媒體帳號讓人注意到她的問題，她的帳號就恢復了。」[20]

這些事件全是內容審核偏差造成的，讓每一個被影響到的人都很難過。它們都是失誤，可能應歸咎於大多數公司都會提供的申訴程序。上述故事大多有圓滿結局，卻幾乎都是拜媒體或其他關注所賜。威斯特認為，大多數用戶均缺乏這樣的解決管道：「用戶的資源相對短缺，無法透過現有的管道要公司方面負責。當用戶的內容被下架，大多數社群媒體平台都有提供某種形式的申訴工具。可是，用戶往往說他們不知道有這些管道，或者申訴之後並無法讓內容恢復。」[21]

沒錯，即使申訴程序如今已司空見慣，它們還是依賴同一組商業化審核員，由他們進行快速檢視，但這未必是有效的救濟之道。凱特・克洛尼克（Kate Klonick）在經歷過一次Twitter封鎖之後，寫道：「新科技的外表光鮮亮麗，然而想讓被封鎖或被刪的貼文死而復生，你還是得走老派的門路：利用影響力、權力、人脈。這是個不公平的系統，偏袒菁英而漠視普通用戶，因為他們不認識科技公司裡的人或政府官員；或是他們有十萬粉絲。」[22]

雖然如此，《紐約客》、莫茨格和考爾，以及其他人都有理由責備Facebook「談性色變」，而且他們不完全錯。在每次事件中，確實表面看來都是個人偏見才導致審核錯誤。正如克洛尼克所論：「內容審核員……都帶著他們自己的文化傾向與偏差在工作。」[23] 早期的Facebook曾想過利用密集的面對面訓練，降低審核員的偏誤。也是律師的克洛尼克指出：「訓練審核員克服應用規則時的文化偏差和情緒反應，可以類比訓練律師和法官」。[24]

內容審核員的偏差是個難以克服的問題，無論問題的起源是審核員的清教徒心態，或是對於內部的規則手冊和指南不夠了解。公司不能問可能成為審核員的人有何政治立場，也未必願意透露資訊給用戶，幫助用戶理解為何會發生特定的錯誤。然而，這些公司能做的，是確保它們內部的規則手冊和公開的政策一致、是讓訓練過程更加透明，以及釋出數據讓我們知道，它們的規則在各個主題發生過多少次誤報。

審查者和敏感內容

雖然Facebook對同性戀接吻或女性經血的審核可能會讓許多用戶覺得吹毛求疵，但Facebook及許多同時代的社群媒體平台在性和身體方面的立場，則似乎是美國價值觀的反映。

寇特妮・德蒙內（Courtney Demone）成長於社群媒體時代，是加拿大西部人。她在二十出頭時以跨性別者出櫃，當時是在一家網路app公司上班，偶爾寫一篇自由撰稿人文章。她在Skype上回憶說，有一天下午她光著上半身在院子裡做日光浴，有一位室友半開玩笑對她說：「既然你現在是個女孩，我不應該看到你的乳頭。」在部落格「可混搭」（*Mashable*）上面有一篇現在很出名的文章，她在文中詳述那次事件對她的震撼，促使她開始對自己的身體感到羞恥，那是她從來不曾有的感覺。「當人們越來越習慣把我當女人看，」她寫道：「我可以在公開場合舒適地打赤膊的特權一去不復返了。」[25]

監督及性徵化（sexualization）*女性身體，根本不足為奇。在大部分所謂的西方社會，將裸體與性合併，從很小就開始了。我們被教導裸體必須保持私密，只允許在家中被伴侶或家人看見。只要是展現了皮膚，不論是在啤酒廣告或是在海邊穿比基尼泳裝，往往就會被性徵化。在美國，半裸的女性身體最常被看見的地方，是為了賣東西。

這不是放諸四海皆準的。比如說德國，這個「自由身體文化」（Freikörperkultur）之國，在某些場合偶爾公開裸體是可接受的：如三溫暖、公園、湖邊，以及一年一度的克里斯多福大街紀念日（Christopher Street Day）遊行**。有些月曆搭配上空女性的性徵化照片（畢竟相對無知），可在店面公開展示，有時候是在兒童視線的高度。在柏林的某些夜店，男男女女只穿著鞋子在舞池裡跳舞，讓場景更添光采。有時候，允許身體只是身體，不論性別為何。

然而，在Instagram則不同。德蒙內決定做個小實驗，想知道別人如何看待她改變中的身體。「我們拍了一組照片，然後寫了『可混搭』那篇文章。接下來我不斷地張貼，盡可能貼，看看會怎麼樣。沒過多久，大概兩、三個月，Instagram和Facebook決定取消一切——包括最早的那些。那是在我接受荷爾蒙治療之前的，胸部沒有任何隆起……反正它們把所有的都下架了。」

在德蒙內做實驗的時候，Facebook（以及Instagram）的政策是「禁止包含乳頭的女性乳房圖片」，例外有：遊行示威中的圖片、哺育母乳的圖片、乳房切除後傷疤的圖片——以及描繪裸體人物的非照相藝術。「目前的政策真的太虛偽了，」德蒙內對我說：「我的照片又不是為了拿來性徵化……但是，隨著我的計畫持續進行，它們終究被下架了。現在，我的社群媒體頁面越來越走性感路線，不過，因為我不貼乳頭照，我就不會被修理。」

德蒙內很了解公司方面的限制，犯規時心裡有數。但是，它們的政策未必都很清楚。就像杜蘭德-拜薩斯、莫茨格還有其他所有個案，哺育母乳的媽媽們是早期的受害者。Facebook的政策前後不一，直到二〇一五年都未能提出大家最需要的澄清，告知我們哺乳圖片事實上是允許的。

* 譯註：指從生物及／或社會性別的角度看待某人或事物，認為對方具有「性」方面的特色或性質，尤其常針對女性相關的人事物，並且暗示有色情的成分，如是後者，亦可稱之為「色情化」。

** 譯註：亦稱「柏林驕傲遊行」、「柏林同性戀自豪遊行」等。

#FreeTheNipple

二〇〇七年，有一位名叫可莉・羅曼（Kelli Roman）的新手媽媽，她發現她餵女兒母乳的照片被刪了。羅曼寫信給Facebook想問清楚照片為什麼被刪除，可是毫無回音，因而促使她在平台上成立社群，名稱是「嘿，Facebook，餵母乳不猥褻好嗎！」。這個社群衍生出幾個分支，其中一個——「母親國際哺乳活動」（Mothers International Lactation Campaign, MILC）——針對該政策發起一場抗議，得到《紐約時報》報導。二〇〇八年這場線上抗議中，共有一萬一千名Facebook用戶將個人資料的照片改成母親照顧兒童。它也導致其他抗議活動，包括二〇〇九年在Facebook帕羅奧圖（Palo Alto）總部前那場陳情示威。

當時，Facebook公司的發言人說，禁止裸體是「一條清楚的界線」。公司方面還釐清一件事：雖然哺育母乳的圖片是可接受的，但是照片中展示清楚可見的乳頭，那就違反政策了。「我們認為這是一貫不變的政策，」發言人說。[26]然而，沒說出來的是：只有**女性**的乳頭才叫裸體。

如學者塔爾頓・格萊斯皮（Tarleton Gillespie）所說，哺乳照對許多人來說只是芝麻小事，卻「是問題的一部分，事關社群媒體平台，以及我們如何看它們」。他繼續引申，指出：這場爭辯「已經被捲入一組更大的問題中，那是關於Facebook相對嚴格的反裸體規則：這條規則的合理例外是什麼（偶然的、藝術的、不具代表性的）、這條規則在應用時有多一致，以及這條規則如何與某些用戶的利益衝突，他們認為展示自己的身體是合情合理的，甚至覺得更有力量」。[27]

覺得展示裸體更有力量，以及會感到震怒，這兩者的區別很清楚。但是，Facebook對性別的雙標——以及背後的原委——就沒這麼清楚了。

Facebook的偽善根源於相當晚近的美國規範。直到一九三六年，在大部分州，男人裸露上半身是違法的。後來經過多次遊行抗議，以及幾十名男人被捕，男人才贏得這項權利。一九三六年起，男人可以在紐約州的海灘露出乳頭。這項權利很快擴充到其他州。紐約州最高法院在一九九二年將女性上空除罪化，但是即使到了今天，只有十三個州允許女性裸體日光浴，膽敢嘗試的女性很快就會被捕。在美國，雖然我們經常在廣告或城市裡的籃球場，看到男人打赤膊，卻很難遇到女性在性徵化背景以外袒露乳房。我從未在雜誌或報紙看過上空的女性，也不記得上一次在美國主流電視看到乳房是什麼時候。

社群媒體公司的政策，似乎正是紮根在那些產業、國家與地方法律裡。聯邦通信委員會（Federal Communications Commission, FCC）限制午夜過後的時段才能播放「低俗不雅的」（indecent）電視節目——它的定義是「以當代廣播媒體的社區標準衡量下屬明顯惡劣的形式，在脈絡中描繪或描述性或排泄器官或活動的語言或素材」。其中並沒有具體提及裸體。但是，在二〇〇四年超級盃足球賽的中場秀表演時，歌手珍娜．傑克森（Janet Jackson）露出乳頭，這個「乳頭門」事件引爆五十幾萬則投訴湧進FCC，以至於威亞康姆（Viacom）廣播公司被處以巨額罰款。

電影分級系統雖然是業界自主的作法，卻更加黑箱。這個分級是由業界團體「美國電影協會」（Motion Picture Association of America, MPAA）所發佈，長年以來即因為在性與暴力方面的雙標而飽受批評。二〇〇六年，有一部紀錄片《影片未分級》（*This Film Is Not Yet Rated*）正是直接突顯這一現象。片中示範了暴力通常能得到青少年友善的評級，而裸體和性往往是「限制級」（R）或「十七禁」（NC-17）。同樣地，片中也指責MPAA不公平，對於同性戀電影的分類特別苛刻。在回應指責時，MPAA明顯將責任怪罪到社會大眾身上，它說：「我們並沒有創造標準，只是跟隨標準。」[28]

在美國的法律上，女性的乳頭也一向被視為代表裸體。在一九九一年的「巴恩斯訴格倫劇院公司」（*Barnes v. Glen Theatre, Inc.*, 1991）一案中，美國最高法院認為印地安那州可管制裸體舞蹈，而且不違反《第一修正案》。此一判決係著眼於國家維護「道德標準」的利益。印地安那州的公共猥褻法規將裸體描述為「呈現男性或女性的生殖器、陰部或臀部而未有完全不透明的遮蓋；呈現女性的乳房，對乳頭之任何部位未有完全不透明的遮蓋；或呈現覆蓋的男性生殖器為明顯腫脹的狀態」。[29]

雖然美國大部分州都允許豔舞或脫衣舞俱樂部，但大多數仍依法要求脫衣舞孃必須遮住乳頭。為什麼？茱蒂斯．漢娜（Judith Hanna）在《赤裸的真相：脫衣舞俱樂部、民主和基督教權利》（*Naked Truth: Strip Clubs, Democracy, and a Christian Right*）一書中指出，要求女性——而不是男性——必須保持遮住乳頭，這個意志來自美國獨特的清教徒根源。「乳房對擁有者和旁觀者的意義，與文化及個人相互呼應，」她如是寫道，並提及一項對一百九十個社會的調查，其結果顯示只有少數社會堅持遮掩女性的乳房。「人們需要有劇本才能定義某個情境是否有潛在的色情。」[30]

所有社群媒體公司都是在加州發跡的，那裡相對自由，尤其是暴露肌膚方面。加州的猥褻暴露法律並不禁止裸露乳頭，也有部分脫衣舞俱樂部允許全裸，前提是不得販賣酒精飲料。

關於性別議題，特別是跨性別權利，加州也相對進步。加州是美國第一個同志起義聖地（一九五九年的庫柏甜甜圈暴動（Cooper Do-nuts Riot））*，也有國內一部分跨性別女性首度在此公開身分。加州有點像是跨性別者的避難所，他們在其他地方必須面對很嚴苛的起訴。在承認跨性別與非二元身分方面，加州的法律也比其他地方先進。二〇一三年，這裡有第一部保護跨性別學生的法律；二〇一四年，正式取消以「跨性別恐慌」作為謀殺案辯護理由。

接著，在二〇一七年，加州是少數幾個州之一（另有奧勒岡州、紐約州和其他少數幾州）率先允許跨性別與非二元身分者，在自我認同的基礎上變更其法定性別。這原是已經被醫療化（medicalized）的過程**。透過此項政策的施行，加州有效模糊了身體上男性與女性的劃分。

但是，在社群媒體平台上，這些進步依舊只能算是異數，跨性別與非二元身分者方面的進步觀念，仍然無法在這裡生根。換言之，任何性別（或無性別）的個人都可擁有大乳房，但是不論依政策或依程序，都會被審核員分類為女性。

依據性別劃分而制定及執行裸體禁令，最荒謬的典型實例莫過於影音串流平台Twitch。它的二〇二〇年四月版政策措辭極其差勁：「凡是以女性出現的人，敬請遮住您的乳頭。」[31]或者，Tumblr二〇一八年的政策也毫不遜色，它禁止「女性的乳頭」被看見。[32]

很諷刺的一點是：要不是這些對跨性別無知的政策，大部分公司在提供同性戀者的特別功能方面，一向都是（再說一次，相對而言）很進步的。例如Facebook，早在二〇一四年，它就開始提供多元的

* 譯註：指當時警察於「庫柏甜甜圈咖啡廳」藉故逮捕幾名同性戀男子，隨後引發一場騷亂，有多名同性戀者與警察發生衝突。

** 譯註：所謂「醫療化」是指將非醫學問題界定為醫學問題，進而以醫學手段處理。例如，性別認同醫療化，即是將自我性別認同與生理性別之間的矛盾視為疾病，必須加以醫治。加州政府的做法，卻是承認自我性別認同的合法地位，而非必須醫治的病態。

性別身分選項——它宣佈當時超過五十種——過去它也會在「同志驕傲月」(Pride Month)*推出有趣的功能，例如彩虹標誌的回應按鍵。然而，據說在一些同性戀非法的國家，顯然沒有這個按鍵。這一點Facebook拒絕評論。[33]

事實上，許多矽谷公司——包括Facebook——的政策依然反映著大部分美國文化……特別是那些聲量最大的。Facebook和Google也大可以主張自己不過是遵循現有的文化標準，但是不得不問一句：究竟是誰的文化標準要求把女人包起來？

矽谷價值觀

如我們所知，大多數大型公司早期的政策均可歸諸於制定政策的小團體，或者在某些例子，是少數個人。戴夫．威爾納是Facebook早年的政策工作人員，他指出Facebook第一版《社群守則》的制定者，「是一票二十六歲的小伙子，他們不曉得自己在幹什麼」。儘管如此，他說，「據我的理解，他們害怕(在二〇〇六到二〇〇七年間)如果你不能在裸體方面劃一條清楚的界線，它很快就會變成色情網站，嚇跑其他用戶。」

「就像迪士尼，」他認為Facebook是想「打造一個空間的界線」。換句話說，Facebook想在龐大無涯而且混亂無比的網路上，開拓出一個井然有序的小空間。而它的方法，是制定一組設計和一套規則，強制用戶遵守某些標準。我假設Facebook早期的政策主要是由年輕美國男性制定的，但是，他反駁說：「我們早期草擬政策的小組，差不多是四名女性、兩名男性。其中有一名德國人、一名印度人、一名愛爾蘭人、三名美國人。」

話雖如此，隨著這些公司成長，它們的性別組成變得越來越不平衡。如今矽谷頂尖的幾家公司，都是男性職員占主導地位：Google的全球職員有百分之六十八是男性、Facebook是百分之六十四、Twitter是百分之五十八。在領導管理階層，也就是制定政策的層級，數字更令人沮喪：Google的資深主管只有百分之二十五．九是女性、Facebook是百分之三十。我們知道這些公司的工程師具有種族與地理多樣性，然而以最高決策者來說，Facebook和Google兩家公司占壓倒性多數的都是在美國出生的，而且是白人。

馬克．祖克柏從哈佛大學輟學，但是Facebook的最高政策職員可沒有。Facebook陷入一系列爭議期間，路透社於二〇一六年發表一篇報導，指出涉及爭議內容決策的最高階主管中，有五位是哈佛畢業，「其中四位同時擁有這所菁英學校的研究所文憑」。[34] 同樣地，過去幾年來LinkedIn的決策者中與我有過交流的，個人資料裡也把普林斯頓大學、加州大學柏克萊分校和史丹佛大學列為母校。我們在國際會議的場外有過交談，許多次都流露出他們的世故，想當然耳是讀過令人肅然起敬的名校才會有的。

路透社的報導指出，Facebook要進行政策變動時，會有形形色色的政策組職員和中級主管積極參與討論。這一點我也曾一次又一次聽說。但是，瑪麗亞▲是Facebook某地區辦事處的前社群營運工作人員，她告訴我，他們的專業知識未必都會被當一回事。「它就像是一人團隊。每當大難臨

* 譯註：每年六月的推廣同志認同活動月。

頭的時候，只有一個人說了算，而且是非常高層的，」她說：「明明有幾百個人正在研究某件事，但祖克柏可能一覺醒來就拍板定案：『這是我的決定』」。

所以說，Facebook向數十億用戶輸出的並非美國價值觀這回事，而是另一套價值觀，屬於非常特別的族群——或許，毫不意外，正是構成Facebook第一批用戶的那個族群。這些菁英高階主管正在制定政策，無疑這些政策會形塑一整個世代的用戶。其中有許多用戶的文化背景，對於裸體和身體的看法更寬鬆或者更為正面。且容我問一下：假如Facebook是創立於德國或荷蘭（它有一個著名的作法是向潛在居民進行容忍度測試，其中包括一些問題，用來衡量他們對裸體感到舒適的程度），或者是由原住民社群創立的，如巴西的開亞波人（Caiapó）或澳洲的阿蘭達人（Arrernte），或者，是由女性來開發，那麼規則會有何不同？

有許多證據顯示，即使是在美國，一般人對於裸體的態度，也不像創辦這些公司的男人們想的那麼清教徒。二〇一九年有一項調查告訴我們，十個美國人裡面有七個表示，如果在公開場合鄰座有個正在哺乳的女性，他們也能很自在。[35] 另外，在二〇一五年的一次調查中，有百分之六十五的受訪者覺得裸體日光浴沒什麼大不了，只要是在指定的區域。

Facebook不辭辛勞在維持一個明顯讓用戶不高興的政策，以至於成為許多陳情抗議和嘲諷的導火線。將近十年了，箇中原委我還是十分不解。因為人工和機器都很難區別裸體與色情嗎？它維持這項政策，才不會讓公司的產品陷於被政府封鎖的風險，例如在沙烏地阿拉伯，是嗎？祖克柏和他的高階主管同伴們真的是那麼一板一眼、談性色變嗎？

過去幾年來，我問過無數政策工作人員，這些問題仍然無解，一位目前已經離職的區域辦事處主任告訴我，公司受到某些政府的壓力，要我們維持政策（瑞典政府剛好相反），但是他並不認為就是這個原因讓政策不動如山。Facebook的全球政策管理部門負責人莫妮卡・比克特（Monika Bickert）曾經公開說過，這是個安全問題，因為該政策能確保上空圖片不會未經同意就被分享。直到最近，有一位Facebook的員工說溜嘴，在一次廣泛的談話中說出了她認為的真正原因：「因為這麼一來會變得到處都是乳房，」她在電話中漫不經心地說。

Facebook關於女性身體的政策只是冰山一角，按照它的規則，裸體、色情和性似乎是可以互換的同義詞。值得注意的是，Facebook的《社群守則》從來沒有「色情」這個詞，只有「露骨的性交過程」和「性行為」等詞語。然而，直到前不久，用戶想利用平台提供的檢舉工具，才會看到「這是裸體或色情」，以及「性挑逗」、「性行為」和「性誘惑的人」等作為可能選項。

這也是特殊的美式結論。一九六四年有一個「傑考貝里斯訴俄亥俄州案」（*Jacobellis v. Ohio*），最高法院法官波特・史都華（Potter Stewart）對重口味色情曾有著名的定義：「我看到的時候就會知道」。導致不到十年，「米勒訴加州案」（*Miller v. California*）發展出一個三管齊下的法律架構，用以確定淫穢——稱為「米勒測試」，其依據是一名「普通人」，以「當代社區標準」而言，會感到不愉快。二十多年後，「加州沙伯傳播公司訴聯邦通信委員會案」（*Sable Communications of California v. Federal Communications Commission*）——本案處理的是色情電話的合法性。現今有種種「Tube網站」（Tube sites）*提供各式各樣色情內容。色情電話是它們在類比通信技術時代的前輩——釐清了不雅而

* 譯註：指模仿YouTube架構的色情網站。

非淫穢的色情表現，應受《第一修正案》保護。

「米勒測試」在一九七〇年代的美國或許行得通，但是對一個全球平台如Facebook來說，誰算是「普通人」？Facebook總是堅持說，限制裸體是因為「我們的社群裡有些人對這類內容敏感」，可是從沒有界定社群成員是誰——即使定義了，他們能代表普通人嗎？

我們或許永遠無法知道，但是有一點很清楚：Facebook必然會屈服於權力者的意志之下。正如學者班・華格納(Ben Wagner)所假定的：握有網際網路治理權力的，是政府和企業等少數菁英角色。[36]這種現象的結果，就是華格納所說的可接受言論的「全球預設」，它是由少數參與者定義，再被權力比較小的參與者複製，進而成為線上世界的現狀。「網際網路上言論共同邊界的定義，」華格納寫道：「就代表這個現狀。」[37]

到了最後，Facebook及其同行的運作會更像教堂而不是法院。它們會受制於國家和富人的影響力，為了偏袒有權力者而無視平民百姓的需求，也能心安理得。當你揭開參與式治理的表象，看不到判例法、沒有決策紀錄可供比較，而且——直到最近——沒有正當程序。取而代之的，是教條和矛盾的標準拼湊起來的成品。當它擴大規模，將形成獨特的文化殖民主義，其內涵是短視的道德與極度可疑的價值觀。

社群媒體時代的開端，是現代性的大好機會，可趁機抵制深植人心的虛矯道德。然而，牢固的傳統與恐懼勝出，至少在道德方面如此，而在道德的根源有什麼？是對於色情根深蒂固的厭惡——或恐懼。

7

向「性」宣戰

網際網路是為了色情！網際網路是為了色情！你以為網路誕生是為了什麼？色情！色情！色情！

——《Q大道》(*Avenue Q*)

寬頻網際網路出現之前，美國的年輕人並不容易找到色情產品。一九九〇年代中期的我還是個青少年，只遇過兩次色情產品：一次是在我父母家的地下室看到一本舊《花花公子》（*Playboy*），還有一次是去找一位大學朋友，看到一支VHS錄影帶。「裸體雜誌」是合法的，但是卻讓人覺得羞恥，得藏在便利商店的櫃台後面，還用塑膠袋封起來。錄影帶的話，在錄影帶出租店是藏在另外的小房間，只有滿十八歲的人可以進去，計次付費電視也禁止未成年人觀看。在高速公路旁有Skeevy這種二十四小時營業的情趣用品店，主要是迎合卡車司機的需求——那時期大馬路上還沒有Good Vibrations這一類情趣用品連鎖店。

就算很難找得到，色情產品當時在美國畢竟是合法的，不過並非所有國家都一樣。全世界每個國家對於製作及流通色情產品的法律，可謂天差地別。例如，儘管全歐洲長久以來都有生產色情產品，但是有幾個國家不是嚴格控管販售就是完全禁止，如冰島、保加利亞和烏克蘭。在北非、中東和大多數亞洲國家，製作色情產品是犯法的（illegal），而取得及持有色情產品——雖然未必不可能——則往往是非法的（unlawful）。*

然而，網際網路改變了一切。到了一九九〇年代中期，Usenet新聞群組**充斥了色情圖片，更有單一目的的網站，任何人只要有撥接設備以及一點隱私空間，都能連線存取。才不過幾年，色情內容已經在線上無處不在，乃至於百老匯音樂劇《Q大道》（*Avenue Q*）特別為它製作了一首歌曲，巧妙命名為〈網際網路是為了色情！〉（The Internet Is for Porn）。「偉大的等化器」（the great equalizer）***這個詞曾經保留用來描寫教育在色情消費者手中，如今卻成了網際網路的最佳寫照。

並非每個人都欣賞這個均衡效應。一九九五年七月，《時代》（*Time*）雜誌的封面描繪了一名小孩坐在電腦螢幕前面，雙眼睜大、嘴巴張開，在他的下巴有一個大寫的字「CYBERPORN」（網路色情）。在這個字下面，有標題寫道：「獨家：新研究顯示它有多麼普遍而且強烈。我們能保護孩子——和言論自由嗎？」這篇專題報導是根據馬汀・里姆（Martin Rimm）的一項研究。他是卡內基美隆（Carnegie Mellon）大學的一名大學生，那篇研究已發表於《喬治城法律期刊》（*Georgetown Law Journal*）。里姆的論文宣稱，當時在新聞群組的圖片有百分之八十都是色情性質的——如果這是真的，這個數字非常驚人。

這名學生不知何故成功欺騙了《時代》雜誌的記者。記者稱那是「詳盡」的研究，直接將它歸功於卡內基美隆大學的研究部門。然而，他並無法唬弄網際網路專業知識豐富的律師和專家。當他們取得里姆的論文，他們拆解他的論文，發現里姆並未全面考察新聞群組，只不過是研究了從成人取向的電子佈告欄****下載的檔案。[1]

雖然如此，這項批評對兩位參議員而言無關緊要。這兩人是內布拉斯加州的民主黨吉姆・艾克森（Jim Exon），以及華盛頓州的共和黨史雷德・戈頓（Slade Gorton），他們認為這是迫在眉睫的危機。一

---

* 譯註：「犯法」是指從事法律明文禁止的活動，如法律規定「不得製作色情產品」；「非法」是指某個行為未經法律許可，如法律未許可「公開播放色情影片」。

** 譯註：Usenet是早期的網際網路連線技術所形成的網路系統，上面有各種使用者聚集的資訊交流伺服器，新聞群組即其一。

*** 譯註：原意是指教育具有均衡調和不同個人條件的功能。

**** 譯註：早期的平台網站，是網路論壇的前身，如PTT亦是當時的電子佈告欄之一，至今仍保持相同形式。

九九五年六月，兩位參議員聯手提出《電信法》修正案，此案後來成為《通訊端正法》（CDA），將現有的不雅及反淫穢法律擴充到網際網路。他們提案的根據？——就是里姆的研究。一九九五年六月十四日，艾克森以參議院牧師所撰寫的祈禱文起頭，向參議院發表演說：「全能的上帝，萬有生命的主宰，我們讚美您，因為我們享受到現代電腦化通訊的進步。然而可悲的是，有人用淫穢、不雅及破壞性的內容污染了這條資訊高速公路。虛擬卻毫無美德的現實被投射在最扭曲、變態、濫用的色情之中。」

才過了一個月，里姆即遭受評論家強烈譴責，《紐約時報》甚至說他很丟臉並反駁他的論文，稱它包含「草率的寫作、誤導性的分析、模棱兩可的定義以及缺乏依據的結論。」然而為時已晚，艾克森-戈頓的修正案通過了，一九九六年二月八日由總統比爾．柯林頓簽署CDA成為法律，懲處任何人故意「利用互動式電腦服務向特定個人或十八歲以下個人寄送，或……利用互動式電腦服務，以十八歲以下個人能取得的方式展示，任何評論、請求、暗示、提議、圖片或其他通信，以當代的社區標準衡量下屬明顯惡劣的形式，在脈絡中描繪或描述性或排泄活動或器官」。

言論自由倡議者及公民自由組織被此激怒，積極設法想推翻這個修正案。「電子前哨基金會」（EFF）向支持者發出一封長信，宣告CDA代表「我們現今所知的網際網路其本質與存在正面臨一項致命的威脅」。「美國公民自由聯盟」（ACLU）主張CDA的審查條款違憲，因為它使得受《第一修正案》保護的表達成為犯罪行為，同時也因為條文中的「不雅」和「明顯惡劣」這兩個詞曖昧不清，同樣違憲。

EFF和ACLU說得沒錯。不僅如此，這項行動並無法阻止網路色情的散播。柯林頓簽署法案之後幾個月，Sex.com網站堂堂推出，它出售昂貴的廣告，光是這樣就吸金數百萬。這個網站的成功啟發了很多人，很快就有數十個網站冒出來。它們日進斗金，靠的是賣外部連結（outlinks）——追蹤為外部網址產生利潤的點擊數——到色情網站。但是，「正當色情大亨成為網際網路上讓人眼紅的對象，聯邦政府很悠哉地避開他們」。[2] 一九九七年有一樁判決具有里程碑意義：最高法院裁定，通訊端正法「對受保護的言論」製造了「令人難以接受的沉重負擔」，「大部分網際網路社群感受到被摧毀的」威脅。法官約翰·保羅·史蒂芬斯（John Paul Stevens）在裁定中寫道：「在民主社會中鼓勵表達自由的利益，高於理論上卻無法證明的任何審查利益」。

從此開始，色情內容可以在網路自由散播。兜售色情影片收藏的網站也逐漸浮現，有信用卡的人就可以用得到。不久，下載速度提升，點對點（peer-to-peer）檔案分享也成為普遍現象，網路上到處都有交易露骨的影片。對於無法付費買色情產品的人——當然包括未成年人——這個轉變影響深遠。

到了二〇〇六年，全球色情產業的市值有九百七十億美元，而傳統色情產業嚇壞了。「大家在自己家裡拍影片，然後把它們拖拉到免費網站」，一家成人網站支付處理服務商的CEO抱怨說：「這是在消滅市場。」[3] 影片網站比比皆是，色情DVD出租和銷售在二〇〇六到二〇〇七年間下跌百分之十五到二十五，計次付費電視也下滑了，整個產業雞飛狗跳。[4]

二〇〇五年左右，有三個革命性的技術發展鋪設好了條件，讓任何人都可製作及分享影片。這三樣技術是：智慧型手機、影片分享平台，以及網際網路高速傳輸，使數百萬人能夠捕捉影像、在線上流通和消費影片——及色情內容。除了這些，影片分享革命正在進行中。YouTube創立之後不久，Facebook登場了，然後是Instagram、Twitter和Vine；另外還有xHamster、Pornhub和RedTube，都是拜YouPorn的成功而占了便宜。儘管目前色情與付費網站盛行，而且還有獨立色情平台，色情內容很快就進入了其他空間的邊緣，包括部落格和社群媒體平台。有些影片是自願交易與分享的，但其他的——外部連結到色情網站亦然，更近似垃圾內容。

少數平台選擇允許色情的做法，但其他平台——最顯著的是Facebook和YouTube，則是從一開始就禁止色情內容。這些公司創立之時，正當色情瀰漫網際網路的每個角落，市場需要的是不一樣的平台。於是，它們有很好的理由和競爭者如MySpace有所區隔。正如丹娜．波以爾所觀察到的，MySpace給人的感覺是「充滿風險的行為」。[5] 陳力宇是首先報導內容審核的記者之一，他推測「Facebook的成功是因為，相對於MySpace，它被認為對年輕人來說既乾淨又安全」。但是，即使這些平台在創立之際就有了反色情政策，卻沒有一個準備好如何應付集體的色情審核。這些公司急忙尋求解決方案以確保它們的平台不會被色情淹沒，廣告商才不會棄它們而去。一場擺脫色情社群網路的競賽就此展開。

二〇〇九年，Facebook聘用的內容審核員約有一百五十人，他們主要是在帕羅奧圖上班，年薪大約五萬美元（先想想當時灣區的房租已經一飛沖天，再來看他們的薪資水準如何）。雖然審核員關注的範圍很廣泛，涵蓋眾多主題，《新聞週刊》（*Newsweek*）的一篇文章並未能察知這群工作人員的廣大責任，直呼他們是「色情警察」。不過它也承認一點：審核員是公司成長的關鍵。[6] 在那篇文章中寫到了二十六歲的賽門．阿克森（Simon Axten），他是Facebook的員工。幾個月後，《紐約時報》引述他在這篇文章中的話，提及Facebook已試過把內容審核工作外包，可是「還沒有大範圍實施」。[7]

事實證明，與色情交戰對社群媒體公司來說並非易事，短短幾年，大部分公司便開始將內容審核工作外包給菲律賓和其他勞動力便宜國家的公司。但是，無論它們在內容審核投入多少心力，供應色情內容的人總是魔高一丈。二〇一〇年夏季，有一個網站遭人惡作劇，在YouTube植入程式碼，將觀看者導向色情內容。根據一篇報導指出，深受青少年喜愛的小賈斯汀（Justin Bieber）影片被攻擊得特別慘不忍睹。[8] 該網站的弱點在幾天內修復了，不過才一年後，又有駭客侵入芝麻街（Sesame Street）頻道，將所有影片全替換成重口味色情片。[9] 差不多同一時間，Facebook上面充斥著血腥暴力內容，色情和暴力的都有。用戶登入是期待看到嬰兒或派對照片，卻見到死狗和陰莖的圖片洶湧而來。Facebook徹底手足無措了。賈姬・柯恩（Jackie Cohen）為目前已解散的部落格「Facebook大小事」（AllFacebook）寫過一篇文章，對此事評論道：「這些照片在Facebook散播長達四十八小時卻逍遙法外，可見Facebook多麼依賴個人幫忙檢舉不當內容：而大家都在留言說這些圖片好新奇，勝過點擊任何『檢舉』連結」。[10]

任何網站都難逃污染。Flickr（當時隸屬於Yahoo!）惹火廣告商，他們不願意廣告出現在露骨色情照片旁；維基百科的共同創辦人在部落格談到該網站的「色情問題」；部落格「可混搭」發表一篇評論，主張Twitter應該祭出鐵腕封鎖。[11]

最後，為了平息社會大眾的怒火，大多數網站都整飭了各自的程序。大型平台上的色情數量下降了，但其他許多內容也是，例如成人裸體、LGBTQ內容，還有性健康資訊。果不其然，想擺脫不受歡迎的內容，上上之策就是將它們一網打盡……不在乎有沒有連帶殃及有價值的內容。

只要你有心，想在社群平台上找到色情內容當然不困難。它就在YouTube、源自Facebook Live

的放送，甚至是位於LinkedIn。社群媒體盡其所能想揪出並刪除色情內容，然而這是一場永無止境的打地鼠遊戲。這些嘗試所採取的做法，往往是應用廣泛的過濾技術，如此一來受到傷害的並非色情，而是另外一些人，他們的藝術、身分或生計，取決於平台判定哪些是「成人」內容。

芭鐸・史密斯（Bardot Smith）稱她自己是「企業理財逃犯」。她嬌小而散發著智慧，看起來很得體。但是過去十年裡，她從事的是不同產業：危險的性工作世界。她同時也和逐漸成長的性工作者社群，利用研究和行動主義積極挑戰矽谷的現狀。我初次接觸到她的作品是一篇論文，二〇一四年發表於矽谷的評論雜誌《模型觀文化》（*Model View Culture*）。她在文中說：「女性的技能與成功越來越常見，象徵對科技文化的挑戰」，而且「女性的成功和行動力與某個產業文化水火不容，那個產業滿足的是男性的優先權——和自我」。[12] 她的話引起我的共鳴，並感染了我。

我並沒有根據現有資訊判斷她就是那篇文章的作者，直到將近五年後，我們在西班牙一場國際科技會議的場外相遇。我們一邊吃沙拉配酒，一邊由她主導著話題，談性工作者正面臨的困難：她們必須在嚴厲的網路審查之下求生。由於我已經思考這個議題將近十年，難得遇到新洞見能讓我大開眼界。但是，午餐結束之後我是帶著謙卑與堅定的心情離開的。儘管多年來我一直在研究社群媒體公司對身體的審查，我尚未充分了解這些限制如何影響一整個產業，以及從事那個行業的人。

我和史密斯見面之前幾個月，網路上的性與性主題允許的尺度又大幅縮水，因為通過了《SESTA-FOSTA》，或簡稱《FOSTA》。這部法律是參議院法案《SESTA》（Stop Enabling Sex Traffickers Act，停止性販運法）和眾議院法案《FOSTA》（Fight Online Sex Trafficking Act，打擊線上性販運法）兩案的結合。其廣泛宗旨是為了打擊網際網路上的性販運，但是它的法條包山包海，立刻讓各種網路社群非常有感。

FOSTA的立法動機，來自執法部門的沮喪，他們自覺無力讓某些平台因為其用戶張貼的不法內容，負起法律責任——最著名的是Backpage，它是一個分類廣告網站。二〇一六年，在法官明確引用《第二百三十條》而駁回一場訴訟——本法允許網站公司代管言論而免負法律責任*，一名參議員提出對Backpage的調查案，並在一波公共倡議下將它關站。此次事件的重點是：為回應強烈反彈，Backpage決定關閉成人版，而不是投入時間與資源去不斷審核分類廣告。這並非平台應該做的選擇，但是正如後FOSTA網際網路所呈現的，在面臨抉擇時，這是各家平台**願意**選擇的路。

部落格網站Tumblr長期以來即是各種情色內容的家，FOSTA才一通過，它幾乎馬上就宣佈將會禁止一切性圖片。在這篇公告中，CEO傑夫・迪歐諾夫里歐(Jeff D'Onofrio)寫道：「我們已經理解，為了繼續落實我們的承諾以及在文化中的地位，尤其是隨著文化的發展，我們必須改變。」[13]

然而，究竟是誰的文化？許多年來，以及隨著Facebook的支配地位壯大，Tumblr一直都是性少數族群的聚集地，而且——感謝這個平台的政策允許使用筆名——能在這裡有安全感。寇特妮・德蒙內在Skype上跟我說：「Tumblr在我的個人生活占有重大地位……它有非常棒的社群，日常生活中不可能做的事，在這裡都允許你探索及分享。Tumblr的政策寬鬆，確實很有助於那麼做。」

卡莉・舒德拉(Kali Sudhra)是名社會運動者、性工作者及教育者，致力於為非白人性與色情工作者發聲。在她看來，Tumblr的決定正是FOSTA的直接結果。她說，這部法律「令人憤慨，因為我們知道想要杜絕販運問題，最好的方法是和性工作者**合作**，而不是把她們列為罪犯。」Tumblr對情色

* 譯註：請參見第一章。

內容的禁令打造了一個空間，然而在這裡「性工作者、女人、跨性別者、酷兒卻沒有表達自己的空間……」

整體而言，當時社會大眾對性工作者、跨性別者及其他性少數族群的態度正在變好，矽谷的CEO們卻如此火速關閉這些社群長期聚集的空間，或許稱得上是一大諷刺。或者，用諷刺這個字眼來描述它並不正確——畢竟漠視這些空間的做法伴隨著一個議程，這個議程在舊金山迅速擴張，幾乎全面關閉了市內著名的酷兒空間。如此一來，矽谷那些高薪的員工就能在最新開幕的潮餐廳喝一杯七塊美金的咖啡，還有享用晚餐。

FOSTA的效應影響了各種社群，其中衝擊最大的非性工作者莫屬。對她們來說，社群媒體在許多方面都能讓她們的工作更安全。包括從事完全合法的專業工作，如色情或豔舞的性工作者，以及在性交易合法的國家或管轄區的從業人員。

性工作者反映，Instagram已經刪除她們的帳號和圖片，即使沒有包含露骨內容的也片瓦不留。她們記錄了很多Facebook關閉討論群組的實例，只因為那些對話內容和性工作有關。LinkedIn禁止在個人資料條列性工作，形同取消其工作的合法性（不分所在管轄區）；支付處理商從PayPal到Square經常刪除性工作者的帳號，而且幾乎每個線上廣告工具也都封鎖情色內容。[14]

雖然在大多數情況下都可針對個別用戶而追蹤封鎖，但是Twitter和Instagram採取一種更為精巧——因而更加陰險惡毒——的做法，普遍被稱為「影子禁令」（shadowbanning）*，它會阻止某個主題標籤或關鍵字暫時或永久被搜尋到，藉此防止用戶找到特定主題的內容，除非他們知道自己在找什麼。Twitter明確否認實施影子禁令，但是性工作者以及其他一些我訪談過的社會運動者提出了反證。[15]

網址jackisanazi.com的擁有者史密斯（提到Twitter的CEO傑克．多西時）對Twitter的方法特別直言不*諱。有一篇文章主張「影子禁令」否認了性工作者的收入和社群感，文中引述史密斯的話說：「我每天都會發好多推文，得到的按讚數有好幾百個。然後，我貼出一張照片，只有兩個讚。這不是網際網路的運作方式，通常照片會贏得更多參與，遠勝於純文字。」

丹妮勒．布朗特（Danielle Blunt）是我在一個重要午餐會上認識的，她亦表示同意。布朗特是酷兒身分認同的性工作者，擁有公共衛生碩士學位。在FOSTA通過之後，她和其他人共同創立「Hacking//Hustling」網站，這個平台是由性工作成立也是為性工作者而存在的。它的理念是「翻轉劇本，讓性工作者成為知識及專業知識的核心生產者」。[16]過去幾年來布朗特已經在多個國際會議及其他活動發表過演說，談及FOSTA的衝擊。「有一些我發起的國際會議是性工作者主題，」她說：「如果搜尋我的名字，最先出現的結果是個假帳號，一個模仿秀演員。你找不到我的個人資料。」「Twitter也會隱蔽用戶留言的某些關鍵字，說它們是「冒犯用語」，必須點擊好幾次才看得見。有哪些話算是「冒犯用語」？「陰道」就是其一。

如同Twitter，Instagram也採用精細的執行機制判定情色內容。二〇一九年四月，該公司宣佈：「我們已著手減少不當貼文的散播，但是並不會違反Instagram的《社群指引》」。[17]此一政策讓人回想起美國最高法院對淫穢與不雅的界定，或是英國試圖定義及管制非違法的「有害內容」。Instagram

＊ 譯註：亦稱為「降觸及」或「降流量」。

承認會在「探索」主頁及主題標籤搜尋封鎖這一類內容。一個最近的實例是主題標籤 #poledancing（鋼管舞），使用這個詞的人，運動愛好者多於跳豔舞的舞者。布朗特觀察這個現象一段期間後，提到 Instagram 封鎖 #femdom，甚至 #women（女人）——但 #maledom 還是可用。*

「影子禁令」只是某些人眼中令人討厭的做法，卻嚴重隔離了許多性工作者。「我該怎樣賺錢？我該怎樣組織？我該怎樣建立社群？」布朗特對我說明道：「有許多性工作者孤立地工作著，許多酷兒們孤獨地生活著。」

然而，對性工作者而言，影子禁令不過是冰山一角。史密斯指出，矽谷認為這些工作者就是在從事性交，不管她們實際在做什麼：「那些政策自動把你性徵化」。她憶起一次事件：她的友人寄了一張連鎖超市「全食」（Whole Foods）的禮品卡（gift card）到她的私人電子信箱，結果被退回去，同時給她一則說明，暗示或許發生詐騙行為。「我必須到 Amazon 問這張卡片的狀態，」她回憶說：「然後他們問我：『這真的是禮物嗎？』暗示沒有朋友會直接寄超市購物金給我。這是在說她寄錢給我是『成人』交易？或者只因為我是色情明星，它就算『成人』了？他們的行為，基本上就是要弄到我們沒有簡單又直接的方式寄錢和收錢。」

比起我訪談過的其他任何社群，性工作者更能敏銳意識到內容審核系統如何被有心人惡意操弄。十多年來，我看過個人、團體、軟體機器人（bot）**和國家要員利用投訴或檢舉工具，設法要讓其他人消音。例如，越南的民主派社會運動者經歷過有人向 Facebook 檢舉，說他們未成年。於是，他們被要求提出身分證明，然而那是他們不願意讓人知道的資訊。[18] 但是，我訪談過的性工作者有好幾人強調，令人極不舒服的厭女症、她們的工作接近犯罪活動，以及她們在線上的名氣，加起來讓她們容易成為被鎖定的目標。

「內容審核的一大問題，是酸民的惡意操弄能力，公司卻沒想過要制止，」布朗特說。確實有許多公司否認它們的系統有可能會被惡意操弄。二〇一六年，我收到一封電子郵件的副本，那是Facebook的全球政策管理部門負責人莫妮卡．比克特寄給一位伊朗的社會運動者，信中說道：「我們盡力確保我們的政策及程序均能回應社群的需求，以及不會被惡意人士操弄，包括發送垃圾郵件者、駭客，或是想要壓制政治異議的人」。

這些都是難題，我相信Facebook和其他公司都思考過了。然而，我一直都會看到內容被下架的實例，顯然是被惡意檢舉的。請想像以下情節：有一名性工作者以合法姓名開設一個Facebook帳號，連結她在某個活動認識的朋友。她懂得保護自己的線上身分，但不顧一切將能夠辨識她的照片上傳到新帳號。有人——酸民、被拋棄的客戶，或是前任情人，並不重要——發現這個網站，決定要惡整她。他利用Facebook的檢舉工具，說她使用假名或者未滿十三歲，如此一來就會促使Facebook要求她提供合法的身分文件。現在她不得不提交身分證明才能保住帳號，但是她並沒有理由信任Facebook會如何處理她的資訊，她以前曾經吃過虧。於是，她再次被平台除名。

---

* 譯註：femdom，female domination（女性主導）的縮寫。Maledom，male domination（男性主導）的縮寫。

** 譯註：一種具有代理功能的軟體，可代替真人執行預先設計的功能，例如許多大型公司的網站即設有聊天機器人，可充當第一線客服人員與消費者互動，如回答基本問題及代訂商品等。bot當然也會遭濫用，如製造假輿論帶風向、在論壇洗版、引戰或惡性攻擊特定對象。

這樣的情節並非天馬行空，經常有人寫電子郵件給我，提到類似狀況：他們很謹慎地上傳能辨識自己的照片，結果反而被人向平台檢舉，說他們「違反」這條或那條規定。雖然性工作者往往成為這種惡意檢舉的目標，然而這種事也會發生在各行各業的人身上，多到超乎你的想像。

線上審查轉化為現實世界的傷害

這種審查的影響是陰險狡猾的。會感受到這種審查的人，其生活和生計都有賴於和其他人的連結，因此最有可能的結果是開始自我審查。如同音樂家改變歌詞來滿足業界的標準，或是製片人刪減情色鏡頭只為拿到較普及的分級，平台的用戶理所當然也必須自我審查，才能避免違反規則。

「我們知道有言論自由才能讓人保持健康，而剝奪人們賺取收入和接觸社群的能力，或是他們自我主張及動員的能力，會造成很致命的後果，」布朗特說道：「這些平台正在置人於死地——這是取消言論自由之後會發生的事。被驅逐出社群媒體平台，已經讓我噤聲……他們打造出這麼強大的工具，我是否遵守他們的服務條款，變得比自己能不能暢所欲言更加重要。」

對性的審查到了這麼無以復加的地步，必然會對社會帶來長遠的影響。科技公司禁止任何潛在的情色內容，反而因此推廣了主流色情網站所孳生的性理想狀態——正是女性主義者長久以來認為有害的理想狀態。具體而言，是封鎖了女性身體正面且真實的描繪，其中有許多是**女性**所創造及分享的。矽谷公司藉此確保現狀——也就是在狹隘的規範之外，以有限的形象代表身體的類型，以及這類標準對身體形象的傷害——得以維持。

辛蒂・蓋洛普（Cindy Gallop）是MakeLoveNotPorn網站的創辦人，她發現自己的一篇貼文被Facebook刪除，因此提出慷慨激昂的警告：

> 當女性的性科技業創辦人，以及我們所肩負的性別平等、多樣、包容、非#metoo、非#timesup（時間到了）透視觀點，不僅得不到Facebook和其他社群平台支持，更遭受激烈地阻撓、妨礙，目的是想將我們趕盡殺絕……沒錯，你可以預見你的孩子，以及人類，將會有極其糟糕、墮落的前景。[19]

艾瑞卡・勒斯特（Erika Lust）也同意這個說法。她是瑞典的色情片導演，最聞名的是影片中含有藝術化角度、女性主義觀點，以及種族和性別多元的演員。她在文章及公開演講中呼籲，應有更理想的性教育和對色情片的廣泛改革——她認為色情片是「最重要的性別和性主題論述」。[20] 和蓋洛普一樣，勒斯特也是遇到好幾個平台的審查，包括Vimeo和YouTube。

「當推廣女性歡樂的專頁被隱藏，我們認識到自己的歡樂是無效的，」她在給我的一封電子郵件中如是寫道：「當陰道的素描被刪除，我們學會應該對自己的身體感到羞恥。當女性的乳頭被審查而男性的不會，我們知道必須監督自己的身體，確保不會挑逗到男人……在網路上被允許的身體、性主題和欲望，將自己轉化為社會上允許的身體、性主題和欲望。」

確實，年輕名人和有影響力人士相同的過度性徵化形象充斥在這些平台，就像它們充斥在美國電視。如今已惡名遠播的金・卡戴珊（Kim Kardashian）其豐滿翹臀的照片可以留在各大平台，小賈斯汀只穿緊身內褲的照片也是。與此同時，比它們更含蓄的圖片，以及那些想要讓傳統上被邊緣化的族群能更有力量的資訊，卻是一再被認為不恰當。

比如說傑出婦科學者珍・甘特（Jen Gunter）的著作，它的行銷廣告中「陰道」一詞同時被Twitter和Facebook刪除——這兩個平台都樂於代管金・卡戴珊的屁股裸照。[21] 同樣地，記者沙拉・拉西（Sarah Lacy）也發現她無法在Facebook廣告她的書《子宮是特徵，不是錯誤》（*A Uterus Is a Feature, Not a Bug*）。[22] 大尺碼女性在Instagram貼自拍的比基尼泳裝照，結果帳號被刪——苗條女性天天在做同樣的事卻不會被懲罰。[23] 這兩個平台都會封鎖青少年懷孕、適當穿戴內衣以及婦科就診資訊的廣告。[24]

如舒德拉等人所指出的，清教徒主義似乎以不成比例的方式影響了酷兒用戶，尤其是跨性別者。有一個清楚的實例和YouTube頻道有關：有個名為「安全詞瓦茨」（Watts the Safeword）的頻道，它的目的是要提供「對性癖友善的性教育」。它的創始人之一安普（Amp）告訴我，他和團隊成員仔細挑選縮圖來代表他們的影片，這些縮圖卻不會出現在搜尋結果。他們寫信詢問YouTube，幾天之後得到回覆，說那些客製化的縮圖「對觀賞者不適合」。

安普說，他已經看過許多例子，酷兒內容的影片被黃標（demonetized）*、降觸或刪除，但是幾乎一模一樣的異性戀內容卻安好無事。另一位YouTube直播主雀絲・羅斯（Chase Ross）提到，光是在影片標題用到「跨性別」這個詞，就足夠引來黃標。還有其他人則是說，在他們的影片內容看到反LGBTQ廣告。[25]

這一類實例越來越多，難以想像這些公司的政策部門完全沒意識到問題。相反地，可能是他們根本就不重視酷兒用戶——至少不像保守的美國用戶那麼重要，他們的抗議遊行聲量巨大，果然其意見能夠備用重視。或者，如同舒德拉的總結，也許是因為更糟的原因：「清教徒價值觀、公然的跨性別恐懼症、妓女恐懼症、種族主義、能力歧視主義（ableism）**」。

我們可能的損失

正當千禧世代以及比他們年輕的同代人重新定義性、性主題和性別規範，而且為被邊緣化的身分認同爭取公共空間，矽谷的價值觀似乎明顯地退化了。在公共論述的內容和特徵方面，長期以來即有各種辯論。假如說這些平台是新的辯論領域，那麼，這些平台對十九世紀牧師的寬容，反映了怎樣的社會？其次，這個現象對未來世代有何影響？我們被鼓勵把清醒的時間都花在這些平台，卻無法在上面做自己，那又有什麼意義？再者，要求創作者不得越線，或者冒著自我審查的風險，我們是不是正在為未來建立性主題檔案，然而這個檔案卻根本不像目前——更加包容——的現實？

---

* 譯註：直譯為「去收益化」。直播主在影片中安插廣告，然後和Youtube「分潤」廣告收益，這是直播主製作影片的主要動機。但是，若Youtube對影片內容有疑慮（直播主普遍相信其實是Youtube在討好廣告商，擔心對方無意願投放廣告），即會禁止此類影片安插廣告或只能放送部分廣告，使直播主無法靠影片獲得收入，這就是所謂「去收益化」。這些影片雖可完整播放，但Youtube藉由打擊直播主的生產動力，可變相消滅特定內容影片。在直播主管理後台，這一類影片會被註記黃色標籤，故去收益化俗稱「被黃標」。

** 譯註：指歧視能力、體力、智力等，特別是針對身心障礙者。

我不禁想像，納粹掌權而摧毀了威瑪共和國（Weimar Republic）蓬勃發展的各種自由，我們因此失去了什麼。在那一段獨特又短暫的歷史時期，柏林是酷兒活動的熱點，從夜店到政治組織都有。當時有很多酷兒出版品，包括《第三性》（*The Third Sex*），很可能是全世界第一本跨性別刊物。還有，性工作大部分是合法的。其他當然還有很多，例如有性主題研究機構（Institut für Sexualwissenschaft）倡議LGBT的各項權利。

我之所以會想到威瑪共和國，或許是因為我的家柏林在一百年後再度成為性自由蓬勃發展的城市，卻同時面臨右翼民粹主義威脅。或者，也可能是因為，這些科技公司雖然不能也不應該和納粹直接相提並論，但是在性自由方面和納粹一樣，都有拘謹保守和專制傾向。而且，如果不加以干預，我很擔心我們會看見自己的生活史被抹滅，和一百年前祖先的做法幾乎沒有兩樣。

這些都是影響整個社會的重要問題，應該在公共論述中占有更突顯的地位。然而，正如我想要呈現的，被不良政策傷害最大的人，正好是社會上最弱勢的族群。毫不意外的是，在制定政策的時候，這些最受到邊緣化的族群很少被邀請列席去表達他們的觀點——而且，當他們在政策定案之後，確實說出了意見，往往也無人重視。「請將社群媒體想成現實世界，」舒德拉說，被歧視最深的是「跨性別者、黑人和非白人原住民、性工作者，以及身心障礙者」。

制定規則的人——無論是立法人員或企業高階主管——使用社群媒體的程度，很少像舒德拉提到的那些社群一樣，因為沒有必要。統治階級有錢，而且能登上《紐約時報》的民意版面——他們不必靠Twitter發聲。對他們來說，社群媒體不是現實生活，他們在網路上的熟人也不屬於他們的社群。

對於某些人來說，能使用線上平台卻是代表一切。「我可以很自信地說，假使沒有Tumblr，我不認為自己會變性，」寇特妮．德蒙內如是說，她也不是唯一一個。過去幾年來有無數酷兒朋友告訴我，線上平台以及透過這些平台而建立的連結，幫助他們認識了自己的性別認同。我也是這樣。如果我不是從小就開始上電子佈告欄，我也不會在上大學之前就學會這些術語，幫助我發現自己的性別認同。

我相信那些位居高位的人都知道，線上平台對於德蒙內和我這些人的意義有多大。我相信他們至少曾經花了一點時間思考過，限制某些類型的重要言論，會付出多大代價。所以，我還可能得到怎樣的結論？除了說他們把獲利看得比人更重要。

回擊

顯然，從一開始性工作者和其他弱勢社群即反對FOSTA（即SESTA/FOSTA）。支持這個法案的，有艾米．舒瑪（Amy Schumer）等名人公開為它發聲，而性工作者則利用線上平台號召支持者採取行動反擊。二〇一八年三月，色情演員羅雷萊．李（Lorelei Lee）請求她的粉絲反對這個法案，她在Instagram上面寫道：

> 這個法案宣稱是鎖定人口販運，然而它採取的措施卻是對線上平台制定新懲罰，而自願的成人性工作者卻大量使用平台來篩選顧客、分享「奧客名單」、在室內工作，以及互相交流生存之道。數據顯示，利用線上平台可降低性工作者遭遇暴力的機會，我不必靠數據就知

道，能夠篩選顧客、分享資訊以及在室內工作，讓我的朋友們更安全了。[26]

權利團體很快也加入抗議法案的行列。有兩個人權團體組織、一名性工作者倡議者、一名非性相關認證按摩治療師，以及網際網路檔案館(Internet Archive)共同提起訴訟(電子前哨基金會擔任共同律師)，原告質疑這部法案違憲，也就是違反了第一與第五修正案。在一份支持原告的「法庭之友意見書」(amicus brief)*中，民主與科技中心(Center for Democracy & Technology)主張：

> 中間人於代管用戶言論的責任不受限制的情況下，可能會有顯著限制用戶言論內容的反應，而其言論內容包括潛在範圍極廣的合法言論，從約會論壇上討論自願成人性交易，到提升性工作者安全的資源均是。確實……該行為已然開始發生，有平台即針對促進公共衛生與安全、政治論述，以及經濟成長等資訊，採取限制存取的措施。[27]

換句話說，為了執行模糊不清且過於寬廣的法律，矽谷裡一向拘泥的政策制定者選擇在極度謹慎的一邊犯錯，限制一系列合法的表達——正是所謂鮪魚落網，殃及海豚(the proverbial dolphin in the tuna net.)。當然，律師就是律師，才會說這一套；有人或許會說，不能責備平台，人家也是想要執行法律規定。但是，假使這些公司不是已經把家長式作風的美國文化價值輸出到全世界，以上論點或許會更有份量。

二〇一九年底，美國總統大選升溫，有幾位民主黨人提議研究該法案對線上性工作者的影響。(其中除了伊莉莎白·華倫〔Elizabeth Warren〕，所有提案立法人員從一開始即反對該法案。)此法案委交衛生與人群服務部（Department of Health and Human Services）針對其法律傷害影響，進行全國研究。我在寫作本書時，該法案已經提交眾議院的健康分組委員會。雖然它能通過即代表朝正確方向踏出了一步，但是我訪談過的許多專家認為一切都太遲了，FOSTA所引發的改變將會揮之不去，即使研究結果能顯示具體的傷害。他們說，缺乏法律強制的話，就無法刺激這些公司恢復用戶分享成人內容的能力。而且，以現今美國的獨特司法架構來說，法律無權強制私人公司代管特定類型的言論。

因此，若是這些公司內部沒有發生任何改變，我們就會陷於困境，停滯不前。

永不嫌遲

再度神祕化性、身體，尤其是女性身體，是破壞性的社會現象，但是這些平台若是能採取改變措施，為時未晚。例如，Facebook採用影像辨識技術，應用範圍從色情到「恐怖主義」內容無所不包。那麼為何不將這項技術轉向用戶，由他們選擇想從動態消息中排除什麼內容？害怕蛇的用戶可排除蛇，不喜歡嬰兒的可預先將這類圖片拒於Facebook的體驗之外，而且不會影響新手父母。至於那些對身體的觀念比馬克．祖克柏更平等、進步的人，可選擇讓女性乳房進入動態消息。

像Instagram這些平台，可只針對青少年用戶封鎖某些「曖昧」內容（"borderline" content）**，而非替所

* 譯註：指當事人以外之人民、機關、團體向法庭提供專業意見與資料以供參考的書狀。

** 譯註：指不易判斷屬性的內容。

有人抑制。它們也可允許個人審核自己的內容，不論是基於個人或社群。「我認為製作觸發（trigger）或內容警告是很棒的方法，可讓觀看者選擇觀看內容或傳出去，」舒德拉猜想。Tumblr（再次易主了）可以也應該收回全面禁止成人內容的政策。關於如何審核內容，每個平台都可以更加透明化。

當然，如果主要平台都拒絕傾聽用戶的心聲，那麼還有另一個選項：我們可以打造新空間，一個真正促進傳達自由的空間，而不是經過高溫殺菌、審慎認可的版本。

「我想，理想的平台是由BIPOC（Black, Indigenous, people of color；黑人、原住民、非白人）、跨性別者和性工作者共同創立及組織的，」舒德拉說道：「我認為應該有個專為表達自由成立的平台，不止是性自由而已，還能談政治和我們的經歷。」舒德拉心目中的表達自由也不是為所欲為，她想看到的，是抱持的立場與現狀成鮮明對比的：「和未成年、自我傷害及身體暴力有關的一切」。

舒德拉的重點在於「有害的」定義的主觀性——從大多數矽谷平台的實際政策來看，我們更清楚知道它們所謂的「傷害」幾乎和美國歷史傳統裡的定義百分百一致。這就是為什麼Facebook允許槍枝商店在它的平台廣告，但是關於陰道的書卻不行。這就是為什麼唐納・川普可以在Twitter上面號召武力入侵其他國家，卻不必負擔任何後果，然而乳房則必須躲藏在空隙裡。

或許這些政策的支持者太深植於自己的退化世界觀中，以致看不見他們所造成的傷害有多廣泛。所以，我們必須主張擁有這樣的空間：在這裡非白人、酷兒、跨性別者、女性、身心障礙者，以及其他所有被邊緣化的人，都可以有自己的一席之地。

8

從人工到機器

AI是遲鈍的工具。它們能輕易地大規模運作，是人類所不及的。但是，其缺點在於所得結果過於廣泛。它們無法超出程式設計所明確設定的範圍，做出精確或細微的判斷。

——莎拉・T・羅勃茲（Sarah T.Roberts）

才不過短短幾年，自動化已經悄悄進入我們網路生活的每個層面。當我們打開Twitter的最新訊息推送，它決定我們看到的內容。它向我們展示廣告，哪些商品可能是我們會感興趣的。在我們每次搜尋Google的時候它被派上用場。它讓我們的信箱遠離垃圾郵件。還有，各個平台越來越靠它執行內容政策。

自動化的前身——我會稱它為「技術輔助內容審核」——早在馬克．祖克柏幻想Facebook之前存在已久。一九九〇年代，自從美國通過《兒童網際網路保護法案》（Children's Internet Protection Act, CIPA），適合家庭、圖書館和公共上網地點使用的基本過濾軟體開始盛行。許多政府長期以來即利用某些類型的過濾技術——剛開始是IP封鎖和DNS（domain name system，網域名稱系統）過濾*，然後轉而採取更加複雜的方法——防止人民取得特定的網路資訊。另外，三十年前普及的電子郵件，則是導致各種對抗垃圾郵件的技術出現。

這些技術輔助內容審核形式非常陽春，會導致過度審核的結果，和我們今日所見十分雷同。為了認識問題的根源，我們必須回溯到一九九〇年代中期的英格蘭鄉下。

斯肯索普（Scunthorpe）位於英國的北林肯郡（North Lincolnshire），在進入技術專家與言論自由愛好者的字典之前，除了鋼鐵工廠，知道斯肯索普的人並不多。但是，一九九六年，斯肯索普卻因為一個有趣的問題而名聞國際：拆解「Scunthorpe」這個名字，夾在S和horpe之間的，是一個在美國不能說的髒話**——正因如此，喜劇演員喬治．卡林（George Carlin）做了一件很出名的事：將它收入他在一九七二年的知名脫口秀節目《在電視上絕不能說的七個字》（Seven Words You Can Never Say on Television）

雖然英國的標準相當不同，美國的入口網站AOL（America Online）不管三七二十一，照樣將它列為封鎖詞。結果是？斯肯索普居民無法向這家線上服務供應商註冊，因為他們的居住城鎮被視為「無效」。根據斯肯索普《電訊晚報》（*Evening Telegraph*）的一篇文章指出，AOL將這個情況歸咎於「內部軟體問題」，而且暫時將該城鎮改名為斯孔索普（Sconthorpe）供用戶使用，作為權宜之計。[1] 我們或許會認為這個幽默事件會讓AOL的程式開發人員學乖，然而該來的總是會來，這個問題再度發生，這一回是姓昆茨（Kuntz）的用戶觸發了相同的過濾程式。[2]

當然，假使只有AOL遇過這個問題，我們大可將它當成古早年代的某件趣事，留在史書裡就行了。事實上，斯肯索普困境從來沒有解決過。過去幾年來，從英國下議院（House of Commons）到Google，有幾十個機關團體都曾因為採用的技術，造成這種連帶損害。曾有一段期間，紐西蘭的華卡塔尼（Whakatāne）小鎮在它的免費無線網路審查了自己的地名，因為軟體的語音分析正確辨識了這個地名的原住民毛利語（Māori）發音（wh讀為f音）***。[3] 另一次，是蘑菇類美食愛好者無法註冊「shitakemushrooms.com」這個網址****。[4] 總部位於加拿大溫尼伯（Winnipeg）的雜誌《勤奮工作的人》（*Beaver*）不得不在發行八十九年後改名，因為基本功能的垃圾郵件過濾程式將它的刊名列為禁用俗

---

* 譯註：IP封鎖和DNS過濾技術，簡單說就是讓使用者無法連上特定IP和網址的網站。

** 譯註：指cunt，女性陰部或性交的粗鄙說法。

*** 譯註：以毛利語發音，就和英文的某F開頭粗話諧音。

**** 譯註：shitake mushroom意為香菇，但與某s開頭的粗話諧音。

語*。[5]還有，倫敦的霍尼曼博物館（Horniman Museum）被自己的垃圾郵件過濾程式封鎖而無法接收任何郵件，因為「Horniman」這個字的發音很像「horny man」（慾火中燒的男人）。[6]

這些故事讓人發笑，部分原因無傷大雅。在每個事件中，它們都可找到解決方案或變通辦法，而過濾程式的「苦主」還能得到免費宣傳。然而，事情未必總是這麼單純。草率的過濾程式可能會對它所影響的人造成嚴重傷害。比如說，表現優異的人無法踏進職場大門，只因為他們以優等（cum laude）**成績畢業。或者，有人會因為姓名——例如叫娜塔莉．威納（Natalie Weiner）***的人——無法註冊基本的網路服務。[7]在工程師眼中，這些個案沒什麼大不了。但是，對於被他們影響的人，卻可能累積成歧視。

這始終是個複雜的難題，因為它需要過濾技術能夠理解某個句子在上下文的意義。也就是說，Beaver這個字用作雜誌名完全沒有問題，但是beaver和其他字合在一起用，當然會構成色情內容。即使我們的自動化技術已經取得很多進展，現今的機器學習演算法依舊難以應付基本的細微差異。

分析情緒

線上留言區有史以來就是騷擾、髒話和垃圾廣告的糞坑。身為作家，我一向避免去看留言區，而且我不是唯一會這麼做的人——在我認識的女性作家圈子，「別看留言區」已經變成一句口頭禪。因此，我有一些朋友一開始都很高興看到Jigsaw公司（舊名Google Ideas，現今仍是Alphabet公司的一個部門）

已經開發出一款工具，能降排序或過濾「有毒」留言。

這款工具名為Perspective API，它利用機器學習判斷一段文字的意圖或語氣。它的初版以零到十對文字的毒性分級，其依據是將文字和事先以人工分級的留言比對相似性。那些人工被要求從「非常毒」到「非常健康」對線上留言進行分級。「有毒」標籤適用於「粗魯、不尊重或不合理的留言，可能讓你離開討論」。目前在Perspective API網站還可以看到示範說明，顯示以「我想」或「我相信」開頭的留言會被分級為毒性比較低，而較為直接的語言或者包含髒話的文字，毒性分級會比較高。[8]

沒過多久評論家（包括我）——即開始指出Perspective的錯誤。藝術家兼機器學習研究者卡羅琳・辛德斯（Caroline Sinders）認為API是在分級語氣而不是毒性，同時批評開發人員使用的數據集太狹隘。「這個是激動和憤怒數據集，或許不算是真的有毒，」她在二〇一七年時如是寫道，當時該產品的alpha版剛推出不久。****[9]

當年我自己的批評呼應了辛德斯的。我總結指出，Perspective是以真實留言的文字進行訓練，因此其詮釋有限——「因為本質上即是負面情緒的『fuck you』（幹！）在留言區比正面的『fuck yeah』

---

* 譯註：俗語為色情電影。

** 譯註：這是以拉丁文表示的學位榮譽，但是cum是英文俗語的射精。

*** 譯註：weiner在俗語裡是陰莖的意思。

**** 譯註：軟體開發過程釋出的第一個版本，僅供測試，功能最不完善。

（幹啦！）更為普遍。*」[10]我自己進行測試，發現「fuck off」（滾開！）一詞屬百分之百有毒，而「女人不如男人聰明」和「大屠殺是好事」等句子則是毒性等級非常低。[11]同樣地，最近有一項巴西的研究發現，變裝皇后使用的語言毒性等級高於白人至上主義者使用的，部分原因在於前者的語言有很多俚語和術語曾經被視為貶義語，但是後來被LGBTQ社群回收利用。[12]

如同過濾程式，Perspective API的問題也是在於人——人類給這些技術的資訊有多好，它們就只有同樣水準的表現。但是，與簡單的過濾程式不同的是，機器學習演算法會從輸入數據學習，同時依據那些數據建立一個世界模型。因此人工智慧（Artificial intelligence, AI）反映了其創造者的世界觀，它可能帶有偏見或歧視，也可能包含有害的文化成分。

如凱特．克勞佛和維吉妮雅．迪克努姆（Virginia Dignum）等學者已經證明，自動化技術在我們日常生活的應用範圍日益擴大，從執法到自動駕駛車輛，無所不在，有可能造成嚴重傷害。然而，以ＡＩ為基礎的消費產品無所不賣，從情緒偵測到人臉比對（face-matching），仍不受管制地蓬勃發展。

ＡＩ在整個矽谷仍持續被視為向善的力量，儘管已有大量反證。中介平台普遍在應用ＡＩ技術，但是它們的使用情形始終諱莫如深，無視公民社會不斷要求更透明化的呼籲。眾所周知，它為我們提供搜尋結果——誠如莎菲雅．烏默雅．諾伯（Safiya Umoja Noble）在她二〇一八年的著作《壓迫的演算法》（*Algorithms of Oppression*）透過無數實例所呈現的，例如以「黑人女孩」當關鍵詞，即會產生性徵化的搜尋結果——卻往往是以犧牲少數族群為代價。

我們知道，Twitter的時間軸、Facebook的動態消息和YouTube的觀看佇列，其內容都是演算法判斷我們會喜歡的，它的依據是我們自己提供的數據。然而，我們所知不多的是，ＡＩ越來越廣泛用於執行平台的政策，藉此協助或取代人工內容審核員。

機器學習訓練師

「機器學習」(Machine learning)是一些數學迴歸的籠統術語，它利用指定的數據集推斷趨勢並汲取意義。不過，演算法的結果只是近似我們所知的世界罷了。人類的理解不同於量化世界的機器，意思就是說，演算法並不可靠，尤其是當它的結果會對現實世界造成影響。

基本上，因為有了監控資本主義，機器學習才成為可能。記者羅夫・溫克勒(Rolfe Winkler)解釋道：雖然「支持AI的理論可回溯到幾十年前……商業應用的機器學習之所以可能，純粹是因為累積了大量的數據集可用來訓練電腦自行思考……以及更快速的半導體這項平行發展」。[13] 這些數據集取自用戶在平台上分享的內容，它們被轉化為行為數據以供分析，以及最終用來獲利。

學者肖莎娜・祖博夫(Shoshanna Zuboff)將此一現象描繪為企業追求預測及控制我們的行為。她在二〇一四年的一篇論文中寫道：用戶並未支領企業的報酬，而他們的輸出「被宣稱是『廢氣』——毫無價值的廢棄物——在毫無抗拒之下就被徵用，」就這樣允許企業予取予求並圖利它們自己。祖博夫認為，在監控資本主義下，「大眾沒有被僱用及服務。反之，他們被收割行為數據」。[14]

雖然一開始是用戶分享而累積下來的數據——我們的親密照片、對行動的呼喊、熱情的政治主

* 譯註：前者屬於惡意的粗話，後者雖亦粗俗，但通常用於熟人之間，意思差不多是表示驚嘆、意外。

張——造就了監控資本主義，這些數據只有被公司轉變成利潤，才算有用處。對用戶來說，某一則貼文或許構成了生命軌跡，對公司而言，它的價值在於它能產生的錢，此外沒什麼意義。

正當機器學習技術被應用在各行各業，過去幾年來矽谷日益發現它們在內容審核上的功用。如今，這些公司不僅追求在社群媒體平台全面應用機器學習技術，更拓展到整體數位基礎設施，已經成為永無止境的虛擬軍備競賽。

這場競爭的先驅者有大量社群數據可供其差遣，它們是超過十年營運的收穫，以及靠龐大軍費購入的。被拿來測試及訓練機器的數據直接來自用戶——也就是取自個人照片收藏、個人資料，甚至是個人長期以來分享的貼文，以及與我們線下現實生活（IRL, in real life）身分有關的數據，例如從第三方數據仲介商買到的資訊。

現今這些數據經過合併，正被用在地表上最繁重、最備受爭議的工作：規範全世界最大幾個平台上何謂「可接受的表達」。它讓我們知道時間軸和內容動態消息的樣貌、協助公司方面決定熱門內容，還有告知內容審核流程，某些內容必須保持**不在**平台上……甚至越來越多尚未發表就被禁止的。

有一點很重要，並不是所有機器輔助或自動化過濾都涉及機器學習。例如，Twitter似乎是利用初級過濾技術，從用戶的自動推送移除潛在的冒犯回覆，成為「斯肯索普效應」的受害者。雖然如此，機器學習逐漸被用在視覺內容審核，並且取得不同程度的成功。

正如新美利堅（New America）智庫的計畫開放技術研究所（Open Technology Institute）所觀察到的：「某

項工具在偵測及移除線上內容時，其準確程度高度仰賴於它是被訓練來處理哪一類型的內容。」也就是說，工程師和開發員已成功訓練工具，所以它們聚焦於某些容易分類的內容類型——如兒童性虐待影像、著作權保護內容，以及裸體。開放技術研究所指出：「因為這些內容類別已有大型語料庫，可用以訓練工具及釐清參數，將內容分門別類。」[15]

請思考以下這樣的機器學習過程：小孩子在學習閱讀時，會學習區別每個字母的屬性。長時間下來，很容易即能分辨 n 和 m、b 和 d。同樣地，研究人員利用「訓練數據」教導神經網絡（neural networks）學習工程師想要「找到」的圖像參數。一個健全的「訓練數據」庫含有同一類型圖片的不同版本，塑造了圖像分類演算法的輪廓。由於各大公司已經有了內容儲存庫，那是人工審核員移除下來的。它們可利用那些圖片訓練機器，類似於複製任務。不過，因為人體有許多形式，演算法可能會把允許的內容類型（如男性乳頭）歸入禁止內容類（如女性乳頭）。當前者與後者混為一談，稱為「正誤報」（false positive）；反之，若是系統把禁止的圖片歸類為可接受圖片，稱為「負誤報」（false negative）。

因為此類系統都是專有的，所以幾乎沒有機會稽查平台所使用的神經網絡。雖然透明度報告或許會描述審核員——人工或機器——造成的分類錯誤，這些公司卻很少公佈實際的錯誤率。以機器判斷某一組像素梯度（pixel gradients）*其實是女性乳房而不是光頭——機器會根據其信心指數閾值（confidence threshold）**允許或否決某個內容。因此，這個過程中發生偏誤的可能性非常大。

* 譯註：指圖片中顏色基本單元的變化情形，經特定方式轉換後可將圖像表達為數學函數，即可供機器學習。

** 譯註：即對於判斷的把握程度門檻。

新技術降臨

為了訓練工具去辨識特定類別的內容，人類當然必須先建立該內容的資料庫。二〇〇八年，電腦科學教授漢尼・法瑞德(Hany Farid)被要求打造一項工具，用以偵測兒童性虐待圖像，免除人工審核員從事這項令人沮喪的工作。以這個例子來說，已經有一個由執法部門蒐集的資料庫，正是這一類內容。該資料庫在美國，由「國際失蹤及被剝削兒童保護中心」(National Center for Missing and Exploited Children)負責保管。

「重要的是你建立的技術如何準確又有效率地移除內容，而且不會連累到不相干的資料，」法瑞德在二〇一七年的一次訪談中說。[16] 但是，他的團隊重視過度審核的代價勝於兒童性虐待圖像的傷害，他們繼續前進，一項新技術就這樣誕生了。

它被命名為PhotoDNA，會從訓練圖片中取出正確的特徵。即使圖片經歷各種處理，這項特徵都很穩定，。它「非常類似人類的DNA，」法瑞德如是說：「它準確得不得了，因為我們才不想去解決那個很棘手的問題，要求電腦在現實中分辨有沒有兒童色情——這終究是人類的工作，我認為人類是獨一無二有資格從事這項工作的。但是，一旦分辨完成，我們釋放這項技術，它就能非常有效率地過濾線上內容。」

「機器學習訓練師」(human in the loop)是要求人類參與互動的模型中，常見的說法。在利用自動化技術從事內容審核的背景下，這個詞通常有兩個意義：在資料庫建立過程中的人類參與，如法瑞德所述；或者，自動化過程中人類的監督——稽查。他說：「二〇〇八到二〇〇九年間，我們有了突破，開發出一項技術。它並不是真的把人類排除在迴路之外，其實是讓人類在迴路中做那個最困難的判斷：哪些內容算兒童色情、哪些不算。然後，我們釋放技術去尋找先前被認定為非常清楚、一點都不含糊的兒童色情內容。它能在全世界應用得這麼成功，原因就在這裡。」[17]

說到兒童色情圖像，社會大眾對於潛在的過度審核大致上都心安理得。長相幼齒的成人從事性活動的影片或圖片被意外移除，這個負面影響的重要性，遠不如確保非自願、被虐待兒童涉及這類活動的圖片從網際網路上連根拔除。

然而，要是其他類型的內容，那就是另一番盤算了。誠如法律學者伊芙琳・杜克(Evelyn Douek)的簡潔推文所說：「我們偏好和可接受的錯誤類型有哪些？我們需要說得更清楚一點。大規模的內容審核意味錯誤是無可避免的。」[18]

脈絡才是王道

如果錯誤是無法避免的，我們就有義務分析這些錯誤，了解它們造成的傷害有多重。

二〇一七年，Facebook移除了一名阿拉伯聯合大公國傑出記者拍的照片。照片中是真主黨領袖哈桑・納斯魯拉(Hassan Nasrallah)身披驕傲彩虹旗——附上諷刺的評論說，這個團體受到某些左派歡迎，雖然它並不支持LGBTQ權利。我們不清楚移除這張照片是人工或自動化的決定。但是，如果是後者，那我們就很容易了解：訓練機器偵測並移除這個男人照片，它的訓練方式並無法掌握到細微的差異。

有些讀者會覺得這個實例很蠢，那麼請思考一下：利用遲鈍的工具對付「恐怖主義內容」，我們是不是正在打擊奮起反抗恐怖主義的聲音？有的人冒著生命危險而勇於批評有權力者，但我們是不是正在讓這些人閉嘴？

還有，我們對於歷史被抹除無動於衷嗎？如我在第五章所提到的，正是自動化導致敘利亞、利比亞和其他地方的戰爭罪行影片證據，被大量刪除。我們很容易理解，訓練自動化工具辨識及移除血腥暴力內容，會無法認識特定影片的歷史重要性——想解決這個問題則困難得多，除非願意投入大量資源。然而，各家公司已經一次又一次示範給我們看，它們沒有意願。

但是，如果說開發訓練技術來辨識可分類的視覺內容，是很困難的任務，請想像一下若是針對文字為主的內容，會有多麼複雜。我們已經看到，光是分辨「cunt」和「Scunthorpe」，或者區別「fuck you」和「fuck yeah」就夠複雜了——然而矽谷仍舊意志堅定，自稱能打造出一套技術，可辨識人類已經奮鬥了幾十年以上的時間卻還無法定義的觀念。

二〇二〇年初，Facebook宣佈AI從被移除的內容中「主動偵測到百分之八十八點八的仇恨言論」，比上一季的百分之八十點二更高——Facebook將這項進步歸功於發展出「對語言更深入的語義學理解，因此我們的系統能偵測到更細微、複雜的意義，」以及擴展了「我們的工具理解內容的方式，因此我們的系統能整體地檢視圖像、文字、留言和其他元素」。[19] 雖然Facebook坦言它的系統「永遠稱不上完美」，以及「關鍵在於脈絡和語言的細微區別」，但是有證據顯示，和它的AI相關的問題，比它願意承認的更大得多。

開放技術研究所如此描述這項挑戰：「以極端主義內容和仇恨言論等個案來說，與不同團體及宗教有關的言論，存有極多細微的差異，欲了解是否應該移除某個內容，該內容的脈絡至關重要。因此，想發展全面的數據集將這些內容類別納入，是一大挑戰。而且，想要打造一款可操作的工具，能夠可靠地應用於不同團體、宗教和次類型言論，同樣難如登天。再者，哪些形式的言論屬於哪個類別，也缺乏清楚的定義」。該學院總結說：「這些工具都有其侷限，因為它們無法理解人類言論的脈絡中存在的細微差異」。[20]

戴夫・威爾納似乎同意這個看法。我們有過幾次電話會議，有一次他呼應了幾乎所有專家都會同意的想法：自動化適用於可分類的內容，至於其他大部分內容，自動化則是人工審核的不良替代品。他解釋說：例如你拿一張照片給機器，比方說金・卡戴珊(Kim Kardashian)露屁股的照片：機器不能說「『這是某個人出名的裸照』，怎麼說脈絡都不在照片中。你必須知道其他事實，你必須知道來龍去脈……那些問題都很難，比描述性問題難得多。」他說，在偵測姓名時也是一樣的：「我們沒理由說某個字可以或不可以當作名字——你必須知道有人用它當名字，這正是超出名字脈絡的事實。如果你要求審核員知道這些規則，你會非常失望——因為有太多姓名、太多照片，而且團體越大，裡面的人越難捉摸」。

這就是為什麼單名的印度尼西亞人——別人只知道他們的單名*——會抱怨必須杜撰一個聽起很真實的姓，才能在某些平台註冊。這也是為什麼美國原住民被Facebook系統地驅出平台，他們的

* 譯註：印尼人很多只有名而沒有姓，因此一個村莊裡會有很多人同名。

名字本質上只是一段描述。至於姓「與田」的日本女性會被Facebook告知她的名字是假造的*，原因也一樣。[21] Facebook的高層總是說該平台是全球化社區，然而，它對於姓名的觀念是英語中心主義的表現，凡是姓名不符合這個觀念的人，就會遭遇其他用戶想不到的懲罰。

文化複雜性

幾年前，Google Photos推出用戶照片收藏自動標籤功能。這項演算法會「掃描」每張圖片並根據其屬性分類。然而，公司的自動化系統將黑人自動標籤為「猩猩」，引發了爭議。[22] 差不多同一時間，有許多研究者證明Google Images的搜尋結果如何呈現基於性別的偏見：搜尋「醫生」時，得到的圖片大多是男性；搜尋「護士」時，則主要內容都是女性照護工作者的圖片。[23]

依賴自動化內容偵測將會導致許多非預期結果，以上實例顯示了其中兩個：首先，演算法必須經過「訓練」才能完成任務，此任務——即使是對小孩而言可能只是像分辨人類和非人類那麼「單純」。其次，即使新技術如無人監督學習的自動化系統，在許多方面依然遇到「若進來是垃圾，出去也是垃圾」的數據難題。因此，社會不平等（如特定專業領域的性別過度代表的現象）可能會以偏差系統輸出的形式呈現出來。

大規模而言，拜內容審核對技術的依賴所賜，社會偏差劇烈地表現出來了。工程師們或許沒有意識到，由於扭曲的訓練資料庫，自動化系統已然形成偏差。同時，又因為沒有專門團隊負責搜尋及消除偏差，神經網絡的推斷並不明顯，直到它們造成了損害。矽谷工程師團隊缺乏多元背景，第一線工程師或許從來沒遇過，演算法的特色竟剝奪了用戶的尊嚴。如此一來，使得這個問題更形惡化。

訓練數據資料庫若未能反映全球用戶群的多元性，就會對某些圖像類型的分類製造規範性屬性：相較於白人，黑人被視為和靈長類有更多共通點；或者，照片中有大乳房的即被預設為女性。如果以行動為基礎的審核系統是以如是邏輯打造的，用戶的外表在「可接受」與否的審核必須基本上為「通過」，否則就會面臨演算法的正誤報結果（女性身體＋乳頭＝刪除）。同樣地，如果演算法被設計為依據二元邏輯完成任務（男性乳頭＝忽略；女性乳頭＝刪除），系統不可能會懂得自我認同的細微之處。

雖然許多公司目前已經有了全球化的強大用戶群，但情況並非總是如此。因為這些平台早期的用戶主要來自寬頻普及國家——北美、歐洲和亞洲——過去十年來公司所蒐集的數據並不對稱。我們合理認為機器學習所吸取的數據，會創造出無法真正代表廣大世界的結果。很不幸，由於演算法是這些公司專有的祕密，我們不得而知它們如何應用數據——或者其扭曲的程度如何。

談到文字，這個問題再次充滿了更大複雜性。如我們所見，機器無法區別「fuck you」（本質上為負面情緒）和「fuck yeah」（幾乎都是正面的）。如果我們討論的字詞來自外國，將會更難區別：公司的工程師團隊不僅必須考慮該字詞應用本身的情緒，還必須思考**所有文化脈絡下所有可能的情緒**。

目前的自然語言處理技術，在辨識情緒方面固然有了進步，但語言的意義依然在說者口中和聽者耳中糾纏不清。熟練的翻譯者想必對這個現象最不陌生：他們必須設法使用新受眾的文化裡熟悉的字詞，傳達原文想要表達的意義。

---

* 譯註：「與田」的羅馬拼音為Yoda，和《星際大戰》系列電影的尤達大師同名。

然而，在內容審核方面的問題很清楚：這些公司只不過是不願意在英語、西班牙語、法語，以及其他少數幾個語言之外，也在其餘語言投入相同的資源（如我們在緬甸所見，這個現象有時候會帶來可怕的後果）。在某些個案，它們完全不支援某些語言——例如盧干達語（Luganda），它是烏干達最主要的語言，使用人口超過八百萬。[24] 這一點當然會影響人工及自動化內容審核的效果——假使無人具備某個語言的專業知識，那就不必意外有些內容會被誤刪（或誤漏）。

以下舉一個鮮明的實例：緬甸語kalar這個字說明了，一個資源不足的外國語言應用自動化審核將會發生哪些困難。雖然在詞源學上，學者對於這個字的起源尚有爭議，不過傳統上它被用來指稱來自東印度的人，或者當作形容詞，意思是「印度的」。[25] 如緬甸記者單辛（Thant Sin）所記載：「近年來由於基進的民族主義運動興起，賦予這個字貶損的內涵。極端民族主義者和宗教基本教義派以『Kalar』這個字攻擊緬甸的穆斯林，特別是住在西北部的少數族群羅興亞人。」[26]

因此，Facebook決定系統性禁止使用這個字。公司方面承認這個字以及相關議題造成了「難題」。二〇一七年，在Facebook的部落格有一篇深思熟慮的文章，作者是公共政策副總裁理查・艾倫（Richard Allan）。他提到：「每當執行政策時，我們很顯然並不完美。我們往往能僥倖過關——但是更常弄錯。」[27] 艾倫繼續說：「有時候並沒有清楚的共識——因為這些字本身就很模糊不清，遣詞用字的意圖不知，上下文的脈絡不明。語言不停在演變，昨天還不算罵人的字眼，今天可能就是了。」

單辛在同一年寫道：「『Kalar』這個字如今的用法普遍都和種族主義有關，但是它本身並不構成仇恨言論。脈絡很重要——已經有很多人反映，有些貼文只是在討論它的用法，或者關心它的用途，同樣會被審查。」他繼續說：「而且，有好幾個意義完全不同的緬甸字和『Kalar』有同樣的字串。比如說，椅子在緬甸語也寫成『kalar htaing』，含有相同字串，其他字還有如『kalar pae』（去皮豌豆）、『kalar oat』（駱駝）或『kalarkaar』（窗簾）。」[28]

就像在它之前的Perspective API和Bing搜尋引擎，Facebook落入一個無法脫身的困境：它想禁止的字既造成了重大傷害，卻同時有平凡無奇（或正面）的用法。Facebook雖然沒有公開透明表示如何針對這類詞應用自動化審查，但我們可合理假設，它並不是依賴人工檢視每一個字的使用情形。

一言以蔽之，我們必須決定能夠接受哪一種偏差。像kalar這樣的字被當成傷害羅興亞人的武器，那麼禁止這類字的重要性，是否超過討論駱駝、窗簾和去皮豌豆湯的需求？允許我們喊出「fuck yeah!」，重不重要？此外，我們信不信機器有能力分辨乳房、乳癌和雞胸的討論？

Facebook再次承認它的系統會導致連帶傷害。艾倫在部落格文章中說：

> 在俄羅斯和烏克蘭，我們也面臨類似的議題，那是關於雙方長期用來描述對方的俚語。烏克蘭人稱俄羅斯人「Muscovites」，字面意思是「莫斯科人」；而俄羅斯人稱烏克蘭人「khokhol」，字面意思是「頂髻」。自從二〇一四年起雙方發生衝突，兩個國家的人均開始檢舉對方使用這兩個字是仇恨言論。經過內部審核，我們認為他們的檢舉沒錯，於是開始下架這兩個字。一開始我們兩邊都不討好，然而以當時的衝突背景而言，我們覺得這個決定很重要。[29]

Facebook有一點說得沒錯：這些確實都是棘手的問題，並沒有正確答案。然而，這些問題應該交由我們社會大眾辯論，而非把它們的結果留給企業。

快速行動，打破陳規

自動化的複雜性——以及用戶是否有能力理解自動化如何被用來審核他們的言論，因為以下事實而雪上加霜：各家公司使用的演算法，幾乎在所有情況下，都是私人專有的。因此，社會大眾或管理機關都無權過問訓練數據，或是演算法如何實施。

最重要的是，矽谷各家公司關於它們針對特定表達類別，應用自動化審核到何種程度，向來十分保密。儘管許多觀察家和學者懷疑自動化技術被用在內容審核已將近十年，但是幾家大型平台只願意公開它們在過去三、四年的應用情形——這幾年碰巧也是社會大眾及政府對它們的壓力升高，要求掃除線上極端主義。

有一個早期的實例，即是受外部壓力影響而施行自動化審核。安娜（Facebook營運部門前工作人員）說，那是二〇一五年巴黎的巴塔克蘭劇院（Bataclan Theater）遭遇恐攻事件。「法國巴塔克蘭恐攻的隔天上午，」她回憶道：「法國政府要求Facebook刪除所有受害者照片，這是很繁重的工作。我必須處理，我不只看到法語組，還有全部社群營運部門每一個會說法語的人都來了。我們找工程師來協助建立自動化，也特別為了這件事動員一切資源。我們經常遇到這種事，在其他市場都有類似問題，比方說在烏爾督語（Urdu）市場或阿拉伯語市場發生一場爆炸，但就從來沒見過有這種資源。」

此次攻擊事件之後不久，各公司開始稍微公開談到它們如何使用自動化工具。Google於二〇一七年宣佈，它將應用機器學習偵測極端主義內容。兩個月後，它聲明根據其定義的「暴力極端主義」而下架的影片，有百分之七十五是「在被檢舉之前」就被下架。[30] 其後Facebook也快步跟上。據《紐約時報》報導，Facebook宣佈「將大舉應用人工智慧，與人工審核員合作，由後者依逐案審核原則檢視內容」。然而Facebook的全球政策管理部門負責人莫妮卡．比克特告訴《時代》雜誌：「開發人員希望它的應用範圍可隨著時間擴充」。[31]

同樣地，Twitter在二〇一八年也吹噓說它在兩年內刪除了一百二十萬個恐怖份子帳號，這些帳號「被公司的內部專有工具檢舉」——其中百分之七十四的帳號「在發第一條推文之前就被停用了」。[32] 然而，沒說出來的，是它用來定義「恐怖主義」或識別其帳號的標準是什麼——前述於二〇一七年成立的GIFCT（全球反恐網路論壇）也沒有為達成更加透明化做多少事。

既然缺乏透明化，研究者只能憑空猜測。迪雅．卡亞里曾經和敘利亞檔案館的同事，花了幾年時間記錄敘利亞被刪除的內容。「在我們看來，機器學習演算法似乎是特別根據地區和語言在偵測內容，而不是實際出現在影片裡的，」她們說道：「所以其實被刪除的內容範圍很廣。當然，我的重心是人權內容，因此包括示威抗議、化學武器攻擊、還有侵害人權的凶手所拍的影片——例如，ISIS殺人時的自拍。」

公民社會組織和學術界努力要促使這些公司更透明化，卻始終遭遇強大的阻力。最常見的情況是，這些公司聲稱它們的工具是「受保護的業務機密，唯有如此才能維持市場競爭優勢，」或者，若是公開分享可能會讓壞蛋們「學會操弄它們的系統」。[33] 部分學者較不關心那些工具屬私人專有的問題，他們懷疑那些數據難以操作，因此他們質疑對這些數據的詮釋。他們認為，打開黑盒子加以研究，「會得到數量龐大而無法理解的數據，這些數據是輸入和輸出的組合，需要有效的數據分析才能從中獲得洞見，」雖然處理這樣的數據並非絕不可能，它「對於實際決策是如何發生的，以及公司方面如何確保工具可公平應用，一般來說無法提供任何透明度」。[34]

這些公司有一個方法能夠（據說確實可以）減輕技術所做的決定帶來的損害，那就是保證會有人員從旁監督。學者塔爾頓．格萊斯皮寫道：「自動化偵測會產生太多正誤報。有鑑於此，有些平台與第三方團體，正在把自動化偵測和編輯台監督結合起來」。[35]

這其中的複雜性層層疊疊，意味涉及內容審核的自動化工具時，矽谷公司是本末倒置的。與其針對一組敏感主題弄出一套不透明的專有技術，這些公司可以和外部（或內部）專家合作，確保以公平、透明和清晰為優先。然而，它們選擇快速行動，打破陳規。

在一次談話中，Google的政策「決策者」黃安娜說出對於各家公司目前行進方向的擔心。當我問到利用演算法分辨線上恐怖主義，她說：「我們不應該用演算法去做；沒有任何演算法能夠以一致而且有原則的方式做這件事。」

黃安娜說，在Google上班「那七年她都沒睡好」，但是當時她依舊相信大規模審核是可行的，「如果你能充分做好情況鑑別分類——人員確實在第一線受到良好訓練，並且逐步升級正確的事，那是我們當時想要做的。你真的可以有人工審核。」但是，她說：如今「這些平台想要做的規模之大，而且想在那麼多樣的營運地主國進行，人工審核變困難了。」

失敗的提議？

在每一家公司都有、也一直都有深思熟慮的人。當公司想要將自動化應用到連人工都很難做得正確的工作，他們思考的是其中的缺點。在我的研究過程中，我和許多這樣的人談過。然而，他們本身在許多方面只不過是一具大型機器的小齒輪。他們的擔心或許能被聽見，卻很少改變什麼。

到頭來終究是商業利益優先。各家公司正面臨越來越大的壓力，必須為其人工審核員——僱傭勞工——提供更高薪資、福利和心理健康支援，降低這項艱苦而且有時令人心碎的工作造成的傷害。當然，它們同時也面臨賺更多錢的壓力。再者，雖然打造自動化技術的預付成本很高，長期下來遠低於支付內容審核員適合生活的薪資。

但是，隨著另十億人上線，想要大規模審核內容，只會越來越不可能。即使各家公司必然持續向自動化求援以解決這個矛盾，然而來自研究人員、社會運動者和政府的反對浪潮日益高漲，是公司方面必須列入考慮的。

到目前為止，比較突出的反對力量大部分都是針對自動化技術的應用所造成的後果比線上言論審核——例如預防性監督和刑事判決——更加可怕，但根本問題仍是類似的。「民主與科技中心」稱專有演算法是「社會正義的障礙」；成長快速的「今日AI研究所」(AI Now Instiute)收藏很多記錄人工智慧內在問題的著作；電機電子工程師學會(Institute of Electrical and Electronics Engineers)是當今全世界最大的科技專業組織，它正在研究演算法偏誤考量的標準。[36]

這個問題不會自動消失。不管矽谷要我們相信什麼，演算法就是沒有能力涵蓋人類的經驗。一旦這些公司將人類排除在審核工作的圈子外，將控制權拱手讓給機器，這些機器在未來將會繁殖出怎樣的文化規範，我們無法預見。

9

仇恨如病毒傳播

他們有規則，但是完全隨機執行。

——羅傑．麥納米（Roger McNamee）

二〇〇九年，馬克・祖克柏才二十五歲、Facebook五歲，第一次遇到仇恨言論爭議。主題？大屠殺否定論（Holocaust denial）。

有消息傳出Facebook故意代管幾個群組的資訊，這幾個群組致力於否認二次世界大戰期間因反對猶太人而犯下的暴行。於是，在媒體掀起一場批評風暴。億萬富豪馬克・庫班（Mark Cuban）的弟弟布萊恩・庫班（Brian Cuban）發表一封公開信，使這場風暴達到高潮。他在信中要求Facebook公開透明，「詳細解釋公司如何做出這個備受爭議的決定」，不封鎖這些群組，[1] 庫班直接向祖克柏叫陣，寫道：

> 你有沒有參與決定？在這類討論中你有沒有提供意見？Facebook是怎樣定義「內部辯論」的？一共有多少人參與辯論？他們有什麼專業知識足以討論這個議題？他們有沒有攙雜個人信念？這樣一個天生主觀的決定，你們採取什麼預防措施來確保它公正客觀？你們諮詢過哪些律師？他們有這方面的經驗，或者只是一般法律顧問？你相不相信有些東西雖然合法，卻仍然是仇恨言論？最後決定是不是你說了算？你要負起責任嗎？

當時大部分人都把社群媒體看成享樂或促進生涯發展的工具，庫班卻問了一個重要的問題。他擔心Facebook公司在制定社群守則時不夠用心，這一點並非無稽之談。因為他的公開信，Facebook確實關閉了幾個大屠殺否定論群組，但是大部分仍留在原地。巴瑞・史尼特（Barry Schnitt）是Facebook的企業溝通與公共政策部門主任，他任職期間是Facebook成長壯大的關鍵年代（二〇〇八到二〇一二年）。當時他指出：

針對這個議題，我們花費可觀的時間進行過內部討論，最後的結論認為，僅僅只是陳述否定大屠殺的言論，並未違反我們的條款……我們Facebook的同仁之中，許多人和大屠殺有個人的直接關連，有的人父母被迫逃離歐洲，或者有人的親戚未能逃出魔掌。我們深信Facebook的使命，那就是與其進行審查，給予人們工具去把世界變得更開放，是對抗無知或欺騙的更好方法。雖然，我們承認其他人不會同意，包括本公司的同仁。[2]

早期的Facebook關於大屠殺否定論的立場，大致上和它處理平台上仇恨言論的態度是一致的。但因為伊斯蘭國的出現，Facebook和其他公司基本上不干涉的做法很快就遇到了挑戰。伊斯蘭國出現之後，隨即有線上的騷擾及右翼宣傳活動接踵而至。

一個不定形概念

雖然全世界有許多政策制定者不以為然，但是想定義「仇恨言論」是簡直不可能的任務，甚至超越「我看到的時候就會知道」這句想定義淫穢的廢話。許多人已經試過，許多人已經失敗，卻阻止不了矽谷躍躍欲試。

所謂「仇恨言論」在全世界是個不定形的概念，大部分都是由政府依國家（或民族）利益為核心而定義，可當成武器對付批評者，或用來追求正義。

有些國際人權架構試圖釐清這個概念，但是對某些人來說卻反而製造了矛盾。《世界人權宣言》(Universal Declaration of Human Rights, UDHR)第七條聲明：「法律之前人人平等，並有權享受法律的平等保護，不受任何歧視」，包括「免受違反本宣言的任何歧視行為以及煽動這種歧視的任何行為之害」。第十九條並未直接強調仇恨言論，但是保證每個人都有權利「通過任何媒介和不論國界尋求、接受和傳遞消息和思想的自由」。*

一九六〇年代，當時全世界大多數人對於大屠殺的恐怖記憶猶新(然而，反猶太主義同樣也是活躍且健全)，在大部分亞洲及非洲地區，去殖民化的混亂過程正接近尾聲。聯合國大會(United Nations General Assembly)通過一項決議，譴責「所有種族、宗教和民族仇恨的表現和行為」係違反《聯合國憲章》(UN Charter)及UDHR，並且呼籲各國「採取一切必要措施防止種族、宗教和民族仇恨的表現」。

《公民與政治權利國際公約》(International Covenant on Civil and Political Rights, ICCPR)是聯合國大會於一九六六年通過的多邊條約，保證其締約國尊重個人的公民與政治權利，包括生存權；言論、宗教和集會自由；以及正當程序和公平審判等權利。它發佈時共有一百七十三個締約國簽署本公約，有六個締約國並沒有正式批准，有些國家批准條約但聲明有所保留，而且它在各國的可執行程度不盡相同。

美國——直到東方共產主義垮台之後，一九九二年才批准該公約——是保留部分最顯著的幾個締約國之一。最中肯地說，美國不允許ICCPR的任何條文限制言論和結社自由的權利，在實質作用上，即是意謂不允許對仇恨言論設限的憲法，勝於該條約之中任何限制言論、結社自由的條文。

繼ICCPR之後，是聯合國經濟及社會理事會(Economic and Social Council)針對「種族偏見及民族和宗教不包容等表現」的決議草案，呼籲各國政府教育社會大眾反對不包容，並廢除歧視法律。有好幾個新近獨立的非洲國家——包括中非共和國（Central African Republic）、達荷美（Dahomey，今名貝南〔Benin〕）、象牙海岸（Cote d'Ivoire）、馬里（Mali）和茅利塔尼亞（Mauritania）——推動國際公約欲解決種族和宗教不包容，然而因為各國意見分歧，最後得到兩個獨立決議：一個決議是號召發表宣言及草擬公約，解決種族歧視；另一個決議則是解決宗教不容忍。

在此基礎上，制定了《消除一切形式種族歧視國際公約》（International Convention on the Elimination of All Forms of Racial Discrimination, ICERD）。ICERD於一九六五年經聯合國大會通過，於一九六九年實施，其目的是解決社會各層次的種族歧視，從確保法律之前人人平等，到保證享用所有公共服務及空間的權利。其中第四條特別強調言論主題，將煽動種族歧視的行為定為刑事犯罪。

第四條從制定以來即爭議不斷，在辯論期間共有兩個草案，一個源自美國，另一個來自蘇聯和波蘭。美國的立場比較保守，提議只有「造成或可能造成暴力」的煽動才加以禁止；另一方追求的是「禁止及解散種族主義、法西斯主義和其他任何實行與煽動種族歧視的組織」。最後文字是北歐各國提議的折衷版本，條文內容為：

> 締約國對於一切宣傳及一切組織，凡以某一種族或屬於某一膚色或民族本源之人具有優越性之思想或理論為根據者，或試圖辯護或提倡任何形式之種族仇恨及歧視者，概予譴責，並承諾立即採取旨在根除對此種歧視之一切煽動或歧視行為之積極措施，又為此目的，在

* 譯註：以上條文內容中譯取自聯合國網站。

充分顧及世界人權宣言所載原則及本公約第五條明文規定之權利之條件下，除其他事項外：

(子)應宣告凡傳播以種族優越或仇恨為根據之思想；煽動種族歧視以及對任何種族或屬於另一膚色或民族本源之人實施強暴行為或煽動此種行為者，又凡對種族主義者之活動給予任何協助者，包括籌供經費在內，概為犯罪行為，依法懲處；

(丑)應宣告凡組織及有組織之宣傳活動與所有其他宣傳活動提倡與煽動種族歧視者，概為非法，加以禁止，並確認參加此等組織或活動為犯罪行為，依法懲處；

(寅)應不准全國性或地方性公共當局或公共機關提倡或煽動種族歧視。*3

ICERD和任何宣言型聲明一樣，是困在時間裡的文件。對當時的許多人而言，種族正義似乎是最重要的。而且，草擬這份宣言的主要國家，都是對於限制表達自由的想法毫不遲疑的。雖然許多支持者的心態都是正確的，其他人則是認為：蘇聯在尼基塔・赫魯雪夫(Nikita Khrushchev)的領導下，才剛要開始考慮自己國內少數族群的權利，推動這個宣言只是在耍花招。將蘇聯置於以下脈絡，比較容易理解它的立場：過去十年來，蘇聯殘酷地剷平衛星集團的叛亂，導致許多國家出現反俄情緒。不管怎麼說，ICERD共有六十八個締約國，遍及世界各大洲。它能在一九六〇年代末制定，確屬解決仇恨言論的卓越全球性文件。

美國是ICERD的締約國之一，但是有許多處保留。其中一項特別針對第四和第七條，明確反對在公約之下美國有義務限制個人的言論、表達和結社自由的權利，這是為了符合美國憲法。另一項保留是關於ICERD第二十二條，該條文規定國家之間的爭端應交由國際法院（International Court of Justice）裁決，但美國主張任何這一類移轉都必須先得到它同意。

一九六九年，與ICERD獲得通過的同一年，「布蘭登堡訴俄亥俄州案」（*Brandenburg v. Ohio*）進了美國最高法院。[4]這個惡名昭彰的案件繫於以下問題：白人至上主義者兼三K黨（Ku Klux Klan, KKK）頭目克萊倫斯・布蘭登堡（Clarence Brandenburg）是否有權倡導對少數族群施加暴力。除了這個以他為名的法律案件，布蘭登堡這個人已差不多被徹底遺忘。他的言論華而不實（不像現今他的另類右翼後輩），哀嘆「高加索白種人」的命運竟淪落在美國政府手中。此外，他是個毫無同情心的人，理當留給史家就已足夠，不值得一提。然而，他的案子流傳下來了。

布蘭登堡在三K黨大會發表演說倡導暴力，其後以違反俄亥俄州的《組織犯罪防制法》（Criminal Syndicalism Act）被逮捕。一九一九年蘇聯革命之後，第一次「紅色恐慌」（red scare）席捲了全美國，該法案就是它的遺跡，它禁止個人提倡「犯罪、破壞、暴力或非法的恐怖主義方法，以之作為手段實現產業或政治改革」，以及「自願加入任何以教授或倡議犯罪組織教條而成立的會社、團體或人員集會」。[5]

布蘭登堡被判決有罪，處以一千元美金罰鍰及一到十年有期徒刑。但是，他認為《組織犯罪防制法》違憲，於是在俄亥俄州中級上訴法院對此提出異議，但上訴法院全體同意確認其判決。俄亥俄州最高法院同樣駁回他的上訴，於是註定他將異議帶向美國最高法院。最後，最高法院判定俄亥

* 譯註：以上條文內容中譯取自聯合國網站。

俄州侵犯布蘭登堡受憲法保障的言論自由權利。

法律上也有限制表達自由的情形，最顯著的就是針對「淫穢」和外國恐怖主義。雖然其限制的範圍日趨擴大，但是仇恨言論卻始終能被法律網開一面。正是這套規範奠立了基礎，使得美國社群媒體公司的政策制定者，創造了早期針對仇恨言論的規則。

數位時代的仇恨言論

二○○五年九月，丹麥報紙《政治報》(*Politiken*)刊出一篇報導：童書作家哥勒・布律根(Kåre Bluitgen)有一本先知穆罕默德傳記的書稿找不到出版商願意出版，報導中詳述他所遭遇的困難。布律根的書並不是蓄意冒犯，他已經寫作一系列書籍，以搭配插圖的方式和兒童談世俗話題，這本書也是其一。由於伊斯蘭教禁止描繪先知，布律根遇到這本書找不到插畫家的窘境。中間-右派報紙《日爾蘭郵報》(Jyllands-Posten)決定利用這個事件獲利。該報的文化版編輯寫信給丹麥插畫家工會的會員，請他們描繪這位先知並投稿，當作實驗的一部分。工會的四十二名會員中有九名投稿了素描，報社也有三名員工參與，這些漫畫中有兩幅並非直接描繪先知。它們全都被發表了。

此舉讓全球炸鍋了：來自不同穆斯林國家的大使要求晉見丹麥總理，後者拒絕會面但力勸他們到法院表達不滿。抵制丹麥產品的行動橫掃中東地區，沙烏地阿拉伯召回大使，同時還有示威抗議者走上開羅、班加西(Benghazi)、拉格斯(Lagos)、貝魯特，以及其他好幾個城市的街頭。有穆斯林記者因為在約旦、阿爾及利亞及葉門刊行這些漫畫而被逮捕，而在歐洲及其他地方再次發表的人，則面臨了死亡威脅。

這些漫畫的出版以及後來所引發的惡劣結果，發生在穆斯林與西方國家關係特別緊張的時期。那是九一一事件之後不過四年，以及美國入侵伊拉克之後才兩年，許多人認為《日爾蘭郵報》決定發表這些漫畫，是不必要的挑釁，但是其他人卻將之視為挑戰日益瀰漫的恐懼風氣和自我審查。誠如當時《華盛頓郵報》的貼切評論：「一方是對表達自由的捍衛，另一方是對神聖人物十惡不赦的褻瀆。」[6]

《日爾蘭郵報》終於發出一份平淡的啟事，為冒犯穆斯林一事道歉。同時，它也主張依丹麥法律有權出版那些繪畫。最後，於二〇〇六年，丹麥總理在電視談話及新聞稿中聲明，他絕不會以冒犯方式描繪先知，但亦堅稱政府不會因國內一家報紙而道歉。接著，他毫不含糊地指出，言論自由是不容侵犯的，然而，「我們都有責任管理言論自由，不可煽動仇恨或分裂丹麥社群」。[7]

至少有《亞洲時報》（*Asia Times*）的記者伊山．阿拉里（Ehsan Ahrari）指出歐洲國家的雙標：捍衛自己的表達自由，可以出版冒犯穆斯林的漫畫；在其他情況（例如大屠殺否定論）則執行審查。「在穆斯林眼中，西方人似乎很頑固，不肯在表達自由上妥協；他們在這裡看到了虛偽，因為換個地方，這種自由並沒有那麼絕對，」他在供稿聯合組織的專欄寫道。[8] 阿拉里繼續指出西方帝國主義對穆斯林國家的衝擊，以及如何輾碎了人民對真正民主自由的希望：「威權獨裁、群帶關係和貪污腐敗已經根深蒂固，人民無法務實地渴望自由、繁榮，或是看見技術進步的遠景。」

聯合國人權委員會（UN Commission on Human Rights）於一九九三年產生的職位「當代種族主義、種族歧視、仇外心理及相關不包容形式」特別報告員（Special Rapporteur），對此次漫畫爭端的判斷，認為它是源自伊斯蘭教和恐怖主義越來越合為一體；適應多元文化主義時的「全球身分危機」；以及著眼於打擊種族主義和歧視時，國際人權的工具不夠充分。[9]實際上，這些漫畫是種「強勢對弱勢」的形式。

關於這些漫畫是否構成仇恨言論，各方的爭辯恰好完美示範了清楚定義仇恨言論的困難。以這個事件來說，如同大部分事件，想回答這個問題就必須看事件的脈絡：若是在一九七〇年代或者只是提早五年發表這些漫畫，可能不會引起這麼激烈的反應。會有人憤怒，或許甚至會有示威遊行或死亡威脅，但是整體而言大家都是頭腦冷靜的。仇恨言論的複雜之處，在於它的影響範圍完全要看它所針對的個人或團體的社會地位，以及發表言論的人或團體是誰。

但是，在一九七〇年代不會發生衝突，衝突發生的時間，是全世界有許多人開始在線上找到自己的發言權。社群媒體出現以前，世界是截然不同的。當時只有特定的聲音能夠脫穎而出，於是對於何謂全球包容產生扭曲的感知。然而，到如今人人都能平等使用相同的平台，見仁見智如此簡單的事實變得無比清晰——而且，當然不是每個人都和美國人有共同的價值觀。

話雖如此，直到二〇〇六年，美國人的觀點仍然是網路聲量最大、最重要的。企業裡的政策制定者想當然耳會給予他們更多信任——似乎忽略了究竟是誰在發言。蜜雪兒・馬爾金（Michelle Malkin）是一名右翼的臥底挑釁者，以接下來發生的事來看，她是個討厭的人這一點變得有點古怪。她是支持《日爾蘭郵報》的人裡面聲音最大的。為了回應這個事件，她創作了一則音樂蒙太奇，展示穆斯林恐怖攻擊的受害者，接著上傳到YouTube。然後，她就發現自己被YouTube封鎖了。[10]

馬爾金稱得上是被主要平台用仇恨言論政策封鎖的第一批名人，也是第一批站出來的非專家評論者，反思平台內容審核的前後不一。二〇一七年，她評論自己的情況時寫道：在《日爾蘭郵報》事件十一年後，「Google-YouTube那些選擇性的審查人，依舊沒有能力分辨恐怖主義仇恨言論和政治言論自由」。[11]

就這一點來看，她說得沒錯。但是，就像大部分意識型態導向的評論者，馬爾金相信政治光譜偏右的人正受到獨特的迫害，可是左派的人——以及宣傳伊斯蘭主義言論的卻平安無事。事實上，馬爾金對大型平台的評論千真萬確：大部分線上平台傾注金錢和資源應付伊斯蘭極端主義言論，對其他形式的仇恨言論卻採取零散、不一致的方法。當這一類言論的作惡者是世界級領袖，這個方法更加不堪聞問。

對我而言有個事件特別突出：二〇一五年，唐納・川普尚未選上總統，他利用社群媒體要求「完全、徹底關閉」穆斯林進入美國的邊界，據說在Twitter和Facebook內部引起軒然大波。美國主流媒體描述Facebook內部的辯論是高階主管對上穆斯林員工，後者「很生氣，因為平台破例」允許川普的仇恨言論。根據報導，那一則貼文「引發Facebook的社群營運小組進行審核，動員了全球多處辦事處數百名員工」。[12]另有報導則描述這次事件是有一名穆斯林員工想要「審查」川普。[13]

這次事件最讓我注意的地方，是馬克・祖克柏和他的夥伴只有在內部阻力到達關鍵多數了，才會關心起來。而且，當事件的起因是美國人時，才有這種待遇。據我所知，過去幾年來Facebook的員工曾有多次企圖對處理方式提出疑慮，例如誤刪巴勒斯坦的內容，或是忽視越來越嚴重的騷擾問題……全都遭到否決。

該事件還有另一個重點，這個發現要感謝Facebook的前員工。二〇一五年時他屬於都柏林辦事處的營運團隊，要求「關閉」川普帳號的呼聲傳出來時，他被找來參與隨後的審核。他直白地拆穿外面的報導，「並沒有Facebook內部團體」組織起來反對，而且討論主要是發生在阿拉伯語內容的社群營運團隊——它的工作有一部分即是參與這類主題。

他告訴我，Facebook對其他地方的政治內容進行系統地審查，卻看在美國政治的份上而允許例外。這個團隊想做的，就是解釋這麼做對全球會造成怎樣的衝擊。我的消息來源說，這個團隊裡有一些穆斯林，但說話最大聲的，是來自其他宗教團體，或者根本沒有宗教信仰。

在美國境內，這種漫不經心做法的缺失一直很明顯，不止川普一個例子，許多右翼理論家也是：從裝模作樣的英國人米洛．楊諾普洛斯（Milo Yiannopoulos）到法西斯政客保羅．奈倫（Paul Nehlen）及陰謀論者如亞歷克斯．瓊斯（Alex Jones），他們都能持續擁有各個平台的帳號相當長的時間，即使他們的言論看起來明顯違反規則。即使Facebook和Twitter這些公司吹噓它們有能力移除大量的「恐怖主義內容」，而且在打擊連續騷擾方面也有長足進步，然而它們對付民粹主義和右翼仇恨的方法，與國內當前的政治有密不可分的淵源。這種做法不僅在美國產生惡果，在全世界也是。

4chan政治興起

Twitter從早期開始，軟體機器人和酸民一直讓它煩惱不已——這兩個口頭用語有時可互通，用來描述參與特定行為的自動化及真人帳號，平台公司委婉地稱那些行為是「不真實的活動」。我可以確定還有更早的例子，但就我對這個現象的記憶所及，第一個例子發生在二〇一一年。當時有越來越多推文譴責敘利亞鎮壓示威抗議，為了回應這個趨勢，有一批機器人如雨後春筍般冒出來，「以預先設定的一組推文內容淹沒了#Syria——每幾分鐘一波，這些推文的主題很多，例如照片、敘利亞舊運動賽事的比數、敘利亞喜劇節目連結、支持政權的新聞，以及威脅支持抗議群眾的推特用戶」。[14]

隔年，隨著敘利亞內戰局勢升溫，有個線上激進駭客（hacktivist）團體加入，他們癱瘓敘利亞政府網站，並且參與其他攻擊，支持敘利亞反對運動。那個名為「匿名者」（Anonymous）的組織源自剛於二〇〇三年創立的4chan網站，很快便以「匿名者」作為模仿因子和名義，開始從事線上惡作劇。時間一久，匿名者變形為去中心化的全球激進駭客運動。

雖然匿名者的去中心化本質讓它不易被定義，加布里愛拉．科爾曼（Gabriella Coleman）是對匿名者有深入研究的人類學家，她寫道：「可以確定的是，匿名者不是單數，它是由多個組織寬鬆的節點（nodes）組成，每個節點是存在於不同區域的網絡。不論是團體或個人，誰都無法控制這個名稱、象徵標誌，更談不上合法擁有它。因此，很難預測他們的下一步想做什麼。雖然有許多參與其中的個人確實抗拒被制度化（institutionalisation）或甚至定義他們的規範……但是這個團體有其運作邏輯與穩定的互動場所。」[15]

匿名者向廣大世界發起的第一次大型突襲，是在二〇〇八年，對象為山達基教會。激進駭客針對教會的網站發起分散式阻斷服務攻擊（distributed denial of service attacks, DDoS），或稱「作戰行動」，再加上傳送「黑色傳真」，目的是耗盡他們辦公室的墨水匣。在4chan的多個版面及其他管道，有自稱匿名者的成員在協調行動，很快這個行動就波及現實世界。二〇〇八年二月十日，在世界各大主要城市，有數千民眾頭戴蓋伊・福克斯（Guy Fawkes）*面具上街，在山達基教會的設施前示威抗議。就是這一場遊行示威讓我初識匿名者。那一天我在波士頓的畢肯街（Beacon Street）散步，意外撞見遊行民眾。波士頓的遊行只吸引到幾十個人，其中大多數是年輕人。但是，出於我對山達基的厭惡，促使我當天回到家之後就開始搜尋那場遊行的相關資訊。

接下來幾年，匿名者又針對各國政府進行多次作戰行動，更精心策劃，風險也更高。這些政府包括突尼西亞、中國和以色列。然而，正是由於他們的支持，維基解密才能在二〇一二年獲得大量關注。匿名者運動被《時代》雜誌列為世界百大最有影響力的人。該雜誌的讀者調查——不同於正式名單，它對競爭者排名——將匿名者推上了榜首。

確實，當時的匿名者被大家認為是在追求正義，鎖定濫權政府和企業，以行動支持被視為弱勢的人。然而，一個不定形的集合體只能團結這麼長的時間，這個運動終究會繁衍出更多不同的集合體，每一個都有自己的目標和道德規範。匿名者的成功，結合4chan也日益熱門（以及種族主義在它的各個版面欣欣向榮），為其他運動鋪設好了環境，讓它們也能有樣學樣……但是，目標卻大不相同。

二〇一四年，主題標籤#EndFathersDay（終結父親節）興起，彷彿是憑空出現的。它扮演了特定推文的聚集地，像是「#EndFathersDay因為我已經厭倦了這些白人女人偷走我們黑人好男人。」這個標籤馬上就成為保守派高手的素材，有人嘲笑它是「來自女性主義憤怒機器」的「口水」。[16]

莎菲卡・胡德森（Shafiqah Hudson）是Twitter的美國黑人用戶，她的名稱是@sassycrass。她對那一則推文的出處感到可疑，於是開始深掘那個主題標籤。根據《石板》（*Slate*）雜誌記者瑞秋・韓普敦

（Rachelle Hampton）報導，胡德森在時間軸上問有沒有人「知道發生了什麼事。她所認識的人都無法確認這些帳號後面的女人是不是真人」。繼續探究下去才發現，使用這個標籤的帳號，都沒有追蹤任何熱門的黑人女性主義者。「凡是認識或喜歡黑人女性主義者的人，都沒有被耍，」她告訴《石板》。[17] 同時，這些機器人帳號開始騷擾其他用戶。

胡德森創建一個主題標籤#YourSlipIsShowing（你露餡了），只要她或是其他黑人女性主義者，懷疑任何帳號是這次挑釁行動的一部分，就會用它來標記。如韓普敦所述：「你露餡了」這句話「源自佛羅里達州南部社群的南方黑人獨特方言，那裡也是胡德森的故鄉」。這句話的意思是，你本來應該藏好的東西卻被一覽無遺。[18] 包括伊娜莎・庫洛基特（I'Nasah Crockett; Twitter@so_treu）在內的其他黑人女性主義者開始追溯#EndFathersDay的起源，發現它是來自4chan的一則貼文。韓普敦描述這次「作戰行動」是「某個運動的一部分，參與者有男權社會運動者、把妹達人和各種厭女症者。先前有線上女性主義運動在種族與階級議題出現分歧，於是這群人才想趁虛而入。[19]

有幾位優秀的黑人女性主義者開始記錄這些帳號，再利用Twitter的機制檢舉它們。但是韓普敦寫道：「胡德森和庫洛基特覺得Twitter幾乎置身事外。」公司方面只停用幾個機器人帳號，此外，這幾名女性必須靠自己反擊騷擾。

不到一年後，有另一波機器人宣傳活動在4chan孳生，也是利用相同招術，鎖定曾經批評電玩

* 譯註：蓋伊・福克斯是十七世紀的英國天主教會成員，曾密謀以火藥炸毀英國上議會，但事跡敗露而死。匿名者組織以一個經過誇張設計的福克斯面具作為它的標誌。

產業的女性，最後變形成更廣泛的運動，同時也以科技業的女性為目標。嘗試反擊宣傳活動的人有時會遇到身體暴力威脅，他們稱該活動是「玩家門」(GamerGate)。被鎖定的女性試著向Twitter檢舉推文，然而效果很小。在巔峰時期，那個標籤每天會被用到數十萬次，大多數都是支持宣傳活動的。這次活動的範圍之大真是無以復加，在我的研究中，幾乎想不起來二〇一五年還有發生過其他大型話題。我認識的人裡面，有幾十人受到玩家門影響。它的聲勢所向披靡，然後捲土重來又變本加厲。

玩家門最陰險的遺毒之一，是厭女者和極右派想尋求地位的人利用「言論自由」——這個詞永遠有其侷限——並據為已有。他們利用言論自由掩護充滿仇恨的意識型態，經常藉此反駁或規避平台政策。另一項遺毒，是他們「成功」示範了大規模騷擾活動，亦稱為「出征」(brigading)*；在次級平台組織、在Twitter操做起來有多麼輕而易舉。作家約翰・畢格斯(John Biggs)在一篇談到所謂4chan政治的文章很貼切地說道：「這些人在網際網路上傳播憤怒——憤怒的Facebook用戶、另類右翼人士、呱噪得不懂何時閉嘴的創投業者(Venture Capitalist)——正在入侵系統。駭客並不是長得像電影裡看到的那個樣子，也不是宅在地下室的兩百公斤胖子。他們是拿到大聲公的人，但是他們不是想幫忙，而是更喜歡對著它打嗝、咒罵和叫囂。他們對著橋上的人大喊『跳下去』，因為他們自己有不為人知的軟弱。」他繼續說：社群媒體所提供的工具「如此強大而且重要，挾持它們就是挾持一種論述模式」。[20]

我在幾年後才寫到玩家門事件，但是當時我相信各家公司不應該審核言論。即使我依然堅信企業不應當成為言論仲裁者，但我不再認為它們不應該扮演被賦予的角色。誠如學者瑪麗・安妮・

法蘭克斯（Mary Anne Franks）所言：「厭女症者在網路上辱罵而日積月累的影響，是讓女性噤聲。」[21]自從玩家門之後，幾年來已經有許多女性遠離社群媒體，還有些人選擇鎖住自己的帳號。更有其他人——包括我——則是開始自我審查以避免某些話題，在網際網路上保持戰戰兢兢。

這個現象也衍生了專門處理騷擾的技術工具，大部分都不是來自平台公司，而是第三方廠商。其中有一項特別的工具是封鎖清單——也就是說，這些工具允許用戶合力製作一份名單，把他們希望封鎖的用戶列進去。這一類工具的款式很多，是用戶軍火庫裡的重要裝備，然而，它無法一勞永逸。

我在前面幾章已經提到，涉及言論議題時永遠都必須保持平衡，而且必須先對受害者是誰——是因審查還是不作為——有通盤的了解，才能做出決定。若是騷擾議題，我們必須思考來自威脅、來自煽動、來自出征的傷害——但是，我們務必對如何定義威脅、由誰定義威脅，保持小心謹慎。

在我眼中，玩家門無疑是各種網路民粹運動的先驅，包括隨後出現的另類右翼和由陰謀論演變成邪教的「匿名者Q」（QAnon）。在本書寫作時，各種運動不斷壯大，同時不斷開枝散葉。限於篇幅，我無法論及它對社會的深層衝擊。但是，如佐伊．奎因（Zoe Quinn）** 對它有親身經歷，卡羅琳．辛德斯已記錄了線上騷擾的歷史，兩位作家對這個現象都有所掌握。

這些遺毒應該讓矽谷準備好了應付未來。工程師可將時間專注於開發工具及改變架構，讓騷擾

---

* 譯註：指網路上持敵對立場的人大量集結，於極短時間內同時以挑釁、負面或無意義言論攻擊特定網站、論壇。

** 編註：曾開發遊戲《Depression Quest》，後因醜聞爆發玩家門事件。

的力道變弱、用戶也能更容易封鎖或過濾機器人。各家公司能採取實際行動，在團隊中納入全職的反騷擾專家。然而，它們卻是聽信媒體之言，說玩家門的實際傷害已經大幅減緩，也因此讓它們對於即將到來的一切掉以輕心。

右派崛起

美國選民將唐納・川普推上總統寶座之後不久，我讀到一篇文章暗示美國已在四分五裂的白人至上主義者找到了共同基礎。該文節錄自維加斯・田諾德（Vegas Tenold）二〇一八年的著作《你所愛的一切都會著火：美國白人民族主義重生的內幕》（*Everything You Love Will Burn: Inside the Rebirth of White Nationalism in America*），這些團體之中有許多正開始茁壯成長，都是拜年輕媒體高手們的功勞——如馬修・海姆巴哈（Matthew Heimbach）和理查・史賓賽（Richard Spencer）。[22]

那篇文章令人心寒，也為我提示了新問題。像我這個年紀的美國人，成長過程看到的電視節目角色多元而健康，在學校老師教我們要尊重差異，怎麼會回到那個可憎的意識型態，那個在過去一個世紀已經造成數百萬人殘酷死亡的意識型態？美國年輕人怎麼會轉向讓他們祖父母對別人抄家滅族的信念？

我依舊困惑不解，找不到答案。但是那篇文章說得沒錯：過去十年裡全美國的白人至上主義者擱置了（微小的）分歧，換上令人愉快的形象，遠勝久遠以前的三K黨身穿白袍、手持燃燒十字架。他們與反移民、反穆斯林右派，以及所有憤世嫉俗（及被剝奪權利）的年輕白人，找到了共同基礎。

二〇一七年八月，有一個形形色色人物組成的遊行示威隊伍走上了維吉尼亞州夏洛滋維爾（Charlottesville）的街頭，他們代表白人至上主義者所有令人作嘔的品味：手上拿著廉價的提基火炬（tiki torches）*和武器，嘴裡朗誦種族主義口號。他們有先見之明，稱這場集會是「團結右派」。集會持續兩天，結束於希瑟．海爾（Heather Heyer）被謀殺。她因為反示威遊行，遭一名年輕白人駕車撞死，這名男子先前曾支持新納粹主義理想。

瓊．多諾凡（Joan Donovan）解釋說：「社群平台非常清楚，在這場仇恨活動的組織過程中它們的角色是什麼」，但是未能承認或是做出有意義的改變。在接受NPR（全國公共廣播電台）訪談時，多諾凡認為各大平台有責任以前後一致的方式執行規則：「最後，這些企業必須思考內容審核的策略是什麼？還有，如何在所有平台始終如一地執行策略，才不會造成不良後果」[23]

本書的主題並不是美國的白人至上主義是如何崛起的，因此無意強調是哪些廣泛的因素有以致之。我只是猜想：既然社群媒體能讓分散於中東和北非的各個社群凝聚起來，找到他們的共同點，最後改變整個地區的命運；同理，白人至上主義者也能做到完全相同的事。

「社群媒體讓以前被邊緣化的人群獲得權力，」戴夫．威爾納在我們最後一次訪談中說：「他們之中有一些是跨性別青少年，有一些是新納粹主義者。從賦權（empowerment）的意義來說，兩者是一樣的，但我們覺得有些是好事，有些不是。聚集在一起的人們本身是有罕見問題或是難得的觀點，我們並不知道。」確實是這樣，因此在缺乏管理仇恨言論的法規時，只能交由各家公司去決定什麼

* 譯註：通常用作花園裝飾的火把。

是好、什麼是不能容忍的。

這場仇恨集會過後不到幾天，關於社群媒體在此次組織動員所扮演的角色——以及該如何做，湧現無數報導和評論。有些人主張重新思考《第一修正案》，也有些人觀察到有人用社群媒體辨識誰參加過示威遊行。[24] 更有一些人批評社群媒體做得不夠，認為它們已有現成政策和工具，能夠將白人至上主義從社群媒體平台連根拔除。[25]

到了二〇一七年，Facebook、Twitter和YouTube確實都已經公佈政策禁止大部分形式的仇恨言論，這些政策很少有前後一致的詮釋和應用。例如，直言不諱提倡納粹主義的內容，一旦被檢舉幾乎可以確定會被刪除；然而反穆斯林的言論——不論使用的言語有多麼令人反感——那就未必了。否定跨性別或其他酷兒族群的存在或合法性，這些言論在大部分平台差不多都會被視為「意見」，大屠殺否定論也是。針對一些最弱勢群體的言論向來不會被當一回事，即使有很大可能造成傷害。

「夏洛滋維爾」事件是矽谷公司的轉折點。就算仇恨言論在社群媒體平台日益滋長的現象讓社會大眾感到憂心，但是直到當時各家公司還是一貫否認。然而，迫於政治、社會大眾和廣告商的壓力日漸加大，幾家大型平台才突然開始更新系統。

Airbnb早在一年前即推出一條政策，要求所有用戶簽署非歧視同意書，如今加碼封鎖已知的納粹及其他另類右翼用戶的帳號。CEO布萊恩・柴斯基（Brian Chesky）告訴媒體：「新納粹、另類右翼和白人至上主義者所展現的暴力、種族主義和仇恨，應該從地球上消失。」[26] Google和GoDaddy禁止納粹網站「每日風暴」（*Daily Stormer*）使用它們的服務，而Cloudflare平台則曾有政策支持向所有人提供服務（經常被指控違法為恐怖主義團體代管），因此惡名遠播，但是此次也跟進了。

主要社群平台向媒體強調它們現有的政策，但是也開始採取行動，封鎖參與仇恨言論的高調種族主義者、納粹和支持另類右翼的人。部分主流媒體網站指出，「選擇干預即代表政策上已有顯著的思想轉移」[27]——然而，其實它們的轉移既不顯著也不是思想性質的，只不過是在消費者與廣告商的壓力推動之下，對於必須採取行動的呼籲珊珊來遲的回應罷了。

現在，我們值得暫停一下，看看這些大型公司不折不扣的虛偽，竟然敢暗示它們禁止仇恨言論的做法始終如一。當時的報導顯示，所謂刪除**真實、自稱的納粹帳號**，有許多實例都是受到外部沉重壓力之後才發生的。[28]這時候的右翼陰謀論者如亞歷克斯·瓊斯(Alex Jones)，還能在多個平台繼續散佈危險的假訊息。然而同一時間的酷兒及跨性別者卻被各大平台不分青紅皂白封鎖，只因為他們在反擊騷擾，或是使用回收的詞彙如自稱「dyke」和「tranny」*。[29]剩下的畫面，是其中某家公司正靜觀其變，注意社會大眾有沒有對任何爭端的情緒已經夠強大，讓它們必須順勢回應。

沒有什麼事更能恰當證明這些公司的進退維谷——它們做了會被罵，它們不做還是被罵。它們有時候會面臨巨大壓力，要求**應該有所作為**，所謂「有所作為」的定義往往是審查或全面逐出平台——這個策略短期可降低傷害，長期下來卻無濟於事。

這時我們不應忘記，這些平台是企業，它們的首要目標是獲利及滿足股東。假使說輿論大致上是反對白人至上主義的，那麼封鎖仇恨領袖在財政上合情合理。可是，如果——有時候確實是這樣——輿論支持白人至上主義觀念，則確保他們能維持在線上才是生財之道。

---

* 譯註：這兩個詞的意思分別是女同志和跨性別者，但都是貶義的用法。

如本書所呈現的，制定及執行規則的人，他們的價值觀當然也會影響誰能被允許參與線上對話。若是指責Twitter的CEO傑克．多西是納粹，固然是誇大其詞，但是，說矽谷的某些地方有白人至上主義活得元氣飽滿，並非曲解。這個地區充斥白人至上主義的支持者，例如Oculus的創辦人帕爾默．拉基（Palmer Luckey）是川普的贊助人，據說在Reddit經營一個「廢文」（shitposting）帳號；Facebook的董事彼德．提爾（Peter Thiel），因為參加親白種人民族主義活動，以及破壞表達自由而聞名；Clearview AI總裁宦孫至（Hoan Ton-That）或許是矽谷最受人矚目的極右翼支持者。[30]

在美國，將弱勢社群逐出平台，卻允許知名的右翼人物在平台保有一席之地，它的後果如何，依然不明朗。在美國終究還是有多元媒體、報導自由、國家干預最小（逐漸增加中），而且大部分人民都能連上網際網路。但是在其他地方，如東南亞的緬甸（今名Myanmar，舊名Burma），會衍生怎樣的後果，就清楚得多了。

美國正在應付右翼崛起時，地球另一端有一個國家則是陷入方興未艾的種族滅絕之中。

緬甸以前是英國殖民地，一九六二年落入暴虐的軍政府統治，直到二〇一一年方告結束。在此之前幾年，有一小群示威者公然走上街頭抗議物價上漲，這是十年來首見。一九八八年一場暴動的記憶深入人心，當時政府採取血腥手段鎮壓，導致數千人民因此喪生。二〇〇七年二月的示威行動一開始即遭遇軍事鎮壓，卻只是更加堅定抗議者的決心。到了同年九月，在多個城市和鄉鎮，有數千名僧人上街遊行。為了向他們深紅色的僧袍致敬，世人稱他們的示威是「番紅花革命」（Saffron Revolution）。

隨著數萬乃至數十萬人加入抗爭運動，軍政府以強硬手段回應。軍隊封鎖仰光大金塔（Shwedagon

Pagoda），朝聚集群眾發射催淚瓦斯，逮捕遊行示威的重要支持者。軍隊向學生開槍，並且為了抑制通信以及阻止國際間獲知這些事件，九月二十八日政府切斷網際網路連線——繼三年前島國馬爾地夫之後，緬甸是第二個這麼做的國家。[31]

當時開放網路促進會（這是研究政府進行網際網路過濾的專案計畫，後來我也加入了）就此次斷網事件的一份技術報告指出：「緬甸軍政府之所以與眾不同……是因為它的明確目標，阻止資訊觸及更多國際閱聽人」。[32]

二〇〇七年的緬甸，網際網路普及率約為總人口的百分之〇．〇二，意即只有大約一萬名網際網路用戶（相較之下，突尼西亞在二〇一一年的用戶約有四百萬，占當時人口的百分之三十八）。不僅如此，緬甸軍政府對媒體的掌控是班．阿里自嘆不如的。緬甸的所有電視台、廣播公司和報紙都是國有，國內只有區區幾家出版社，同樣受制於政府的嚴審嚴查。

然而，緬甸也和突尼西亞一樣，網際網路服務供應商會嚴格限制民眾利用資訊和傳播科技，政府更是採用西方打造的工具，進行監控和審查。開放網路促進會的研究人員納爾特．維倫諾輔（Nart Villeneuve）和馬希．庫瑞特-尼希哈塔（Masashi Crete-Nishihata）稍後有貼切的觀察指出：「因應敏感的政治事件而切斷全國網際網路連線，是及時封鎖（just-in-time-blocking）的極端實例——及時封鎖現象是指資訊在有可能發揮最大影響時被禁止存取，如選舉、遊行抗議和社會動亂紀念日期間」。[33]

雖然全國各地都有傳出零星的暴力事件，但二〇〇七年事件迎來了隔年的憲法公投，將緬甸帶往民主改革之路。二〇一〇年的選舉雖有爭議但能和平完成，軍政府於二〇一一年宣告解散。

線上仇恨演變成大屠殺

二〇一四年，我受「東西方中心」（East-West Center）之邀擔任來賓，因此前往緬甸。「東西方中心」是美國國會於一九六〇年代設立的機構，其宗旨是促進美國、亞洲和太平洋地區人民的關係與互相認識。我在一場國際會議發表談話，其他傑出人士還有緬甸的諾貝爾和平獎得主翁山蘇姬（Aung San Suu Kyi）。

當時我對於羅興亞人的困境知之甚少。他們絕大多數都是穆斯林，而且大部分都沒有國籍。這個民族世代都居住於緬甸的若開邦（Rakhine）。佛教徒占多數的緬甸政府拒絕承認他們的公民身分，認為他們是孟加拉共和國的非法移民。二〇一二年起，若開邦的少數族群羅興亞人與多數族群佛教徒之間開始發生衝突，卡達爾（Qatari）廣播公司的半島電視台英語頻道（當時我為他們撰稿）一直都有持續報導。這兩個族群的暴力衝突源自二十五歲的佛教徒女裁縫瑪・希達・威（Ma Thida Htwe）遭輪姦及殺害。[34]

雖然已經有一群穆斯林嫌犯被拘留，佛教徒群眾仍堅持必須將嫌犯交由他們處置，同時有人開始散發傳單煽動反穆斯林言論。接下來兩年，隨著暴力衝突加劇，包括人權觀察、開放社會基金會（Open Society Foundations）、無國界記者（Reporters Without Borders）和國際危機組織（International Crisis Group）等都發出了緊急報導，然而西方媒體大致上保持不聞不問，即使如今緬甸已開放國際記者入駐。[35]

我前往緬甸的部分行程，包含受邀參與「東西方中心」安排的仰光當地宗教社群導覽。我們參訪了聖約瑟夫天主教堂（St. Joseph's Catholic Church）還有印度教寺廟，在那裡向濕婆神祈禱並接受在額頭點吉祥痣的祝福，此外也去過仰光最古老的清真寺。我們的最後一站是三佛寺（Payathonzu）和僧院。在一個略顯昏暗的室內，我們得以遠離外面的三月酷熱。我們席地而座，有機會和僧人交談。

我想不起來那次談話的細節，但我記得談到羅興亞人的話題時，讓我很不自在。我還記得，同行的團員提到目前已經有爆發種族大屠殺的跡象，因此感到憂心，可是這位僧人不屑一顧。

隔天在國際會議上我和尼朋樂（ay Phone Latt）同在一個討論小組。他是知名部落客，曾經是政治犯，目前為「緬甸資訊通信科技發展組織」（Myanmar ICT for Development Organization）的負責人。我們在小組中討論到緬甸所面臨的「網路挑戰」。雖然和我談過的人大多對於緬甸的開放大表樂觀，尼朋樂——二〇〇八年時被判處二十年徒刑，軍政府垮台後被釋放——卻提出他的憂心：「在這裡我們有相當程度的自由，但是我們並不安全。」[36]

伊森．查克曼（Ethan Zuckerman）在這場活動發表專題演講，事後在部落格提到：「我每次和人談起緬甸的網際網路，他們幾乎都會集中仇恨言論的問題。」但是他又補充說：「大家都不太想談羅興亞人。」[37] 查克曼在演講中談到網際網路作為動員工具的前景，以及在眾聲喧譁中被聽見的困難。他也談到審查，將它置於歷史脈絡中檢視。最後，他以肯亞在二〇〇七年的選舉爭議為例，提出警告：「審查並不是處理仇恨言論的正確方法」。[38]

以當時的背景而論，他說得沒錯：緬甸才剛剛脫離數十年的嚴密審查，而且新聞自由仍然受到限制。只要有人呼籲進行審查，反對者必然會將矛頭對準政府——手握網際網路和媒體關鍵的同一個政府，而且大多數成員都是佛教徒。

某一個下午，我和伊森搭乘渡輪前往河對岸的達拉區（Dala Township）一探這個村莊，我們的皮膚都快被灼熱的陽光烤焦了。我們一邊走一邊討論對仰光的觀察，都提到美味的食物和親切的居民、殖民時期的建築正化為城市裡的斷垣殘壁，以及在仰光隨處都看得見Facebook網址和商標——公告欄、卡車車尾，甚至是樸素餐館的菜單，真是嚇了一跳。

緬甸人能廣泛連上行動性最高的網際網路，時間點有點古怪。這時部落格時代將近尾聲，取而代之的是中心化、使用簡單的社群媒體。因此，商業界不必花錢去架設網站，只需要花上幾分鐘即可設定一個Facebook專頁。

同一年稍晚，Facebook和瀏覽器Opera利用它們在緬甸的優勢，和電信公司Telenor達成合作，給予該公司客戶免費使用維基百科和Facebook Zero的優惠。[39] Facebook Zero是二〇一〇年Facebook推出的特別措施，提供精簡、純文字的免費版平台，採用名為零費率的方案——這是為了解決新興市場的流量限制問題。該項措施後來也用在Facebook的Internet.org——亦名為Free Basics，再後來改名Facebook Discover，二〇一六年起可在緬甸使用。

緬甸的行動上網普及率在二〇一二到二〇一七年間迅速成長，而Facebook的用戶數亦暴增，進而在緬甸經常聽到一句比喻：「Facebook就是網際網路，網際網路就是Facebook」。[40] 我的同事吉妮·蓋柏哈特（Gennie Gebhart）稱這個比喻是「故意的誤解」，「讓人更方便說故事」。

這句陳腔濫調並不完全準確，但是其中仍有部分事實。誠如Mozilla公司的分析師於二〇一七年的報告所述：「零費率並不是網際網路的入口匝道」。[41] 換言之，緬甸的網際網路用戶只是在使用Facebook……別的並不多。「Facebook並不是將大家帶到一個開放的網際網路，讓你能在那裡學習、創作及打造事物，」「全球之聲」的倡議主任愛勒里·畢斗（Ellery Biddle）在同一年時這麼說：「它架設這個小網路，在這裡的用戶大部分時候都是被動消費者，大部分消費都是西方企業的內容。那叫數位殖民主義。」[42]

隨著網際網路的使用在緬甸落地生根，針對少數族群羅興亞人的暴力亦然。我訪問緬甸之後四個月，有個茶館的穆斯林老闆被誣告性侵佛教徒員工，這個事件被一名部落客報導之後，很快就傳到Facebook。據報導指出，這一則消息在Facebook爆開了。

我把那篇文章和人分享，其中有一位是極端民族主義僧人阿辛・威拉度（Ashin Wirathu），他的總寺在曼德勒（Mandalay），但是在全國各地都有信眾。「他就像史提夫・班農（Steve Bannon）或蓋文・麥因斯（Gavin McInnes）*，」迪雅・卡亞里事後很久告訴我：「他使用的語言聽起來簡直就是白人至上主義和印度至上主義那一套。」

這個事件在曼德勒引發了騷動。當時緬甸政府沒有專線可直通Facebook，一時不知所措。有一名資深官員曾在軍政府時期位居高位，他打電話給克里斯・敦（Chris Tun）——會計師事務所「德勤」（Deloitte）在曼德勒分公司的營運負責人。官員請克里斯・敦視情況伸出援手。總統府出於外交選擇，決定暫時封鎖曼德勒當地和Facebook的連線。[43]

雖然Facebook在緬甸取得快速成長，但是在進入這個國家之前，它並未善盡職責，未曾——看起來是如此——嘗試了解它脆弱的政治形勢和急劇增長的大屠殺氣氛，並且安排必要的對策來保護

* 編註：史提夫・班農，美國媒體人，在美國川普總統首任期前期曾擔任首席策略長兼美國總統顧問。蓋文・麥因斯，加拿大極右翼政治評論家。

它的緬甸用戶。它們的策略始終只是純資本主義取向，直到二〇一五年中才向緬甸人提供平台的社群守則。根據報導，全緬甸有幾百萬Facebook用戶，但說緬甸語的內容審核員只有**兩名**。

早在二〇一三年就有學者警告衝突正在不斷擴大，但他們的呼聲只是被當馬耳東風。澳洲記者愛拉・卡倫（Aela Callan）和Facebook的最資深主管之一艾略特・史瑞吉見面，對方引介她到Internet.org，以及兩名負責公民社會團體的主管。「他並沒有幫我牽線到Facebook內部能解決實際問題的人，」她後來如此告訴路透社。[44]

接下來四年，偶爾就會有報導提到Facebook用戶在煽動暴力。在Facebook不問民生疾苦的內部回聲室裡，沒有負責監看的外來人員、不具備內容審核的基本能力，於是反穆斯林的言論正日益猖獗。「在巴黎、倫敦和其他地方，每發生一次伊斯蘭國主導或受伊斯蘭國啟發的恐怖攻擊，在緬甸的仇恨言論就會壯大一次。」[45]

在那段期間，Facebook終於端出緬甸語版本的社群守則，將檢舉工具在地化，同時新增一小組緬甸語的內容審核員。但是，問題一天比一天嚴重，它們應付問題的方法「絕對只是權宜之計」，對一家「數十億市值的科技巨頭來說，它控制著這個國家以及全世界許許多多熱門的論述」，相形之下更是草率。[46]

比如說，其中有一項反制言論措施，包括虛擬的Facebook貼紙，「讓緬甸人有能力在線上分享正面訊息」，另一項措施是提供「在地化解說的假新聞提示」。Facebook更進一步和當地夥伴共同舉辦教育研習班，宣導它的政策及工具，「讓他們能在全國各地的社群應用這些資訊」。[47] 然而，反羅興亞人的情緒持續在緬甸的名人及政府部門專頁發酵，Facebook的反制措施無一奏效。

二〇一七年八月，一次軍事鎮壓導致超過七十萬羅興亞人越過邊界逃入孟加拉，促使聯合國介入調查。當時的聯合國人權事務高級專員（UN high commissioner of human rights）札伊德・拉阿德・阿爾・海珊（Zeid Ra'ad Al Hussein）稱該次軍事侵犯是「足以列入教科書等級的種族清洗」，而緬甸議題獨立國際真相調查小組（UN Independent International Fact-Finding Mission on Myanmar）主席馬祖基・達路斯曼（Marzuki Darusman）指出社群媒體在緬甸扮演「決定性角色」。[48] 另一位調查員李亮喜（Yanghee Lee）的評論特別點名Facebook，她說：「我們知道極端民族主義佛教徒有Facebook帳號，亦確實針對羅興亞人或其他少數民族，煽動大量暴力及仇恨。」[49]

對此，Facebook回應，在其平台上「不容仇恨言論」，但馬克・祖克柏依然被傳喚到美國參議院作證。[50] 佛蒙特州參議員派屈克・雷希（Patrick Leahy）指責這名執行長的公司毫不作為，他引述一則貼文，內容是對穆斯林記者發出死亡威脅，卻被認定並未違反平台規則。「仇恨言論非常受限於特定語言脈絡，」祖克柏的證詞說：「沒有能說當地語言的人協助，很難判斷，我們需要在當地大舉增加相應措施。」[51] 他補充說，Facebook正在增聘數十名說緬甸語的人，審核當地的仇恨言論。

當記者以斯拉・克連（Ezra Klein）追問這個議題，祖克柏油嘴滑舌說道：「我想，緬甸議題在公司內部一直備受關注，」而且，「我想，大家現在也適當地關注某些風險和缺失。我覺得我們是沒有早一點在這方面投入足夠的資源。但是，不是說我們什麼事都沒做。」[52]

有一群緬甸的公民社會組織一直都和Facebook合作打擊仇恨言論，它們因此聯袂寫信給這位CEO，說道：「聽到您利用本次事件歌頌貴公司『系統』在緬甸環境下的成效，令我們感到震驚。以我們的立場而論，這個事件正好印證審核效果不彰：它揭露了過度依賴第三方團體、缺乏機制可應對急速惡化的情況、不願讓當地的利害關係人參與系統的解決方案，以及缺乏透明度。」[53]

二〇一八年八月十五日，路透社發表一份重量級調查，指出Facebook的不作為如何助長正在發生的大屠殺。該調查聲稱直到當年六月為止，Facebook仍然只是外包給馬來西亞吉隆坡的「埃森哲」(Accenture)公司不到六十名的緬甸語內容審核員，都柏林辦事處只有三名全職的緬甸語職員。[54] 那時候Facebook的緬甸用戶剛剛突破兩千萬。

該調查報告附有Facebook當月貼文的樣本，都是些在納粹德國不會少見的。「這些畜牲卡拉(kalar)*狗、孟加拉族正在謀害、破壞我們的土地、我們的用水和我們的民族，」一名用戶寫道：「我們必須消滅這個民族。」[55]

報告披露的同一天，Facebook也發出更新版公告，承認：「緬甸的種族暴力令人髮指，我們反應太慢，未能阻止Facebook上的假訊息和仇恨。」它也更新了對於確實為暴力的政策，稱Facebook正與眾多獨立組織合作辨識這一類貼文。Facebook進一步解釋：「新政策係全球適用，但是一開始會集中於假新聞會威脅及生命安全的國家，包括斯里蘭卡、印度、喀麥隆、中非共和國，以及緬甸。」[56]

隔天，《衛報》刊出一篇文章，題目是〈Facebook的失敗是學步幼兒的愚蠢之作〉，記者奧莉維雅·索隆(Olivia Solon)於文中提到，在路透社公佈報告前一晚，她參與了Facebook的電話記者會。索隆稱那場記者會是「擦屁股行動」，並且評論道：「公民社會團體對Facebook到目前為止的表現很失望。」[57]

卡亞里說：「這次情況絕對是Facebook的決定付出了人命的代價。而且，他們不能說沒有人向他們示警。」她還提到擔心類似情況正在印度發生，同樣也是Facebook上面的煽動言論在推波助瀾。

其後不到兩星期，有報導稱Facebook已經封鎖二十個緬甸個人和組織的帳號，包括武裝部隊總司令敏昂來大將（Senior General Min Aung Hlaing），以及軍方的妙瓦迪（Myawady）電視網。Facebook在一份聲明中引用聯合國四月報告的證據，指出「其中有許多個人和組織在該國犯下或促成嚴重的人權侵害行為。我們禁止他們使用本公司的服務，以免繼續煽動種族與宗教緊張局勢。」[58] 隔月，原班人馬中有一部分人轉投俄羅斯網絡VKontakte，其中一人在Facebook貼文呼籲他的追蹤者搬過去，貼文寫道：「拋棄獨裁者Facebook，搬來VK吧，這裡更適合愛國民族主義者。」[59] 這篇貼文有超過五千讚。

據說在緬甸有些人稱許Facebook的決定，說它的介入來得及時而且必要；然而也有人質疑，封鎖包括總司令在內的將軍，其實是言論審查。「但願Facebook封鎖緬甸軍方的做法不會掩蓋真正被消音的人——批判聲音與獨立媒體。」緬甸的評論家如是說。[60]

故事當然不是到此為止。Facebook在緬甸所經歷的事件，或許是股力量，有可能推動它新設外部監督委員會，以獨立的專家團，負責裁決公司審核員所做的爭議決定。在本文寫作時，委員會尚未成立。不過，這樣的委員會已經招致大量批評，包括：太美國取向、納入以色列政府的前審查官員，還有缺乏實權。

---

* 譯註：在傳統上是用來指稱落後、偏遠地區出身的印度人，後來亦被用在皮膚較黑的族群身上，兩者都帶有歧視義。

還有一個新網站應運而生：Next Billions Network，這是一群年輕社會運動者組成的新聯盟，他們來自所謂的全球南方（global South），目標是減低各大技術平台在全世界造成的傷害——例如煽動反對印度穆斯林族群和土耳其庫德族（Kurd），以及在多哥（Togo）與剛果民主共和國（Democratic Republic of Congo）對選舉暴力的恐懼。[61]

但是，正如Twitter在玩家門期間未能回應發生在平台上的嚴重威脅，Facebook在種族大屠殺報導紛傳時無動於衷，讓人對它理應堅守表達自由、打擊仇恨的承諾，生出無數疑問。

基本上，這些公司的政策不斷翻新，只是頭痛醫頭腳痛醫腳，並非為了長治久安。它們回應遠在天涯海角的極端狀況，只是出於目光短淺，以為那些是「比較容易」解決的問題。然而，正如我的伴侶技術倫理學家（tech ethicist）*瑪珊娜（Mathana）所說，它們將臨時調製的應急藥包丟進一個所知不多的世界，它們是問題的始作俑者，而它們的「解決方案」會引發負面的外部漣漪效應。在那些利用它們的平台製造傷害的人眼中，它們的禁令只會成為武器。

新冠肺炎疫情實實在在限制了這些公司的資源，但是並沒有阻止暴力情緒在所有平台蔓延滋生。在緬甸和印度、美國和英國，仇恨依然在散播，整體而言都沒有受到約束，其背後的助力往往是政府，以及其他想要促進分歧的「不可靠」勢力。

有鑑於問題的複雜性，顯然大部分公司都不願意採取周延的對策，反而訴諸直截了當的自動化工具。然而這些工具既不足以掌握仇恨言論的一切微妙差異，同時又會過度執行，以至於總是造成連帶審查。

ICERD（《消除一切形式種族歧視國際公約》）於一九六九年制定之時，它的精神是藉由條約保護人民不會受政府傷害。但是到了平台時代，我們看到了兩股不同潮流湧現：一是像德國這樣的政府，利用法規保護人民不會被平台傷害；另一是平台發現自己必須保護人民不會被他們的政府傷害。例如Twitter在二〇二〇年決定將美國總統的某些推文貼上誤導標籤，或者Facebook採取措施限制緬甸將軍們的貼文，就是明證。

我們能理解這些行動，也覺得在某種程度上這是及時而且必要的……然而想到這麼大的權力是掌握在非民選、沒有資格的美國企業CEO手上，我們一定會感到很不安。假如說想確保選舉公平或制止正在進行的大屠殺，全然取決於馬克．祖克柏或傑克．多西的一念之間，這對於民主的未來意味什麼？期望這些公司採取上述行動來解決問題，真是莫大的荒謬。

十幾年來我一直在尋找仇恨言論問題的解決之道，事實是：我還不知道。我曾經相信最好的做法是公開揭露它們，因為陽光是最好的殺菌工具，反制言論是我們最重要的反擊手段。以前的我會擔心——現在也是，以審查對付主要論壇上的仇恨言論，並非好方法。我們將它逼到地底下，會讓它化膿，而那些人都是鑽漏洞的高手，輕易就能見招拆招，閃過任何禁令。

若非遇到這些平台，我的看法不會改變。平台的問題不在於它們讓任何人都能暢所欲言，而是在於它們的架構，其設計目標是善用一切受歡迎的東西獲得金錢和資本，不論是金．卡戴珊或號召大屠殺，受歡迎的都好。這個事實最能解釋，需要大型社群媒體公司處理煽動和騷擾的時候，為什

＊　譯註：探討技術產品是否符合倫理學標準的專業人士。

麼它們往往慢吞吞而不採取行動。

在如此環境下，我們必須思考的問題並非言論自由，而是觸及自由（freedom of reach）。假如亂噴仇恨言論的人只有區區少數聽眾，根本構不成問題。但是，現今的社群媒體讓誰都能成為「影響力大師」，而且推薦演算法只會保證爭議內容得以名列前茅。從掛著三明治式看板廣告末世宣言的人，變成手持超級大聲公能夠觸及數百萬聽眾——尤其是有個像唐納．川普的人剛好瞄到你的推文——如今只有幾步之遙。

我們不得不說，在這些公司裡面，能夠獲得信任而負責打造平台架構，以及做出政策決定來處理上述難題的人，都是聰明幹練的傢伙，即使我對他們有所批評，他們都早已認真且長久思考過這些問題。我訪談過的許多人都承認這些問題很棘手，沒有簡便良藥，我同意這個看法。但是，許多人也都承認他們所在的公司反應太慢——證據就是前員工的辭職、陳情抗議和批評，特別是二〇一六年美國總統大選過後那幾年。然而，我們不要忘記一件事：雖然你可以把這些人視為共犯，但他們畢竟也是員工，並無法力挽狂瀾。

本書至今批評過的所有公司中，Facebook或許是最有權力，也是對於批評最不屑一顧的。僅僅二〇二〇年，關於Facebook的傳聞就有：印度辦事處政策部門的最高層協助印度的執政黨印度人民黨，維持在線上煽動言論；董事彼德．提爾和白人民族主義者共進晚餐；以及Facebook外部監督委員會成員艾咪．帕莫之前在審查巴勒斯坦言論中的角色。對於以上事件，Facebook高階主管只能無力的回應。政府權力與Facebook統治之間的界線，已經越來越模糊了。

仇恨正瀰漫整個社會，尋求解決之道是迫切的義務。但是，我們不應該認為這只是社群媒體的症狀。各大平台不只能散播仇恨，更可以使散播的力道加倍，因此我們不但要解決平台加倍散播仇恨的作用，也必須從根本處著手——我們家中、教室以及政府當局。審查或許能夠防止某些最可怕的暴行，但是它永遠無法解決潛在的問題。

10

未來由我們作主

大師的工具絕不會拆毀大師的房子。

——奧德蕊・洛德（Audre Lorde）

二〇二〇年三月十一日，我步行五公里去取回剛修好的自行車，中間停下來走進幾家店想找手部殺菌劑——這是白忙一場，新聞說新冠病毒已經在那一週入侵柏林，造成大家開始囤積肥皂和清潔劑、衛生紙。我回家後打了幾通電話、記下一些清單，然後適應一切。才沒幾天，感覺像是全世界都完全不一樣了。

在大科技公司發佈任何公告之前，我們這些敏銳的觀察家已經看出，它們會讓內容審核員放下工作，讓他們回家。雖然這是個容易理解的決定——我們總不能期望一個血肉之軀的人類在家從事這種工作，既缺乏支持也沒有隱私保證——而且是審慎的決定（員工照樣領全薪），但是這個決定已經露出端倪：它將長遠影響我們在準公共空間裡的言論將會如何被管制與監督。

隨著新冠病毒的傳播變形為全球疫情，內容審核員被隔離在家，這個現象在馬尼拉、都柏林、柏林、奧斯汀還有其他各地皆然，而自動化工具則被用來接替他們的工作。雖然有些公司——即YouTube和Twitter——樂意承認自動化的缺點和風險，進而補強重要後盾以降低傷害，Facebook卻明顯專注於對付假訊息和「刪除有害內容」，關於公司如何回應錯誤封鎖，並不願多談。[1]

疫情對公司的影響，也使得錯誤決定的補救難上加難。大部分平台對於無力回應申訴都表現得很透明：例如Facebook，它提供用戶選項，讓用戶可以對某項決定表示不同意，我們固然能理解，這段期間各家公司的營運資源都受限，但是內容審核越自動化——大多是疫情前開發出來的——加上刪除更多內容的壓力揮之不去，結果就是更多內容被錯誤移除，而且用戶更加無力回天。

二〇二〇年五月二十五日，美國的陣亡將士紀念日（Memorial Day）前一晚，四十六歲的喬治·佛洛伊德（George Floyd）走進一家店買香菸。店員相信佛洛伊德使用假鈔，要求他退還香菸不果，於是報警處理。警察迅速趕到後以手銬銬住佛洛伊德，要他下車。他安靜地坐在人行道，直到另一組警察到來正式逮捕他，將他帶往警車。當他抗議說無法呼吸，警員德瑞克・蕭文（Derek Chauv）跪在佛洛伊德脖子上將他按倒在地，他大聲求救不下十六次。雖然不斷有路人試圖干預，蕭文——他的十九年警察生涯中累積了十八次正式投訴——繼續壓住佛洛伊德的脖子，臉上沾沾自喜，直到佛洛伊德失去意識為止。他在一小時候於醫院過世。

紀念佛洛伊德及抗議警察暴行的示威抗議幾乎立即在明尼亞波利市（Minneapolis）展開，不到一周已傳遍五十州。六月六日，示威抗議演變成全球化，有數百個城市的街頭擠滿抗議群眾，他們站出來展現團結，而許多地方則是在反抗當地的不公不義。直到當天為止，他們的訴求很清楚：裁撤警方資金。

六月六日，二〇二〇年的這一天全世界團結在一起了。但是，這一天還有另一樁深度關連的事件：十年前同一天，在地球另一端的哈立德・賽義德被警察殘忍殺害。埃及和美國的警察暴行與鎮壓糾結在一起，它是經由全球權力與資本主義網絡、是更直接透過軍事援助和訓練，也是因為當權者以類似的做法想要平息異議——包括平台審查。

雖然我們社會大眾正意識到，是相似的不公不義將我們緊緊凝聚在一起，可是過去幾個月我們已經看得很清楚，大部分矽谷公司依然不知不覺。從三月到五月，正當他們專注於因應疫情，有無數主題標籤被壓制、性工作者被逐出平台，以及社會運動者被審查。它們朝著更全面自動化前進，加上更嚴格刪除有害內容，以至於精確審核越來越難，而連帶審查比以已往更多。凱特・克洛尼克在她的Twitter談到一個和「殺」這個字有關的笑話，害帳號被停用。她寫道：「現在，Twitter想跟上一個可能會宣傳暴力的帳號，公關成本非常高——停用普通用戶的帳號，對公司的壞處則非常低。」[2]

即便是僅剩下少許資源可用來審核內容，這些公司依舊能騰出時間施行全新的有害規則，對許多用戶造成巨大衝擊。他們目前被困在家中，比任何時候更依賴線上平台。我們已經拿茶水間閒扯淡來交換Slack頻道*、將教室搬到Zoom**、把國際會議換成YouTube。我們的孩子在線上上課、我們透過Google群組協調互助事宜，在GoFundMe這類網站為醫療保健和租金募款，再到Twitter宣傳募款訊息。

因此，一切顯而易見：以我們當前的時代精神而言，關於是否允許我們表達什麼，這樣的決定應該得到**更多**真人的關注與呵護，而非交給不負責任的行為者和演算法。

過去十年來，我們通常是透過口袋大小的螢幕，見證前所未有的持久抗爭狀態。這一系列運動遍及全世界，它們看似獨立事件，卻有深刻的連結。想確定這些事件的起點是不可能的，有人說是第二次巴勒斯坦大起義，也有人會指向一九九九年在西雅圖的反WTO示威抗議。對廣泛的社會大眾而言，這個問題並不重要。重要的是：將這些不同面貌的運動連結在一起的紐帶：對正義的追求、承認及保存被掩蓋的歷史，以及渴望全世界平等。

二〇一七年，贊伊涅普・圖菲克西(Zeynep Tufekci)觀察到「數位技術深刻改變了社會運動能力與其訊息之間的關係」。[3]這是千真萬確的，證據很多，例如貝魯特的抗議群眾將他們的愛送到布魯克林街頭；過去幾年來埃及人和突尼西亞人分享抗爭眉角與故事；美國的黑人生命運動(Movement for Black Lives)在歐洲、非洲和世界其他地區有了新發展方向。以上這些讓我們開始認識到一個永無止境的事實：我們都是互相連結在一起的。

但是，正如巴勒斯坦人和西雅圖人在本世紀交替之際所清楚呈現的，幾個權力中心同樣也互相連結在一起了。我們往往只是透過資本主義看待全球化，它將全世界的大多數政府齊聚一堂，鞏固了全球菁英的權力。然而隨著右翼狂熱份子與白人至上主義者攀上最高位，互相連結的全球化政府已經有了全新甚至危險的面貌。

新冠肺炎疫情已經證明美國（當然也包括其他許多國家）機構的失敗。但是它也讓我們見到有趣的事：雖然矽谷公司長年以來總是絞盡腦汁，疲於應付全球平台上蓬勃激增的大屠殺號召、死亡威脅和假訊息，如今面對染病與死亡橫掃美國，它們突然願意審核特定的表達內容。

最佳證據或許是一支名為「大計畫流行病」（Plandemic）***的影片幾乎消失無蹤。這段影片長二十六分鐘，在二〇二〇年五月四日發表。它提出許多關於新冠肺炎的虛假聲明，例如羥氯奎寧（hydroxychloroquine；用於治療瘧疾和狼瘡等疾病的藥）可醫治新冠肺炎病患，以及注射感冒疫苗會增加感染新病毒的機會。

YouTube、Facebook和Twitter同時讓這段影片人間蒸發，有些觀察家認為這正好說明各家公司

---

* 譯註：一款群組溝通、留言平台，可用於辦公室同事之間辦理公事或聯絡資訊。

** 譯註：一款集體視訊會議平台，可進行線上會議或上課、演講。

*** 譯註：這是一段陰謀論影片，指控新冠肺炎疫情背後其實隱藏諸多人為設計推動的黑暗議程，雖完全無法經得起檢驗，但無礙於大量流傳且深入人心。這正是有史以來陰謀論的特色。

其實一直有能力審核有害內容。然而，精明的觀察家很懂（如本書前幾章所展示的），過去十年來這些公司**已經**不著痕跡地讓某些表達形式消聲匿跡了。

然而，隨著極右派在美國取得權力和影響力（當然在其他國家也是），這些公司只是採取草率做法去防止煽動言論散播，表現出一副被綁手綁腳的模樣，但它們的政策決定看起來倒是符合川普政府想要的。

網際網路，尤其是社群媒體，增強了主流、中心化美國媒體的訊息，它們的利益即是美國事務的首要之務——不該說是美國的事務，而是國家菁英最重視的事務，這些菁英仍以白人占壓倒性多數。這就是為何在川普的任期裡，美國大眾很驚訝地知道一件事：原來我們的表達權如今大部分集中掌握在少數人手上。這是我的同儕和我老早就知道的事。

但是，你若是再深入挖掘，就會看到性工作者的聲音與生計在社群媒體平台上，已經被有系統地扼殺。超越主流媒體看去，你會看到來自敘利亞、巴勒斯坦、埃及、智利、蘇丹、香港、緬甸、突尼西亞的社會運動者，以及其他被消音的人。因為，這些公司曾經保證要讓世界更開放、更結為一體，卻從來對他們的故事不屑一顧——當然，除非他們的故事符合美國文化和經濟霸權的目標。

我回想早期那段日子，有個說法浮現腦海：幾個核心平台在一開始——至少有Google/YouTube、Twitter和Facebook——聘僱了一組政策人員，他們很謹慎地工作，雖然難免犯錯，卻是人之常情。他們努力要讓平台成為每個人都能公平發聲的空間。其中有黃安娜，她是Google早期的副法律顧問。對她而言受政府命令採取地理封鎖，仍是很沉重的決定。同樣地，亞歷克斯．麥克吉利夫雷任職Twitter期間，曾經抗拒美國政府的要求，沒有將維基解密志工的資訊交出去。還有亞歷克斯．史塔莫斯（Alex Stamos），他有預見危險徵兆的眼光，離開Yahoo!投入Facebook，卻在短短幾年後同樣沮喪地辭職。這位Facebook員工聯絡上我，一名二十五歲的部落客，沉迷於記錄這家公司的缺失。他和我聯繫，最終導致我走上今天這條路。這份名單當然不止如此。

跟那些人的正確選擇一樣重要的是：那個年代已經消逝，在他們上面的公司高層對於權力和金錢的迷戀優於一切。我從不相信馬克．祖克柏或雪莉．山柏格關心錢和權以外的東西，即使他們的宣言正好相反。傑克．多西似乎在應該現身的時候出場了，但是他渴望擁有或接近權力，在某些方面造成我們現今的處境：眼睜睜看著美國在總統的帶領下分崩離析，若是當初Twitter有不同的決定，他或許不可能當選。公司是眾人組成的，或者，只是美國諺語這樣說。但是，塑造公司的意見與行為的人，並非賺進利潤的大量勞工，而是一小撮人，他們的意識型態以及對政治與股東壓力的感受力，最後導致他們所做的決策。

本書記錄的，是我認為過去幾十年來矽谷平台的轉折點；本書也想要呈現，這些年來社會運動者和公民社會組織的無數次嘗試，他們的目的只是要這些平台負起責任。二〇一〇到二〇一一年的阿拉伯起義（當然，在它之前還有漫長的序曲，包括第一、第二兩次巴勒斯坦大起義、凱法雅運動〔Kefaya movement〕，以及精通數位技術的社會活動者，十年間的網路建設）使主要平台的政策制定者認識到，它們的工具不僅能用來分享假期照片，於是造成了政策轉向，開始處理血腥暴力，並且實行快速反應措施，以及與公民社會組織合作。

這一段希望與革命的時期之後，幾乎緊接著敘利亞內戰以及伊斯蘭國興起，二者都將大量宣傳、殭屍網路(botnet)*及可疑的政府力量帶進線上戰場。我清楚記得，這個年代的Facebook舉止怪異。它投注了大量資源在合併、收購以及AI，而不是制定出正確政策。Twitter的營運資源少得多，飽受騷擾、煽動和「不真實活動」等內容所苦。但是由於它的用戶群較小，往往能夠更靈活、更負責地回應公民社會的要求。

YouTube或許是媒體怒火的首當其衝，一開始想把事情做對。黃安娜後來說「那是我們需要人權團體社群協助的時刻，以便了解我們必須注意什麼，才不會犯錯。」但是，根據許多社會運動者所說，當敘利亞的局勢升溫，他們曾試圖聯繫YouTube，然而它後來團結一致，拒人於千里之外。幾年以後，當右翼開始猛烈攻擊，假使目光短淺、利潤心態及根深蒂固的美國中心主義沒有蒙蔽政策制定者的雙眼，假使他們能看出白人至上主義和ISIS之間的相似性，那麼那幾年發生的事件，應該可以作為他們的教訓。

當我正在觀察矽谷各個公司的言論政策有何變化，同一時間公民社會對平台的反對立場開始變得堅定。這個分散全球的運動是由社會運動者、學術界和其他公共知識分子構成的，他們觀察到：「凡是可用於監視和控制的數位應用程式，一定會被用於監視和控制」，[4]而且，「整個國家及其產業完全依賴於關鍵基礎建設、軟體和硬體，這一切全來自幾家公司，而它們又集中在少數國家」。[5]

這些團體與個人互相連結，其中有一部分已合作超過十年，過去幾年來更是全力以赴，推動了重要改變。他們成功鼓勵特定政策修正，記錄變化與內容刪除，並且奠定重要的政策原則。[6]他們在全世界的國際會議發表談話，在企業騙子發表平淡、矛盾的演講而政府官員洗耳恭聽時大翻白眼。他們揭露大規模內容審核的複雜性與潛在的不可能，以及內容審核需要廉價（大部分來自「南方國家」）勞力，我們這些住在所謂北方國家的人，才能夠免於網際網路上某些最不受歡迎的表達。最重要的或許是領悟這個立基於廣告的模型（以及Google和Facebook日趨壟斷）是一切現象的根源。

對矽谷而言，種族主義向來非常有利可圖。反之，我最關心的事——確保歷史不會被抹除；女性、酷兒和跨性別者、性工作者不會被歧視；反恐怖主義措施不會適得其反；反制仇恨與煽動的嘗試，不會剛好被視為仇恨與煽動——是最無利可圖的，事實上在各家公司眼中更是認為經濟風險太高。

二〇二〇年橫跨全美的大規模遊行抗議頭幾天，我碰巧見到布里・紐森・巴斯（Bree Newsome Bass）在Twitter上寫的東西（布里・紐森・巴斯是製片家，最知名的或許是一次公民不服從行動，當時她爬上南卡羅萊納州議會廳的旗桿，撕毀聯邦旗誌。）她懇求說道：「請認清一點：在大規模遊行抗議之後，政治機關為解決種族主義而做的一切，都是他們一直可以做卻選擇不做的。」[7]

矽谷對疫情的回應——迅速、合理、有節制——正是這段話的活例，證明科技公司一直以來**都可以**採取行動減緩傷害……卻毫不作為，反而是專心去做政府以及其他有權有勢團體要它們做的審查。

事實是：當美國人受到的潛在傷害夠大，這些公司才會動起來。它們只會在巨大壓力之下行動，有時甚至一動也不動。

---

* 譯註：指一種綁架大量電腦並利用它們集體攻擊特定目標的駭客技術。

那麼，「表達」意味著什麼？我們又能為此做些什麼？

十年前，影響內容審核政策與實務的力量，如果不是絕對主義，那就是對於言論自由最大化的共同信念。二〇〇八年Google拒絕刪除蓋達組織的影片、Twitter抗拒封鎖裸體、YouTube對血腥暴力網開一面，諸如此類即是在堅持同樣的信念。然而，曾幾何時兩家公司以及用戶群都變得更大、更不集中，於是那個時代精神就讓步了——它讓步的對象，我親愛的朋友兼導師伊森・查克曼稱之為公共衛生架構。在這個架構之下，「表達」的潛在傷害就在「讓言論保持上線的好處」(那些公司通常稱之為「具有新聞價值」)或是「審查的傷害」，進行權衡。

我認為這個說法只有部分正確。在美國、歐洲和大部分說英語的國家，這個架構的出現是眾多因素匯聚而成的：有社會運動者、廣告商，以及股東施壓審查仇恨言論、種族主義、槍枝販賣，還有政府也要求做同樣的事，再加上控制色情表達。當然，過去幾年這樣的論述已轉向所謂的保守言論審查。然而，只不過是因為少數大眾媒體集團和右翼政客堅持重複這類令人作噁的無意義言論。

在世界的其他地方，一切情況大不相同。伊斯蘭極端主義的危害當然是真的，卻已遭西方政府扭曲，以至於馬克斯主義者、民主運動者、無政府主義者，以及其他反抗鎮壓的人，與蓋達組織及ISIS這些以破壞、混亂優先的團體混為一談。不僅是那些觀點遭到普遍壓制，還有反抗極端主義的反制言論、諷刺以及集體記憶——以敘利亞而言，也不例外。

從事自願性工作的成人，不論合法與否，持續受到壓迫，這是我們這個時代最令人不安的故事之一，而媒體基本上不聞不問。雖然說這個壓迫現象因為美國法律的發展(亦即SESTA/FOSTA)而加劇，其實它存在由來已久。而且，是出於善意卻被誤導的反性交易行動主義，以及支付處理商、企業高階主管和政客的保守偏好，共同造成的結果。早在疫情爆發之前，性工作者即受到了深刻的衝擊與痛苦。但是，現在和我們一樣，性工作者大多困在家中自我隔離，它已成為勞動權利的悲慘議題，也是性工作者努力反抗卻孤立無援的議題。

權利人與平台之間、權利人與侵犯知識產權者之間的戰爭，長期以來被評論者視為一個小傢伙與一群大漢之間的二元對抗。然而，它其實複雜得多（多到讀者可能發現我選擇不談，將它留給更專業的人解釋，以免我處理得的不夠公正）。這並非小蝦米對大鯨魚，而是一套複雜的哲學問題：誰有構想的所有權？誰應該有權決定其所有權？它在平台時代的意涵與其它形式的內容審核並無太大差異。

以全球觀點來看，不可低估平台對於我們身分的影響。不負責任的企業正在支配著我們，告訴我們誰是重要的，以及誰是無關痛癢的。這一切的發生可能是實務操作，亦即透過強制使用「實名制」政策而展開；或者只是抽象的過程，如利用矽谷「驗證」體系進行，以附帶的規則例外，將任何體驗到十五分鐘名氣的人，有效提升為「公眾人物」。平台並非僅有這些方法可塑造身分和行動力，它們讓我們能夠建立空間進行重要討論、尋找親屬，以及——如寇特妮·德蒙內（Courtney Demone）在第七章所貼切指出的——發現關於我們自己的事物。人們聚在一起，有時候是因為可貴的原因……有時候是因為仇恨與種族主義。

為了在平台上保留某些形式的表達自由，往往讓人覺得這是一場必輸的戰鬥。這場戰鬥充滿複雜性：保證年輕的跨性別者能在線上安全地匿名，等於保證罪犯也可以。Facebook群組讓社會運動者能進行組織協調，同樣的隱私某些人也能用到，而他們唯一的目標是煽動仇恨與混亂。如同我們在過去十年裡所見到的，保護個人有自我表達的自由，往往要付出可怕的取捨——我們務必在每一個政策決定時考慮這些取捨。表達不能是絕對自由的，但是不能讓那些取捨阻止我們尋求最大化的表達自由。

至今我已研究網路審查將近十五年，特別專注內容審核則有十年。我目睹過無數次嘗試想要降低公司造成的傷害，它們不只傷害我們表達自我的能力，也傷害我們的身分和生而為人的行動力。

我在這個領域從事研究的前幾年，觀察到法學教授的菁英下屬、媒體專家、國務院官員，以及企業高階主管在尋找的表達議題解決方案，幾乎完美地符合美國政府的目標。我參加各種會議，是會議室裡唯一的（所謂）數位菜鳥，他們關於社群媒體平台的討論，根本不了解人們實際上是怎麼使用的。我參與會議是為了成立全球網際網路倡議，這是多方利害關係人組成的團體，它早期的干預阻止了各公司犯下駭人聽聞的錯誤。然而，它依賴同一批公司的資金贊助，終於導致無法有任何實際的作為能讓它們負起責任。這些觀察令我沮喪，不過他們也歡迎我踴躍發言，而且當我說話時他們大部分時候都能專心聽講。

二〇一一年一月，突尼西亞和埃及爆發起義，我一下子變得很搶手，因為我在當地有熟人而且具有中等阿拉伯語能力。我主持記者會，用電話讓記者和開羅的社會運動者連線。我寫文章談人們使用社群媒體的方式，以及各公司如何回應。沒多久，我發現和雪莉．山柏格等人在同一間會議室。我很興奮，但是也很像被鞭刑。然後，我接到「電子前哨基金會」的電話。不到幾個月，我就在那裡上班了，一直到現在。

這份工作帶著我行遍天下：參加社會運動者和法學院的國際會議、全球左派聚會，偶爾也會和某位首相開會。我有機會影響政策制定者，但願我當時做得很好。但是，其中對我意義最重大的，是能有機會和世界各地形形色色社群的社會運動者產生連結。而且——我相信——我幫到了他們，確保那些有權力的人也能聽見他們的心聲。

最後，是這一切經驗共同引導我，得到以下四個結論。

第一，我們必須了解內容審核，並且將它視為獨立存在於政府的外在系統之外。內容審核最糟糕的一面在於它先天不良，充其量只是個不完美系統，我們用它來改造已經有嚴重缺陷的社會結構。內容審核的過程不是為大規模進行而打造的，各公司的規則也是。反之，它的建造過程就像反向剝洋蔥，一層一層堆疊上去，永遠都是為了回應外在壓力。為了減少這個系統的傷害，它必須接受全面的外在稽查，從規則到過程、從政策到程序都不可少。

第二，我們需要真正有意義的代表性和包容性。過去十年來，有太多外部辯論都是由白人美國人主導的，錯誤地將內容審核視為《第一修正案》的議題，並且偏頗地聚焦於政治言論，傷害了表達自由的其他重要議題。至於公司內部——各家或許有出入——往往只關注美國媒體或立法人員在某一週裡寵愛的議題，不論議題的性質為何。對於世界上最被邊緣化的族群所面臨的威脅，無論公司內外，都很少持續關注。等到我們開始關注那些議題——如緬甸和 Facebook 以及玩家門和 Twitter 等情況——幾乎都是杯水車薪、為時已晚。

大部分問題都是來自於誰是或不是對話的一部分。評論家、學術界及草根倡導者已經付出極大努力，糾正歷史錯誤，非白人、酷兒和跨性別者，以及其他少數族群的聲音開始成為焦點。我們還有很長的路要走，但是我的社群同伴所獲得的進展，讓我感到驕傲且印象深刻。

同時，各公司想引進正確人選，其粗糙的做法失敗得很可悲。證據就是它們想要「吸引多樣性」卻處處碰壁；還有，一些關鍵的內幕故事也是例證。這些故事散見於本書各處，它們說明了必須在政策制定、工程和內容審核的每個層面，確保包容性與代表性。主要科技公司完全缺乏包容性與代表性，意味某些議題未得到解決，其它議題則是徹底隱形。比如說，如果內容審核組只有一人來自烏干達，該國的議題被搬上台面的機率很低——然而，若是沒有任何人來自烏干達，那麼簡直毫無機會。

胡安・奧爾提茲・弗洛伊勒（Juan Ortiz Freuler）主張發起「數位不結盟運動」（digital non-aligned movement），他寫道：「科技巨頭獨享進入塔樓的通道，從那裡看，掛毯上交錯編織的圖樣一覽無遺。科技巨頭有特權取用網路上集體工作所產生的知識，而且有特權定義什麼知識被生產、優先化，以及消費了。」[8]

弗洛伊勒同意「全球層次的團結」是必要的，但是「我們不能期望北半球的富國能領導我們改變知識創造系統的組織方式」，假如網路的目的是「避免碎片化，那是因為南半球挺身而出，接受挑戰」。[9] 在我的工作範圍裡，已經見識過南半球同志的力量和才智，我也相信出身北半球的我們必須敞開心胸重視他們的構想。

當然，要公司內的職員複製一般族群的多樣性是不可能的，但這不是打消憂慮的理由。亞歷山大・麥克吉利夫雷是Twitter的第一位總法律顧問，坦承在他任職期間那裡缺乏多樣性，可是他提到在變更政策時傾聽用戶心聲非常重要。「還有比標記化（tokenization）*更糟糕的——例如無知。」他說。

上述故事亦暗示我們需要新一代評論家、觀察家、社會運動者及學者，這一點我們已開始見證。「已經做相同工作二十年的人，不需要站出來一再談自己的工作，」麥克吉利夫雷說。他最近成立一個信託與安全工作者的專業協會，他希望能有助於糾正這個問題。

「政府人員以及惡意的政府支持人員進入，嚴重改變了對威脅的動態認識，」黃安娜說。不論是公司內部或外部新人的意見，都能對老問題提供新觀點。但是，必須確保那些分析新威脅的人，是真的理解該威脅的性質，而不是美國政府說什麼就信什麼。

我得到的第三點結論是：如果政府合作，我們也必須合作。說到表達這個議題，有一件事很清楚：沒有人想審核政府或官員的言論。當然，Twitter會對川普言論進行事實查核，Facebook會驅逐外國政府的成員（將來某一天或許甚至是美國總統本人），但是以大局而論，我們或許可以監看「監看者」，然而沒有任何公民有權力讓他們噤聲。

回到二〇一三年，愛德華・史諾登（Edward Snowden）的爆料向廣大觀眾展示了，在合作意願的協助下，世界各國政府之間如何通力合作，監視它們的——以及彼此的——人民。對於細心的阿拉伯社會運動家而言，這一類合作並不稀奇。他們一直都知道阿拉伯政府使用的間諜軟體，就是美國製造商賣給他們的。在美國的民權鬥士眼中，這個現象同樣不意外。他們多年以來即一再指出美國警察的軍隊化，而負責訓練的正是違反人權的以色列國防部隊。

政府之間攜手合作，這個事實意味我們也必須這麼做。沒有任何事——警察殺人、言論管制、內容審核——是憑空發生的，因此我們更應該互相傾聽、學習，連接單一的點、形成具體戰術和解

＊　譯註：原義是一種數據處理技術，此處比喻定型、僵化。

決方案，整體地解決問題。每一次爭辯哪些言論應該允許、哪些應該審查，總是會有取捨——我們都深刻關心人類的未來，雖然對解決方案見仁見智，必須停止將彼此視為敵人，我們應該為了共同大業而團結合作。

我的最後一個結論是：我們所有人必須決定接下來發生的事。過去十年所發生的事件，已經讓社會大眾普遍認識到，某些言論是無法接受的。但是，我所見過的例子幾乎都顯示，以法規和立法提案限制這類言論是頭痛醫腳，因為錯誤或行動不夠快而懲罰公司（及其員工），卻未能**採取任何措施**從根本解決問題。

我倡導表達自由，並非因為我相信所有言論都同等重要，或者所有言論都是好的，而是因為我相信權力會腐化，絕對的權力絕對會腐化。因此，我們幾乎不可能相信某個權威能有效進行審查，尤其當審查者是個淺薄的CEO，更不可能。再者，我越來越擔心，特別是想到現今政治和媒體運作的速度——企業所實行的審查會造成的附加傷害，會多於它產生的好處。我尤其擔心的是審查並未搭配直指眼前問題核心的解決方案情況幾乎都是如此。

我們作為社會整體，必須開始提出嚴肅的問題，並詰問那些高高在上的決策。而且，我們這麼做的時候不可以訴諸非黑即白的二分法。因為假訊息有害，就可以進行審查嗎？性自由和保護兒童之間如何正確平衡？我們是否願意為了其他人的道德，冒險失去某些文化的自由？取消匿名的權利，真的能讓人更安全？為了「反擊恐怖主義」，我們失去歷史也心安理得嗎？應該由誰決定誰是恐怖份子？

雖然這些都是為了可預見的未來，我們必須設法克服的難題，但是有一些改變是各公司應該立即去做的。它們應該透明交代審查的目標是什麼、充分通知用戶，以及確保每一位用戶都有權申訴內容被刪。《聖塔克拉拉內容審查透明度和問責制原則》(Santa Clara Principles on Transparency and Accountability in Content Moderation)已有一百個以上公民社會組織背書，為此設下了基線。[10] 各公司應提供資訊給用戶，說明數據如何饋入推薦演算法，為任何使用到的數據取得有意義的同意，以及給予用戶更多選項，選擇想在各種feed*上面看到的內容。它們應該立即在制定政策時透明地納入公民社會，以及應該進行全面稽查，評估現行政策是否與人權標準相容，並且視需要予以變更。

但願我在本書已經寫得很清楚：審查在本質上就是政治行為，而且其規則越複雜，越難大規模應用。最重要的是，正如新冠疫情爆發幾個月以來所呈現的，個人的表達自由天生就是和公共衛生及免於傷害的自由存有緊張關係。這些都不是單純的問題，如果有人聲稱有容易的解決方案，我們務必謹慎才是。

我也是沒有解決方案的人之一。我曾經相信平台不應該審核言論，它們應該採取不干涉做法，除了很少數例外。我很天真吧。我仍相信矽谷不應該是我們可不可以說什麼的裁判，但是有一個簡單的事實是：我們正是信任這些公司可以這麼做。因此，它們必須睿智地善用我們給它們的責任。

十年來的記錄、辯論、寫作、諮詢及參與行動主義，使我對內容審核的各種固有問題得到許多量身訂作的結論。例如，即使我很確定，美國政府不應該向各家公司規定誰是恐怖份子、廣泛封鎖

* 譯註：這是一種資訊內容饋送技術，幾乎大型平台、網站都會使用，如Facebook的「動態消息」。它的功能主要是主動推薦各種資訊，而其選擇根據是使用者的興趣、使用習慣等，以及站方刻意推廣的資訊。

部分裸露的女性是歧視行為，會傷害女性主義理想。我仍然在設法尋找答案，想知道應該如何對待可疑的機器人、廢文，或是應如何處理還沒達到煽動程度的仇恨言論。

這些公司最近產生了幾個創新構想及解決方案，例如Facebook剛宣佈成立外部監督委員會、Twitter在包含虛假內容的政客推文加上建議警告。在我的圈子裡，有些人覺得這不過是虛有其表，也有人覺得未來大有可期。然而，對我來說，來得太少、太晚了。我已經失去信念，如果我曾經有過的話。我不再指望矽谷能解決它一開始製造的問題。

柏林第一次放寬新冠肺炎限制不久，一個夏末的傍晚，我和我的伴侶以及密友坐在公園裡，談論世界局勢。對於我們的國家，美國、英國，我們都感到悲觀。我的伴侶感嘆道，我們不太可能為剛剛經歷過的一切推估全球局勢。我們不會看見各國政府齊聚一堂，為下一次疾病大流行進行規劃，至少不會看到川普和波索納羅（Bolsonaro）這類領袖掌舵。我的伴侶推測：我們的社會將允許相同的錯誤一次又一次發生，就像以前那樣，因為人類很健忘。

確實，我們不能期望政府承認在哪裡做錯了。不會有人因為說口罩不必要而道歉、因為專注於經濟而不惜犧牲人命而道歉、因為讓那麼多人無辜死亡而道歉。正如我們不應該等待政府認清它們防疫的缺失，我們也不應等待那些公司承認它們的失敗。它們會爭功諉過，反正以前已經做過那麼多次了。

但是我們不會忘記，只要我們記得如何記得。我們的推估會透過開放的辯論與閉門的會議發生。它當然會在線上發生，至少現在會。但是，它終究也會再次發生在會議廳的走廊、在煙霧繚繞的酒吧裡燭光前的寧靜交談、在大會和市政廳。它會經由寫作發生，而我們務必記得要寫在紙上，因為我們不信任網際網路能安全保管好。

瓦埃勒・阿巴斯最了解，將我們的寫作託付給私人企業會發生什麼事。敘利亞人眼睜睜看著自己的歷史被平台抹除，只剩下政府的敘事風行全國，然而能叫政府負責的證據就在他們眼前被刪得一乾二淨，他們的內心感到痛苦。埃及革命志士為保存記憶而努力奮鬥，他們都了解文字能在頃刻間憑空消失。每一名部落客——不，記者——只要忘了付帳單或是成為DDoS攻擊*的受害者，馬上能嚐到全部作品人間蒸發的痛苦滋味。

審查的傷害非常巨大，但是最讓我痛徹心扉的是：它能掩蓋、抹除我們的歷史，讓我們的社會無法從過去所犯的錯誤汲取教訓。

這並非抽象的威脅。二〇一九年，我很高興能訪問文藝復興學者阿達・帕爾默（Ada Palmer），談她的研究專案《自由說話》（*Speaking Freely*）。我問她心目中有沒有「言論自由英雄」。為了回答我的問題，她說了一個十八世紀法國哲學家德尼斯・狄德羅（Denis Diderot）的故事，讓我至今難以忘懷。

狄德羅是無神論者，與人合編一套《狄德羅與達朗貝爾百科全書》（*L'Encyclopédie de Diderot et d'Alembert*）。這是一套激進的啟蒙運動百科全書，目標是「改變人們的思考方式」以及囊括世上所有知識。最後，這套書被羅馬查禁，法國也打算銷毀它。然而，到了那時候《百科全書》已經大受歡迎，即使它被官方明令查禁，審查人也睜一眼閉一眼。

如帕爾默所述：「這個計畫是要改變世界，讓每個人都能擁有以前只屬於菁英的力量。而且，

---

* 譯註：阻斷服務攻擊。網路攻擊手法，中斷目標電腦的網路或系統，導致使用者無法存取。

如他所說，這是反對新黑暗時代的保證。」[11] 但是，凡事都有取捨。為了確保《百科全書》能在他死後繼續流傳，狄德羅審查了自己，並且隱藏他的無神論立場以及他的其他作品，囑附直到他女兒死後才能印行。

因此，他的其中一本作品《拉莫的姪兒》（*Rameau's Nephew*）失傳了一百年之久，十九世紀晚期才出現在塞納河畔的一家書攤。帕爾默說，這本書是「她這輩子讀過最有趣的哲學著作之一。」書中我們看到狄德羅「奮力對付一個事實：極端改變新世代的教育並鼓勵他們拆掉現在的學校，改建更新、更好的。」[12] 到了最後才終於明白，這也代表創造一個未來，到時候他這一代的價值觀變得過時，被新價值觀取代。

這個故事不僅提醒我們審查——以及自我審查——能從我們身上取走什麼，同時也要我們記住一個事實：我們不可以追求簡單的答案，或者保持不變的觀點。為了發展更美好的未來，我們必須向過去學習，而且認清未來還沒有來，不必然非是什麼樣子不可。在歷史上有無數時刻，一個看似不起眼的決定或發現，卻將我們帶向嶄新的不同軌道。或者反過來，遇見某件暴行發生時未能採取行動，最後導致更大的痛苦。我們迫切需要的，是有意願也有能力研究、檢驗、探討錯誤，以及想像另一個未來。

民主、言論自由和人權持續受到侵蝕，並非無法避免的，然而唯有立即採取行動才能阻止它。未來由我們作主。

誌謝

本書是十年以上研究的成果，若非有那麼多人與我共事、聽我大言不慚、心平氣和地引領我走在正確的方向、一路以來協助我成長；沒有你們的指引、教育、意見、合作、愛與關懷，本書就不可能實現。雖然，書中所有的錯誤和粗心大意之處都是我一個人的疏失，但是沒有你們就沒有這本書，它是我的，同樣也是你們的。

我非常感謝編輯 Leo Hollis，在過去幾年的寫作過程裡，他相信我的構想並給我指導——以及滿滿的耐心。特別感謝 Adam Greenfield，是他不斷鼓勵我寫書，而且介紹我認識 Leo，才幫助我實現這本書的出版。感謝 Brian Baughan 不辭辛勞編輯本書，否則它不會好得這麼超乎預期。

有許許多多朋友和同事讀過本書不同版本的文稿，並且提供寶貴意見：他們包括同事 Corynne McSherry，幾年來令我大開眼界，獲益良多，同事 nash sheard，他對美國政治運動的洞識價值非凡。感謝 Łukasz Król 的眼光銳利、意見坦率，讓我的幾個重點表達得更清晰；感謝 Kate Klonick 真誠的意見，以及我們許多次的對話，還有對於未來最佳做法的辯論，對我都有巨大的幫助，讓我的構想能夠更精緻。感謝 Sarah Myers West，妳是我最愛共事的人之一，妳的學識、妳對本書早期版本的意見，是我不可或缺的助力。感謝每一位讀過本書的了不起朋友們——我感激你們，超過你們的想像。

過去幾年來，有非常多人影響了我的觀點，並且提攜我成長為社會運動者以及頂天立地的人。首先，是我在電子前哨基金會（現在和以前）的同事們：有你們的支持和知識，才養成我在這個領域的學識。我珍惜且熱愛這裡的每一位，每天能與你們共事，讓我感到自豪。但我必須特別感謝Cindy Cohn、Danny O'Brien、Lindsay Oliver、Eva Galperin、Gennie Gebhart、Katharine Trendacosta、Erica Portnoy、Kim Carlson、Soraya Okuda、Rainey Reitman、Cory Doctorow、David Greene、Jason Kelley，以及Elliot Harmon。對於我的前同事們，我的心裡也保留了特別的地位以及無盡的感恩，他們是Berkman Klein Center for Internet & Society的前同事——尤其是Rob Faris，他不僅冒險僱用我，更在我初出茅廬探索這個領域時，成為我的支柱。還有Jonathan Zittrain，他教會我許多事。我同樣感謝在Global Voices和IFEX的所有同事——包括Global Voices的Solana Larsen、Amira Al Hussaini、Ivan Sigal和Georgia Popplewell，以及特別感謝在IFEX的Annie Game和Rachael Kay。

感謝現在和以前的某些矽谷員工，在匿名的保護之下大方與我分享他們的想法。我深知你們和我交談的風險，謹此表達無比感激。過去幾年來有無數矽谷公司的員工回答過我的提問、傾聽我的建議並提供協助，但我選擇不要提及他們的姓名（以免讓任何人陷入風險！），只想深深感謝你們每一位。

我也要特別感謝為本書而公開和我談話的每一位：Amine Derkahoui、Kacem El Ghazzali、Rasha Abdulla、Danielle Blunt、Abdelrahman Mansour、Hossam Hamalawy、Adrian Chen、Courtney Demone、Erika Lust、Azza El Masri、Bardot Smith、Alexander Macgillivray、Dave Willner、Nicole Wong、Kali Sudhra、Dia Kayyali和Wael Eskandar——以及每一位匿名接受訪談的人。非常感謝你

們，感謝你們的想法，感謝你們的個人經歷，以及你們陪伴我的時間。沒有你們就沒有這本書！

幾年來，有少數幾位是我理解平台治理時絕對不可或缺的資源：Rebecca MacKinnon是最早寫作這個主題的學者之一，感謝妳給予的支持和鼓勵。感謝Zeynep Tufekci、danah boyd和Sarah T. Roberts，早期的我有你們的學識為我開路，才有如今這本書。在這幾年裡，感謝有其他許多人的見解及學識激發了我的思考，僅舉其中數位：Tarleton Gillespie、Jac sm Kee、David Kaye、Ron Deibert、Sami Ben Gharbia、Mary Anne Franks、Danielle Citron、Nic Suzor、Kate Klonick、Joan Donovan、Rasha Abdulla、Marc Lynch、Timothy Garton Ash、Gabriella Coleman、Rikke Frank Jørgensen、Liara Roux、Daphne Keller、Flavia Dzodan、Jennifer Grygiel、Jennifer Cobbe、Lisa Stampnitzsky、Soraya Chemaly、Jo Weldon、Evgeny Morozov和Evelyn Douek。

這些年來有朋友、同事、合作夥伴和同志能教導我、傾聽我的恐懼和豪言壯語、鼓勵我寫作、在國際會議的場外和我共同規劃、和我同心協力、挑戰我的構想，或者只是為我保留機會，我為自己的幸運感到自豪。以下名單當然並不完整，但是他們包括：Rima Sghaier、Abir Ghattas、Marwa Fatafta、Alex Feerst、Nic Suzor、Dalia Othman、Lorax Horne、Ellery Biddle、Afef Abrougui、Ásta Helgadóttir、Ben Wagner、Mohamed El Dahshan、Sarah Kay、Sarah Joseph、Nate Cardozo、Nada Akl、Blaine Cook、Nicholas Sera-Leyva、Mohamed El Gohary、Farah Wael、Reem El Masri、Katharina Mayer、Claudio Guarnieri、Yazan Badran、Mohamad Najem、Melissa Gira Grant、Geraldine de Bastion、Sandra Mamitzsch、Amr Gharbeia、Ahmad Gharbeia、Jeff Deutch、Hadi Al-Khatib、Oktavia Jonsdóttir、Ahmed Ghappour、Nasser Weddady、Nancy Goldstein、Sheera Frenkel、Wafaa

Heikal、Smári McCarthy、Slim Amamou、Razan Ghazzawi、Ali Abdulemam、Manal Hassan、Ahmed Omran、Robert Guerra、Tarek Amr、Laila Shereen Sakr、Miriyam Aouragh、Hanna Kreitem、Jessica Dheere、Alex Stamos、Anas Qtiesh、Siva Vaidyanathan、Ulf Buermeyer、Wafa Ben Hassine、Andre Meister、Cynthia Wong、Sandy Ordoñez、Trinh Nguyen、Fiona Krakenbürger、Sarah Aoun、Kate Coyer、Gülsin Harman、Trevor Timm、Mathew Ingram、Amie Stepanovich、Asher Wolf、Ahmet Alphan Sabancı、Rob Isaac、Duck、Nat Dudley、Henrik Chulu、Eleanor Saitta、Alison Macrina、Svea Windwehr、Kade Crockford、Karen Reilly、William Youmans、Frederike Kaltheuner、Matt Cornell、Nathalie Maréchal、Lina Attalah、Mahsa Alimardani、Karen Melchior、Sunny Singh、Musa Okwonga、Evan Greer、Caroline Sinders、Sara Yasin、Philip di Salvo、Walter Holst、Tin Geber、Joanna Bronowicka、Thomas Lohninger、Dragana Kaurin、Olivia Solon、Leila Nachawati Rego、Chris Soghoian、Emma Llansó、Renata Avila、Kate Crawford、Maya Ganesh、Barbara Dockalova、Mallory Knodel、Courtney Radsch、Ramzi Jaber、Birgitta Jónsdóttir、Lina Srivastava、Claudio Agosti和Addie Wagenknecht。此外，還有在社群媒體上族繁不及備載的眾多朋友們，在我沮喪時安慰我、幫我想起遺忘的事件、一起腦力激盪各章的題目，並且為我加油。我打從心底感謝你們大家。

有幾位朋友支持我、關心我，尤其是在本書寫作期間。他們值得特別致謝。Dia Kayyali：我最偏愛的同伴、親愛的朋友，謝謝妳總是噓寒問暖並且充當我的磐石。我從你身上學到很多，有幸能和妳共事，是我永遠的快樂。Bryony和Robin Cooper：我很感激你們讓我在美麗的府上寫作（還有你們漂亮的貓咪陪伴！），當我心情低落時從不忘記為我打氣。Arikia Millikan：妳對寫作和編輯的建議，還有對我的信心，是我必不可少的。Tanya Karsou：謝謝妳借房子給我寫作、借狗讓我抱，而且任何時候都願意傾聽我說話。Sonja Teofilović：妳本身就是傑出的學者，感謝無論在什麼情況下我都有你。Tara Tarakiyee：謝謝妳在我犯錯的時候、在我有新突破的時候，都願意告訴我。Ethan Zuckerman：你是我心目中的導師——謝謝你在過去將近十五年來給我的機會和指導，而且隨時都是我可以傾訴的對象。Ramy Raoof：謝謝你一直都能來看我，有時候還能看穿我。Markus Beckedahl：要不是因為你的邀請，我就不會在柏林找到歸宿，或者我的人生目標——謝謝你成為我最大的支持者之一。Alaa Abd El Fattah：我不確定你是否能知道你對我的影響有多大，我非常想念你，還有我們的對話。Audrey Penven、Aaron Musalzski、Maxi-Sophie Labes、Lily Guncheva、Jeremy Williams、Amanda Rino、Nica Storey、Elio Qoshi和Shakeeb Al-Jabri——要不是有你們，我不曉得能不能在疫情下倖存。最後，是Carrie Portrie、Katherine Maher和Angel Reynoso：你們都是我的人生成長過程中無比重要的人，感謝你們這麼多年來給我的所有愛與支持。

當然，我的一切都要感恩我的父母，他們用無盡的愛撫養我長大。感恩二〇一一年過世的父親Terry York：我好想您，每天都想您。但願您能在這裡看見我做了多少事，我知道您一定會以我為榮。感恩我母親Sandie York：您無條件的愛讓我精神煥發。您是我眼中最堅強的人，您既誠懇又不批評的能力，是我一直渴望也能擁有的。

最後，若是沒有我的伴侶Mathana的支持，本書完全不可能實現。這一路上每一步都有Mathana作伴，給我情感的支持、健康的飲食、大膽的想法、重要的批判、永不停歇的音樂，以及無數始終一貫的激勵。Mathana是優秀的哲人和學者，對我的構想深具信心——還有Mathana在每一天所表現的愛、關心和幽默——是驅動我人生的力量。Mathana是我的靠山，迫不及待想見到Mathana接下來要做什麼。全速前進！

註解

序幕

1 Joshua Adams (@JournoJoshua), Twitter, January 13, 2019, https:// twitter.com/ JournoJoshua/status/1084439719008788480.
2 Karen Reilly (@akareilly), Twitter, January 13, 2019, https://twitter.com/ akareilly/ status/1084452673175330817.
3 Richard Barbrook and Andy Cameron, "The Californian Ideology," Imaginary Futures, accessed June 1, 2020, http://www.imaginaryfutures. net/2007/04/17/the-californian-ideology-2/.
4 Barbrook and Cameron, "The Californian Ideology."
5 Aaron Sankin, "Composting Toilets, or 'Pooplets', Move One Step Closer to San Francisco Sidewalks," *HuffPost*, December 8, 2011, https://www. huffpost.com/entry/ composting-toilets-pooplet-report_n_1137963.

前言

1 那個部落格的名稱是「摩落哥報導」(The Morocco Report)，但很遺憾已經不在了。
2 Ursula Lindsey, "Morocco suppresses poll despite favorable results for king," *Christian Science Monitor*, August 9, 2009, https://www.csmonitor. com/World/Middle-East/2009/0805/p06s07-wome.html.

第一章：新守門人

1 Julie E. Cohen, "Law for the Platform Economy," *UC Davis Law Review*, 51, no. 133 (2017): 72.
2 John Perry Barlow, "A Declaration of the Independence of Cyberspace," February 8, 1996, reprinted by the Electronic Frontier Foundation, January 20, 2016, https://www.eff.org/ cyberspace-independence.
3 Bruce Sterling, "A Short History of the Internet," 1993, available at http:// sodacity.net/ system/files/Bruce_Sterling_A_Short_History_of_the_ Internet.pdf, 3.
4 Sterling, "A Short History of the Internet."
5 在本書中，「言論自由」(freedom of speech)和「表達自由」(freedom of expression)這兩個詞的用法可以互通，代表類似的觀念。但是，前者是比較傳統的美國用語，後者通常是世界其他國家偏好的說法，意義更寬廣也更清楚，包括圖像和身體表達。

6 女性當然是被排除在外的，因此我才不會說雅典是民主社會。

7 Nicolas P. Suzor, *Lawless: The Secret Rules That Govern Our Digital Lives* (Cambridge University Press, 2019), 90.

8 Suzor, *Lawless*, 45.

9 Rebecca Tushnet, "Power without Responsibility: Intermediaries and the First Amendment," *George Washington Law Review* 76, no. 4 (2008): 31.

10 Kate Klonick, "The New Governors: The People, Rules, and Processes Governing Online Speech," *Harvard Law Review* 131 (2017): 73.

11 Jack M. Balkin, "Free Speech in the Algorithmic Society: Big Data, Private Governance, and New School Speech Regulation," *SSRN Electronic Journal*, 2017, https://doi.org/10.2139/ssrn.3038939.

12 Balkin, "Free Speech in the Algorithmic Society." 13 Marsh v. Alabama, 326 U.S. 501 (1946)

14 The White House, "Remarks by the President at a Facebook Town Hall," April 20, 2011, https://obamawhitehouse.archives.gov/the-press- office/2011/04/20/remarks-president-facebook-town-hall.

15 Klonick, "The New Governors."

16 Nadia Colburn, "In Facebook's Founding, A Hint of the Privacy Issues to Come," WBUR, April 3, 2018, https://www.wbur.org/cognoscenti/ 2018/04/13/facebook-privacy-scandal-nadia-colburn.

17 Jillian C. York, "Policing Content in the Quasi-Public Sphere," OpenNet Initiative, accessed May 11, 2019, https://opennet.net/policing-content- quasi-public-sphere.

18 Kate Crawford and Tarleton Gillespie, "What Is a Flag for? Social Media Reporting Tools and the Vocabulary of Complaint," *New Media & Society*, 2016, https://journals.sagepub.com/doi/abs/10.1177/1461444814543163.

19 有一個實例正是如此：辛蒂・麥肯（Cindy McCain）——已故參議員約翰・麥肯（John McCain）之妻——曾經向有關單位誤報一個跨種族家庭有販賣人口之嫌。她在事後道歉說自己被「檢舉可疑，人人有責」的重要性誤導了。

20 通常，但不是普遍如此，真人審核員會根據平台的所有規則判斷內容，不會只看它被檢舉觸犯的那一條。

21 Sarah T. Roberts, *Behind the Screen: Content Moderation in the Shadows of Social Media* (Yale University Press, 2019).

22 Casey Newton, "Three Facebook Moderators Break Their NDAs to Expose a Company in Crisis," *Verge*, June 19, 2019, https://www. theverge.com/2019/6/19/18681845/facebook-moderator-interviews- video-trauma-ptsd-cognizant-tampa; Munsif Vengattil and Paresh Dave, "Some Facebook Content Reviewers in India Complain of Low Pay, High Pressure," Reuters, February 28, 2019, https://in.reuters.com/article/ facebook-content-india-idINKCN1QH15E.

23 Adrian Chen, "Inside Facebook's Outsourced Anti-Porn and Gore Brigade, Where Camel Toes Are More Offensive Than Crushed Heads," *Gawker*, February 16, 2012, http://gawker.com/5885714/ inside-facebooks-outsourced-anti-porn-and-gore-brigade-where-

camel- toes-are-more-offensive-than-crushed-heads.
24 CaseyNewton,"TheSecretLivesof FacebookModeratorsinAmerica," *Verge*, February 25, 2019, https://www.theverge.com/2019/2/25/18229714/ cognizant-facebook-content-moderator-interviews-trauma-working- conditions-arizona.
25 Evelyn Douek, "Verified Accountability: Self-Regulation of Content Moderation as an Answer to the Special Problems of Speech Regulation," Hoover Institution, Aegis Series Paper, no. 1903 (2019).
26 Jonathan Zittrain and John Palfrey, "Reluctant Gatekeepers: Corporate Ethics on a Filtered Internet," in *Access Denied*, eds. Ronald Deibert et al. (MIT Press, 2008).
27 Marvin Ammori, "The 'New' New York Times: Free Speech Lawyering in the Age of Google and Twitter," *Harvard Law Review*, June 20, 2014, https://harvardlawreview.org/2014/06/the-new-new-york-times-free- speech-lawyering-in-the-age-of-google-and-twitter.
28 Catherine Buni and Soraya Chemaly, "The Secret Rules of the Internet," *Verge*, April 13, 2016, https://www.theverge.com/2016/4/13/11387934/ internet-moderator-history-youtube-facebook-reddit-censorship-free- speech.
29 Jeffrey Rosen, *The Deciders: The Future of Privacy and Free Speech in the Age of Facebook and Google*, 80 Fordham L. Rev. 1525 (2012), https://ir.lawnet. fordham.edu/flr/vol80/iss4/1.
30 "2017-12-07 All Things in Moderation - Day 2 Plenary 2 - Bowden and LaPlante, CCM Workers," YouTube, December 12, 2017, https://www. youtube.com/watch?v=PxLk7btG1Is.
31 Rebecca MacKinnon, *Consent of the Networked: The Worldwide Struggle for Internet Freedom* (Basic Books, 2012), 154.
32 MacKinnon, 156.

第二章：現實世界的鎮壓在網路複製

1 Linda Herrera, *Revolution in the Age of Social Media* (Verso, 2014), 31.
2 YouTube, Community Guidelines, 2007, https://web.archive.org/ web/20070817230343/http://www.youtube.com:80/t/community_ guidelines.
3 Jonathan Zittrain and John Palfrey, "Internet Filtering: The Politics and Mechanisms of Control," in *Access Denied*, eds. Ronald Deibert et al. (The MIT Press, 2008).
4 "Vive La Liberté!," *The Economist*, November 23, 2000, https://www. economist.com/node/434168/print?Story_ID=434168.
5 "US Rebukes Yahoo over China Case," BBC News, November 6, 2007, http://news.bbc.co.uk/2/hi/technology/7081458.stm.
6 Rebecca MacKinnon, "America's Online Censors," *Nation*, February 24, 2006, https://www.thenation.com/article/archive/americas-online- censors.
7 Evelyn Douek, "The Rise of Content Cartels," Knight First Amendment Institute, February 11, 2020, https://knightcolumbia.org/content/the- rise-of-content-cartels.
8 Sarah Labowitz and Michael Posner, "NYU Center for Business and Human Rights

Resigns Its Membership in the Global Network Initiative," *NYU Stern Center for Business and Human Rights Blog*, February 1, 2016, https:// bhr.stern.nyu.edu/blogs/cbhr-letter-of-resignation-gni.

9 Jeffrey Rosen, "Google 's Gatekeepers," *New York Times Magazine*, November 28, 2008, https://www.nytimes.com/2008/11/30/magazine/ 30google-t.html.

10 "Government Requests to Remove Content – Google Transparency Report," accessed February 12, 2020, https://transparencyreport.google. com/government-removals/overview?hl=en&removal_requests=group_ by:totals;period:Y2009H2&lu=removal_requests.

11 Eva Galperin, "What Does Twitter's Country-by-Country Takedown System Mean for Freedom of Expression?," Electronic Frontier Foun- dation, January 27, 2012, https://www.eff.org/deeplinks/2012/01/ what-does-twitter%E2%80%99s-country-country-takedown-system-mean- freedom-expression.

12 "Pakistan: The Chilling Effects of Twitter's Country Witheld [*sic*] Content Tool," *Bolo Bhi* (blog), May 21, 2014, https://bolobhi.org/pakistan-the- chilling-effects-twitter-country-withheld-pakistan.

13 Claire Cain Miller, "Google Has No Plans to Rethink Video Status," *New York Times*, September 14, 2012, https://www.nytimes.com/2012/09/15/ world/middleeast/google-wont-rethink-anti-islam-videos-status.html.

14 Kimber Streams, "YouTube Temporarily Censors Offensive Video in Egypt and Libya," *Verge*, September 13, 2012, https://www.theverge.com/ 2012/9/13/3328106/youtube-censorship-innocence-muslims-egypt-libya.

15 Jack M. Balkin, "Free Speech in the Algorithmic Society: Big Data, Private Governance, and New School Speech Regulation," *SSRN Electronic Journal*, 2017, https://doi.org/10.2139/ssrn.3038939.

16 "An Analysis of #BlackLivesMatter and Other Twitter Hashtags Related to Political or Social Issues," Pew Research Center, *Internet Technology* (blog), July 11, 2018, https://www.pewresearch.org/internet/2018/07/11/ an-analysis-of-blacklivesmatter-and-other-twitter-hashtags-related-to- political-or-social-issues.

17 Bijan Stephen, "How Black Lives Matter Uses Social Media to Fight the Power," *Wired*, October 21, 2015, https://www.wired.com/2015/10/how- black-lives-matter-uses-social-media-to-fight-the-power.

18 Joseph Cox and Jason Koebler, "Facebook Decides Which Killings We 're Allowed to See," *Vice*, July 7, 2016, https://www.vice.com/en_us/article/ 8q85jb/philando-castile-facebook-live.

19 "Text of Zuckerberg's Georgetown Speech," *Washington Post*, October 17, 2019, https://www.washingtonpost.com/technology/2019/10/17/ zuckerberg-standing-voice-free-expression/.

20 Donie O'Sullivan, "Zuckerberg Said Facebook Helped Black Lives Matter. Activists Disagree and Are Bracing for 2020," CNN Business, October 24, 2019, https://www.cnn.com/2019/10/24/tech/black-lives-matter- facebook-2020/index.html.

21 "Facebook, Elections and Political Speech," *About Facebook* (blog), September 24, 2019,

https://about.fb.com/news/2019/09/elections-and- political-speech.
22 "Facebook, Elections and Political Speech."
23 Douek, "The Rise of Content Cartels."
24 Miriyam Aouragh, *Palestine Online: Transnationalism, the Internet and the Construction of Identity* (Bloomsbury Academic, 2011).
25 "As Rockets Rain on Gaza, Facebook Does Nothing to Stop Hate Speech Against Palestinians," *Global Voices Advocacy* (blog), July 11, 2014, https:// advox.globalvoices.org/2014/07/11/as-rockets-rain-on-gaza-facebook- does-nothing-to-stop-hate-speech-against-palestinians.
26 "As Rockets Rain on Gaza, Facebook Does Nothing."
27 Associated Press, "Facebook and Israel to Work to Monitor Posts That Incite Violence," *Guardian*, September 12, 2016, https://www.theguardian.com/ technology/2016/sep/12/facebook-israel-monitor-posts-incite-violence- social-media.
28 " 'Mothers of All Palestinians Should Also Be Killed,' Says Israeli Politi- cian," *Daily Sabah*, July 14, 2014, https://www.dailysabah.com/mideast/ 2014/07/14/mothers-of-all-palestinians-should-also-be-killed-says- israeli-politician.
29 7amleh, "The Index of Racism and Incitement in Israeli Social Media 2018," *IFEX* (blog), March 11, 2019, https://ifex.org/index-of-racism-and- incitement-in-israeli-social-media-2018/.
30 Sophia Hyatt, "Facebook 'Blocks Accounts' of Palestinian Journalists," Al Jazeera, September 25, 2016, https://www.aljazeera.com/news/2016/09/ facebook-blocks-accounts-palestinian-journalists-160925095126952.html.
31 Dob Lieber, "Facebook Restores Account of Ruling Palestinian Party," *Times of Israel*, March 3, 2017, https://www.timesofisrael.com/facebook- restores-account-of-ruling-palestinian-party-after.
32 "Facebook's Manual on Credible Threats of Violence," *Guardian*, May 21, 2017, https://www.theguardian.com/news/gallery/2017/may/21/ facebooks-manual-on-credible-threats-of-violence.
33 Julia Angwin and Hannes Grassegger, "Facebook's Secret Censorship Rules Protect White Men from Hate Speech but Not Black Children," ProPublica, June 28, 2017, https://www.propublica.org/article/facebook- hate-speech-censorship-internal-documents-algorithms.
34 7amleh, "Palestinian Civil Society Organizations Issue a Statement of Alarm Over the Selection of Emi Palmor, Former General Director of the Israeli Ministry of Justice to Facebook's Oversight Board," May 14, 2020, https://7amleh.org/2020/05/14/palestinian-civil-society- organizations-issue-a-statement-of-alarm-over-the-selection-of-emi- palmor-former-general-director-of-the-israeli-ministry-of-justice-to- facebook-s-oversight-board.
35 My Pham, "Vietnam Says Facebook Commits to Preventing Offensive Content," Reuters, April 26, 2017, https://www.reuters.com/article/us- facebook-vietnam-idUSKBN17T0A0.
36 Angwin and Grassegger, "Facebook's Secret Censorship Rules."
37 Wael Eskandar, Twitter, August 14, 2018, https://twitter.com/weskandar/ status/1029563198775676935; David Kaye (@davidakaye), Twitter, August 15, 2018,

https://twitter.com/davidakaye/status/1029563506796847104.
38 Jillian C. York, "Companies Must Be Accountable to All Users: The Story of Egyptian Activist Wael Abbas," Electronic Frontier Foundation, February 13, 2018, https://www.eff.org/deeplinks/2018/02/insert-better- title-here.
39 Jillian C. York, "Egyptian Blogger and Activist Wael Abbas Detained," Electronic Frontier Foundation, May 25, 2018, https://www.eff.org/ deeplinks/2018/05/egyptian-blogger-and-activist-wael-abbas-detained.

第三章：社群媒體革命家

1 Jadaliyya- جدلية and Jadaliyya, "Saeeds of Revolution: De-Mythologizing Khaled Saeed," Jadaliyya - جدلية, June 5, 2012, http://www.jadaliyya. com/Details/26148.
2 Jillian C. York, "On Facebook Deactivations," April 8, 2010, *Jillian C. York* (blog), https://jilliancyork.com/2010/04/08/on-facebook-deactivations.
3 York, "On Facebook Deactivations."
4 歐布里恩目前任職於EFF，擔任策略主任。過去幾年來，與社群媒體公司或者跟社群媒體公司有關的對話，他都發揮了重大作用。而且，也協助我提昇工作成果。
5 Rebecca MacKinnon, *Consent of the Networked: The Worldwide Struggle for Internet Freedom* (Basic Books, 2012).
6 Elliot Schrage to Rebecca MacKinnon and Danny O'Brien on November 26, 2010.
7 Jillian York, "Facebook: 'No Palestinian Pages,'" *Jillian C. York*, July 25, 2010, https://jilliancyork.com/2010/07/25/facebook-no-palestinian- pages.
8 Max Read, "Why Is Facebook Blocking the Word 'Palestinian' in Page Titles?," *Gawker*, July 26, 2010, http://gawker.com/5596192/why-is- facebook-blocking-the-word-palestinian-in-page-titles.
9 Jillian C. York, "When Social Networks Become Tools of Oppres- sion," *Bloomberg*, June 7, 2011, https://www.bloomberg.com/opinion/ articles/2011-06-07/when-social-networks-become-tools-of-oppression- jillian-c-york.
10 Jillian C. York, "Policing Content in the Quasi-Public Sphere," OpenNet Initiative, September 2010, https://opennet.net/policing-content-quasi- public-sphere.
11 Mohamed Zayani, *Networked Publics and Digital Contention: The Politics of Everyday Life in Tunisia* (Oxford University Press, 2015).
12 Amy Aisen Kallander, "From TUNeZINE to Nhar 3la 3mmar: A Recon- sideration of the Role of Bloggers in Tunisia's Revolution," *Arab Media & Society*, January 27, 2013, https://www.arabmediasociety.com/from- tunezine-to-nhar-3la-3mmar-a-reconsideration-of-the-role-of-bloggers-in- tunisias-revolution.
13 Zayani, *Networked Publics and Digital Contention*.
14 關於此事以及突尼西亞網際網路機關和突尼西亞審查制度的其他資訊，可參見我和凱瑟琳・瑪爾合著的專章："Origins of the Tunisian Internet," in *State Power 2.0: Authoritarian Entrenchment and Political Engagement Worldwide*, Muzammil M. Hussain and Philip N. Howard, eds. (Routledge, 2013), https://www.book2look.com/book/KlcjYsZV2W.

15 有些說阿拉伯語的人，尤其是在北非使用法語而不是阿拉伯語鍵盤的，會利用數字來代表特定的阿拉伯字。這種聊天語言通常被稱為「Arabizi」或「3rabizi」。
16 「全球之聲」是國際新聞編輯室及部落格社群，由伊森・查克曼和麥康瑞共同成立。當時他們兩人都是哈佛大學貝克曼・克連網際網路與社會中心的研究員，他們的革命性創舉是將國際部落格和社群媒體帶進主流媒體報導。
17 "YouTube Bans Tunisian Site Nawaat from Uploading Videos," *Global Voices Advocacy* (blog), February 16, 2010, https://advox.globalvoices. org/2010/02/16/youtube-bans-tunisian-site-nawaat-from-uploading- videos.
18 "Human Rights Implications of Content Moderation and Account Suspen- sion by Companies," RConversation, May 14, 2010, https://rconversation. blogs.com/rconversation/2010/05/human-rights-implications.html.
19 Ethan Zuckerman: "Internet freedom: protect, then project," *My Heart is in Accra* (blog), March 22, 2010, http://www.ethanzuckerman.com/ blog/2010/03/22/internet-freedom-protect-then-project/.
20 Kallander, "From TUNeZINE to Nhar 3la 3mmar."
21 Jillian York, "Anti-Censorship Movement in Tunisia: Creativity, Courage and Hope!," *Global Voices Advocacy* (blog), May 27, 2010, https://advox. globalvoices.org/2010/05/27/anti-censorship-movement-in-tunisia- creativity-courage-and-hope/.
22 Eva Galperin, "EFF Calls for Immediate Action to Defend Tunisian Activ- ists against Government Cyberattacks," Electronic Frontier Foundation, January 11, 2011, https://www.eff.org/deeplinks/2011/01/eff-calls- immediate-action-defend-tunisian.
23 Alexis C. Madrigal, "The Inside Story of How Facebook Responded to Tunisian Hacks," *Atlantic*, January 24, 2011, https://www.theatlantic. com/technology/archive/2011/01/the-inside-story-of-how-facebook- responded-to-tunisian-hacks/70044/.
24 突尼西亞的網際網路服務供應商正採用鍵盤側錄策略——也就是企圖捕捉到使用者的按鍵敲打內容——但HTTPS協定會將通過它而傳送的任何流量或通訊內容加密，使它不受其影響。
25 報導證實了那場大屠殺。請參見：Yasmine Ryan, "The Mas- sacre behind the Revolution," Al Jazeera, February 16, 2011, https://www. aljazeera.com/indepth/features/2011/02/2011215123229922898.html.
26 Alex Nunns and Nadia Idle, eds., *Tweets from Tahrir: Egypt's Revolution As It Unfolded, in the Words of the People Who Made It* (OR Books, 2011).
27 Hossam el-Hamalawy, "Egypt's Revolution Has Been 10 Years in the Making," *Guardian*, March 2, 2011, editorialhttps://www.theguardian. com/commentisfree/2011/mar/02/egypt-revolution-mubarak-wall-of- fear.
28 Hossam el-Hamalawy, "Hundreds of Egyptian workers demonstrate for minimum wage," *Egypt Independent*, April 3, 2010, https://egypt independent.com/hundreds-egyptian-workers-demonstrate-minimum- wage/.
29 Tom Isherwood, "A New Direction or More of the Same? Political Blog- ging in Egypt," *Arab Media & Society*, August 6, 2009, https://www.arab mediasociety.com/a-new-direction-or-more-of-the-same.
30 Summer Harlow, "It Was a 'Facebook Revolution': Exploring the Meme-like Spread of

Narratives during the Egyptian Protests," *Revista de Comuni- cación* 12 (2013): 59–82.
31 "Crowds Swell as Protest Seeks a Leader," *Los Angeles Times*, February 9, 2011, https://www.latimes.com/archives/la-xpm-2011-feb-09-la-fg- egypt-google-20110209-story.html.
32 "Wael Ghonim's DreamTV Interview - Part 2," YouTube, February 9, 2011, https://www.youtube.com/watch?v=t57txvQszJI&t=84s.
33 Nunns and Idle, *Tweets from Tahrir*.
34 Jillian C. York, "Arab Swell: How Bloggers Built the Groundwork for a Revolution," *Makeshift*, no. 3 (Summer 2012).
35 Peter Beaumont, "Can Social Networking Overthrow a Government?," *Sydney Morning Herald*, February 25, 2011, https://www.smh.com.au/ technology/can-social-networking-overthrow-a-government-20110225- 1b7u6.html; Sam Graham-Felsen, "How Cyber-Pragmatism Brought Down Mubarak," *Nation*, February 11, 2011, https://www.thenation.com/ article/how-cyber-pragmatism-brought-down-mubarak.
36 Malcolm Gladwell, "Does Egypt Need Twitter?," *New Yorker*, February 2, 2011, https://www.newyorker.com/news/news-desk/does-egypt-need- twitter.
37 Abdelrahman Mansour, "The Arab Spring Is Not over Yet," *Foreign Policy*, March 8, 2019, https://foreignpolicy.com/2019/03/08/the-arab-spring- is-not-over-yet-sudan-egypt-algeria-bouteflika-sisi-bashir.
38 Adrian Chen, "Mark Zuckerberg Takes Credit for Populist Revolutions Now That Facebook's Gone Public," *Gawker*, February 2, 2012, http:// gawker.com/5881657/facebook-takes-credit-for-populist-revolutions- now-that-its-gone-public.

第四章：利益至上

1 "Jordan's Protesters Are Young and Wary of Their Cause Being Hijacked," Arab News, June 4, 2018, https://www.arabnews.com/node/1314946/ middle-east.
2 Abdelaziz Radi, "Protest Movements and Social Media: Morocco's Febru- ary 20 Movement," *Africa Development / Afrique et Développement* 42, no. 2 (2017): 31–55.
3 Jennifer Preston, "Syria Restores Access to Facebook and YouTube," February 9, 2011, https://www.nytimes.com/2011/02/10/world/middle east/10syria.html.
4 "Syrians Call for Protests on Facebook, Twitter," CBS News, February 1, 2011, https://www.cbsnews.com/news/syrians-call-for-protests-on- facebook-twitter.
5 "President: Syria Immune to Unrest Seen in Egypt," CBS News, January 31, 2011, https://www.cbsnews.com/news/president-syria-immune-to- unrest-seen-in-egypt.
6 Lauren Williams, "Syria to Set Facebook Status to Unbanned in Gesture to People," *Guardian*, February 8, 2011, https://www.theguardian.com/world/2011/feb/08/syria-facebook-unbanned-people.
7 Jillian York, "Unblocking Syria's Social Media," Al Jazeera, February 11, 2011, https://www.aljazeera.com/indepth/opinion/2011/02/2011212122 746819907.html.
8 Anas Qtiesh, "Syria: A Blogger Arrested, a Journalist Missing," *Global Voices Advocacy* (blog), March 23, 2011, https://advox.globalvoices. org/2011/03/23/syria-a-blogger-arrested-a-journalist-missing.

9 Adrian Blomfield, "Syria 'Tortures Activists to Access Their Face- book Pages,'" May 9, 2011, https://www.telegraph.co.uk/news/ worldnews/middleeast/syria/8503797/Syria-tortures-activists-to-access- their-Facebook-pages.html.
10 Jennifer Preston, "Seeking to Disrupt Protesters, Syria Cracks Down on Social Media," *New York Times*, May 22, 2011, https://www. nytimes.com/2011/05/23/world/middleeast/23facebook.html; Bob Chiarito, " 'Chicago Girl' Leads Syrian Revolution from Des Plaines to Damascus," *Chicago Ambassador* (blog), February 28, 2015, https://thechicagoambassador.wordpress.com/2015/02/28/chicago-girl-leads- syrian-revolution-from-des-plaines-to-damascus.
11 "Number of Active Users at Facebook over the Years," Associated Press, October 23, 2012, https://finance.yahoo.com/news/number-active-users- facebook-over-years-214600186--finance.html.
12 Chris Taylor, "Twitter Has 100 Million Active Users," *Mashable*, September 8, 2011, https://mashable.com/2011/09/08/twitter-has-100- million-active-users/?europe=true.
13 "Facebook: Number of Employees 2009–2019 | FB," Macrotrends, https://www. macrotrends.net/stocks/charts/FB/facebook/number-of- employees.
14 Marc Herman, "An Activist Describes How Manning's Leaks Helped Topple a Dictator," *Pacific Standard*, August 28, 2013, https://psmag.com/ news/tunisian-activist-describes-mannings-leaks-helped-topple-dictator- 65243.
15 Ewen MacAskill, "WikiLeaks Website Pulled by Amazon after US Political Pressure," *Guardian*, December 2, 2010, https://www.theguardian.com/ media/2010/dec/01/wikileaks-website-cables-servers-amazon.
16 "Why WikiLeaks Is Not Pentagon Papers 2.0," *Atlantic*, December 29, 2010, https://www.theatlantic.com/politics/archive/2010/12/why- wikileaks-is-not-pentagon-papers-2-0/342839.
17 John F. Burns and Ravi Somaiya, "WikiLeaks Founder Gets Support in Rebuking U.S. on Whistle-Blowers," *New York Times*, https://www. nytimes.com/2010/10/24/world/24london.html.
18 Alexia Tsotsis, "Twitter Informs Users of DOJ WikiLeaks Court Order, Didn't Have To," *TechCrunch* (blog), January 8, 2011, https://social. techcrunch.com/2011/01/07/twitter-informs-users-of-doj-wikileaks- court-order-didnt-have-to.
19 Ryan Singel, "Twitter's Response to WikiLeaks Subpoena Should Be the Industry Standard," *Wired*, January 10, 2011, https://www.wired.com/ 2011/01/twitter-2/.
20 Ramy Yaacoub (@RamyYaacoub), Twitter, December 19, 2011, https:// twitter.com/RamyYaacoub/status/148764720143409153.
21 "Tweets Still Must Flow," Twitter (blog), January 26, 2012, https://blog. twitter.com/en_us/a/2012/tweets-still-must-flow.html.
22 Jillian C. York, "Twitter's Growing Pains," Al Jazeera, January 31, 2012, https://www. aljazeera.com/indepth/opinion/2012/01/201213091936736 195.html.
23 "Why Facebook Buys Startups," YouTube, October 18, 2010, https:// www.youtube.com/watch?v=OlBDyItD0Ak.
24 Alexia Tsotsis, "Facebook Scoops up Face.Com for $55–60M to Bolster Its Facial

Recognition Tech (Updated)," *TechCrunch* (blog), June 18, 2012, http://social.techcrunch.com/2012/06/18/facebook-scoops-up-face- com-for-100m-to-bolster-its-facial-recognition-tech.

25 Steve Tobak, "Did IPO Damage Facebook Brand?," CBS News, June 6, 2012, https://www.cbsnews.com/news/did-ipo-damage-facebook-brand; David Weidner, "Facebook IPO Facts, Fiction and Flops," *Wall Street Journal*, May 30, 2012, https://www.wsj.com/articles/SB100014240527023 04821304577436873952633672.

26 Mark Zuckerberg, "(4) Founder's Letter, 2012," Facebook, February 1, 2017, https://www.facebook.com/notes/mark-zuckerberg/founders- letter/10154500412571634.

27 Jillian C. York, "Facebook: Now Open for Public Scrutiny," Al Jazeera, May 27, 2012, https://www.aljazeera.com/indepth/opinion/2012/05/201 252782040308719.html.

28 "Facebook's 5 Core Values," Facebook, September 8, 2015, https://www. facebook.com/media/set/?set=a.1655178611435493.1073741828. 1633466236940064&type=3.

29 Sam Howe Verhovek, "After 10 Years, the Trauma of Love Canal Continues," *New York Times*, August 5, 1988, https://www.nytimes.com/1988/08/05/ nyregion/after-10-years-the-trauma-of-love-canal-continues.html.

30 "Sex, Social Mores, and Keyword Filtering: Microsoft Bing in the 'Arabian Countries,'" OpenNet Initiative, https://opennet.net/sex-social-mores- and-keyword-filtering-microsoft-bing-arabian-countries.

31 "The GNI Principles," *Global Network Initiative* (blog), https://global networkinitiative.org/gni-principles.

32 "Insights to Go," Facebook IQ, https://www.facebook.com/iq/insights- to-go/tags/middle-east; Cyrille Fabre et al., "E-Commerce in MENA: Opportunity Beyond the Hype," Bain & Company, February 19, 2019, https://www.bain.com/insights/ecommerce-in-MENA-opportunity- beyond-the-hype.

33 "ITunes Yields to Petition from SMEX and Lebanese Band Al-Rahel Al-Kabir," SMEX, May 21, 2018, https://smex.org/itunes-yields-to- petition-from-smex-and-lebanese-band-al-rahel-al-kabir.

34 "Alcohol Content," Twitter Business, https://business.twitter.com/en/ help/ads-policies/restricted-content-policies/alcohol-content.html.

35 Nabila Rahhal, "Advertising Alcohol: The Business of Selling Respon- sibly," *Executive*, February 15, 2016, https://www.executive-magazine. com/hospitality-tourism/advertising-alcohol-the-business-of-selling- responsibly.

36 "Tripoli Alcohol Advertising Ban Draws Fire," *Daily Star* (Lebanon), August 11, 2014, https://www.dailystar.com.lb/News/Lebanon-News/ 2014/Aug-11/266821-tripoli-alcohol-advertising-ban-draws-fire.ashx.

37 AGReporter,"Twitter Officially Launches Advertising Servicesinthe Middle East," *Arabian Gazette*, January 28, 2013, https://arabiangazette.com/ twitter-officially-launches-advertising-services-middle-east-20130128; Lorena Rios, "Drinking Alcohol Is Always an Open Secret in Egypt," *Vice*, August 19, 2016, https://www.vice.com/en_us/article/4xbbqj/drinking- alcohol-is-always-an-open-secret-in-egypt.

38 Greg Miller, "How the U.S. Maps the World's Most Disputed Terri- tories," *Wired*,

January 24, 2014, https://www.wired.com/2014/01/ state-department-maps/.

39 Greg Bensinger, "Google Redraws the Borders on Maps Depending on Who's Looking," *Washington Post*, February 4, 2020, https://www. washingtonpost.com/technology/2020/02/14/google-maps-political- borders.

40 Colum Lynch, "Syrian Opposition Seeks to Wipe the Assad Name off the Map—via Google," *Washington Post*, February 14, 2020, https://www. washingtonpost.com/world/national-security/syrian-opposition- seeks-to-wipe-the-assad-name-off-the-map--via-google/2012/02/14/ gIQAad5aER_story.html.

41 Mark Brown, "Nicaraguan Invasion? Blame Google Maps," *Wired*, November 8, 2010, https://www.wired.com/2010/11/google-maps-error- blamed-for-nicaraguan-invasion.

42 Steve Forrest, "Shezanne Cassim, Freed from UAE Prison, Returns to US," CNN, January 9, 2014, https://www.cnn.com/2014/01/09/world/ meast/uae-freed-american/index.html.

43 Adam Schreck, "Facebook Opens Office in Dubai," *Christian Science Monitor*, May 30, 2012, https://www.csmonitor.com/Business/Latest- News-Wires/2012/0530/Facebook-opens-office-in-Dubai.

44 Vijaya Gadde, "Twitter Executive: Here's How We're Trying to Stop Abuse While Preserving Free Speech," *Washington Post*, April 16, 2015, https://www.washingtonpost.com/posteverything/wp/2015/04/16/ twitter-executive-heres-how-were-trying-to-stop-abuse-while-preserving- free-speech.

45 Josh Halliday, "Lawyer and Champion of Free Speech Alex Macgillivray to Leave Twitter," *Guardian*, August 30, 2013, https://www.theguardian. com/technology/2013/aug/30/twitter-alex-macgillivray-free-speech.

46 Theodore Schleifer, "Silicon Valley Is Awash in Chinese and Saudi Cash— and No One Is Paying Attention (except Trump)," Vox, May 1, 2019, https:// www.vox.com/recode/2019/5/1/18511540/silicon-valley-foreign- money-china-saudi-arabia-cfius-firrma-geopolitics-venture-capital.

47 Thomas L. Friedman, "Saudi Arabia's Arab Spring, at Last," editorial, *New York Times*, November 23, 2017, https://www.nytimes.com/2017/11/23/ opinion/saudi-prince-mbs-arab-spring.html.

48 "Impact of Office Locations on the Policies of Multinational Compa- nies: The Cases of Facebook and Twitter," ImpACT International, September 19, 2019, https://impactpolicies.org/en/news/39/Impact-of- Office-Locations-on-the-Policies-of-Multinational-Companies-the-Cases- of-Facebook-and-Twitter.

49 Theodore Schleifer, "Silicon Valley Is Snubbing Saudi Arabia's Glitzy Conference a Year after the Khashoggi Killing," Vox, October 14, 2019, https://www.vox.com/recode/2019/10/14/20908630/saudi-arabia- silicon-valley-future-investment-initiative-conference-speakers.

50 Alex Kantrowitz, "How Saudi Arabia Infiltrated Twitter," BuzzFeed News, February 19, 2020, https://www.buzzfeednews.com/article/alexkantro witz/how-saudi-arabia-infiltrated-twitter.

51 Elana Beiser, "China, Turkey, Saudi Arabia, Egypt Are World's Worst Jailers of Journalists," Committee to Protect Journalists, December 11, 2019, https://cpj.org/

reports/2019/12/journalists-jailed-china-turkey- saudi-arabia-egypt.php.
52 Ruth Michaelson, "Threat of Jail Looms over Even Mildest Critics under Egyptian Crackdown," *Guardian*, January 24, 2020, https://www. theguardian.com/world/2020/jan/24/threat-of-jail-shapes-egyptian- lives-nine-years-after-uprising.
53 Michael Safi, "Egypt Forces Guardian Journalist to Leave after Coro- navirus Story," *Guardian*, March 26, 2020, https://www.theguardian. com/world/2020/mar/26/egypt-forces-guardian-journalist-leave- coronavirus-story-ruth-michaelson.
54 " 'Leave, Sisi!': All You Need to Know about the Protests in Egypt," Al Jazeera, September 21, 2019, https://www.aljazeera.com/news/2019/09/ sisi-protests-egypt-190921091738593.html.
55 Megha Rajagopalan, "Twitter 'Silenced' Dissenting Voices during Anti- Government Protests in Egypt," BuzzFeed News, October 25, 2019, https:// www.buzzfeednews.com/article/meghara/twitter-egypt-protests- accounts-suspended.
56 Wael Eskandar, "How Twitter Is Gagging Arabic Users and Acting as Morality Police," openDemocracy, October 23, 2019, https://www. opendemocracy.net/en/north-africa-west-asia/how-twitter-gagging- arabic-users-and-acting-morality-police.
57 Simon Speakman Cordall, "Facebook deactivates accounts of Tunisian political bloggers and activists," *The Guardian*, June 4, 2020, https:// www.theguardian.com/global-development/2020/jun/04/facebook- deactivates-accounts-of-tunisian-political-bloggers-and-activists.
58 Facebook, "May 2020 Coordinated Inauthentic Behavior Report," June 5, 2020, https://about.fb.com/news/2020/06/may-cib-report/.
59 Marwa Fatafta, "Rights groups to Facebook on Tunisia's 'disappeared' accounts: we're still waiting for answers," Access Now, June 23, 2020, https://www.accessnow.org/rights-groups-to-facebook-on-tunisias- disappeared-accounts-were-still-waiting-for-answers/.
60 Cordall, "Facebook deactivates accounts of Tunisian political bloggers and activists."
61 @Cartes, "Announcing the Twitter Trust & Safety Council," Twitter (blog), February 9, 2016, https://blog.twitter.com/en_us/a/2016/ announcing-the-twitter-trust-safety-council.html.
62 Jacob Kornbluh, "Netanyahu Called Mark Zuckerberg to Voice Concerns over Facebook Suspension," Jewish Insider, February 12, 2020, https:// jewishinsider.com/2020/02/netanyahu-called-mark-zuckerberg-to-voice- concerns-over-facebook-suspension.
63 My Pham, "Vietnam Says Facebook Commits to Preventing Offensive Content," Reuters, April 16, 2017, https://www.reuters.com/article/us- facebook-vietnam-idUSKBN17T0A0.
64 Saudi Arabia boasts high internet penetration and its citizens are major users of social media—according to the Saudi Ministry of Communications and Information Technology, more than 18 million Saudis use social media. https://www.mcit.gov.sa/en/media-center/news/89698

第五章：極端主義召喚極端措施

1 Stephanie Busari, "Tweeting the Terror: How Social Media Reacted to Mumbai," CNN,

http://edition.cnn.com/2008/WORLD/asiapcf/11/27/ mumbai.twitter.

2 U.S. Senate Committee on Homeland Security and Governmental Affairs, "Lieberman Calls on Google to Take Down Terrorist Content," May 19, 2008, http://www.hsgac.senate.gov/media/majority-media/lieberman- calls-on-google-to-take-down-terrorist-content.

3 U.S. Senate Committee on Homeland Security and Governmental Affairs, "Lieberman Calls."

4 "Dialogue with Sen. Lieberman on Terrorism Videos," *Official YouTube Blog*, May 19, 2008, https://youtube.googleblog.com/2008/05/dialogue- with-sen-lieberman-on.html.

5 "No Exit: Human Rights Abuses Inside the MKO Camps: I. Summary," Human Rights Watch, https://www.hrw.org/legacy/backgrounder/ mena/iran0505/1.htm#_Toc103593125.

6 Michael Rubin, "Monsters of the Left: The Mujahedin al-Khalq," Middle East Forum, January 13, 2006, https://www.meforum.org/888/monsters- of-the-left-the-mujahedin-al-khalq.

7 Glenn Greenwald, "Five Lessons from the De-Listing of MEK as a Terror- ist Group," *Guardian*, September 23, 2012, https://www.theguardian.com/ commentisfree/2012/sep/23/iran-usa.

8 Lisa Stampnitzky, *Disciplining Terror: How Experts Invented "Terrorism,"* (Cambridge University Press, 2013).

9 Jeffrey Gettleman, "Somalia's Rebels Embrace Twitter as a Weapon," *New York Times*, December 14, 2011, https://www.nytimes.com/2011/12/15/ world/africa/somalias-rebels-embrace-twitter-as-a-weapon.html.

10 "YouTube Is Managing Graphic, Violent Videos from the Middle East with Community Help," *Business Insider*, June 4, 2013, https://web. archive.org/web/20130604053925/http://www.businessinsider.com/ youtube-is-managing-graphic-violent-videos-from-the-middle-east-with- community-help-2011-5.

11 Liam Stack, "Video of Tortured Boy's Corpse Deepens Anger in Syria," *New York Times*, May 30, 2011, https://www.nytimes.com/2011/05/31/ world/middleeast/31syria.html.

12 Ari Melber, "YouTube Reinstates Blocked Video of Child Allegedly Tor- tured in Syria," *Nation*, June 1, 2011, https://www.thenation.com/article/ archive/youtube-reinstates-blocked-video-child-allegedly-tortured- syria/.

13 Melber, "YouTube Reinstates Blocked Video."

14 John F. Burns and Miguel Helft, "YouTube Withdraws Cleric's Videos," *New York Times*, November 3, 2010, https://www.nytimes.com/2010/11/04/ world/04britain.html.

15 國際失蹤及被剝削兒童保護中心在司法機關的監督下，維護一個兒童性剝削／虐待圖像（child sexual exploitation/abuse imagery，這個領域的人簡稱它CSEI或CSAI，兩個縮寫通用）資料庫。

16 "Al-Shabab Showed Gruesome Social Media Savvy during Attack," CBS News, September 24, 2013, https://www.cbsnews.com/news/al-shabab- showed-gruesome-social-media-savvy-during-attack.

17 Adam Withnall, "Iraq Crisis: Isis Declares Its Territories a New Islamic State with

'Restoration of Caliphate' in Middle East," *Independent*, June 30, 2014, https://www.independent.co.uk/news/world/middle-east/ isis-declares-new-islamic-state-in-middle-east-with-abu-bakr-al-baghdadi- as-emir-removing-iraq-and-9571374.html.

18 Roula Khalaf, "Selling Terror: How Isis Details Its Brutality," *Financial Times*, June 17, 2014, https://www.ft.com/content/69e70954-f639-11e3- a038-00144feabdc0.

19 Alice Speri, "ISIS Fighters and Their Friends Are Total Social Media Pros," *Vice*, June 17, 2014, https://www.vice.com/en_us/article/wjybjy/isis-fighters-and-their-friends-are-total-social-media-pros; J. M. Berger, "The Sophisticated Social Media Strategy of ISIL," *Atlantic*, June 16, 2014, https://www.theatlantic.com/international/archive/2014/06/isis-iraq- twitter-social-media-strategy/372856.

20 Patrick Kingsley, "Who Is behind Isis's Terrifying Online Propaganda Operation?," *Guardian*, June 23, 2014, https://www.theguardian.com/ world/2014/jun/23/who-behind-isis-propaganda-operation-iraq.

21 Paul Tassi, "ISIS Uses 'GTA 5' in New Teen Recruitment Video," *Forbes*, September 20, 2014, https://www.forbes.com/sites/insert- coin/2014/09/20/isis-uses-gta-5-in-new-teen-recruitment-video.

22 Rukmini Callimachi, "Before Killing James Foley, ISIS Demanded Ransom from U.S.," *New York Times*, August 20, 2014, https://www.nytimes. com/2014/08/21/world/middleeast/isis-pressed-for-ransom-before- killing-james-foley.html.

23 Bianca Bosker, "Why Beheadings Belong on Facebook," *HuffPost*, December 6, 2017, https://www.huffpost.com/entry/facebook-beheading- videos_n_4144886.

24 Issie Lapowsky, "Twitter Steps Up, Suspends Accounts That Share Hor- rific Beheading Video," *Wired*, August 20, 2014, https://www.wired. com/2014/08/costolo-video; "YouTube to Remove Video of Alleged James Foley Killing," *Irish Times*, August 20, 2014, https://www.irishtimes. com/news/world/middle-east/youtube-to-remove-video-of-alleged- james-foley-killing-1.1902815.

25 Tom Risen, "Twitter, Facebook, YouTube Grapple with Islamic State Censorship," *US News & World Report*, September 5, 2014, https://www. usnews.com/news/articles/2014/09/05/twitter-facebook-youtube- navigate-islamic-state-censorship.

26 Walter Reich, "Show the James Foley Beheading Video," *Washington Post*, August 29, 2014, https://www.washingtonpost.com/posteverything/ wp/2014/08/29/why-facebook-and-youtube-should-show-the-james- foley-beheading-video/.

27 Jeff Jacoby, "James Foley Video Is Grim, but We Owe It to Him to Bear Witness," *Boston Globe*, August 22, 2014, https://www.bostonglobe. com/opinion/2014/08/22/james-foley-video-grim-but-owe-him-bear- witness/wWG9Jkprv49QJbA28BG8wM/story.html.

28 Armin Rosen, "Erasing History: YouTube 's Deletion of Syria War Videos Concerns Human Rights Groups," *Fast Company*, March 7, 2018, https:// www.fastcompany. com/40540411/erasing-history-youtubes-deletion-of- syria-war-videos-concerns-human-rights-groups.

29 Joel Kabot, "ISIS Is Winning the Cyber War. Here's How to Stop It," *Hill*, March 21, 2017, https://thehill.com/blogs/pundits-blog/defense/325082- isis-is-winning-the-cyber-war-heres-how-to-stop-it.

30 Sheera Frenkel, "Facebook Will Use Artificial Intelligence to Find Extremist Posts," *New York Times*, June 15, 2017, https://www.nytimes. com/2017/06/15/technology/facebook-artificial-intelligence-extremists- terrorism.html.
31 Abdul Rahman Al Jaloud et al., "Caught in the Net: The Impact of 'Extrem- ist' Speech Regulations on Human Rights Content," Electronic Frontier Foundation, May 30, 2019, https://www.eff.org/wp/caught-net-impact- extremist-speech-regulations-human-rights-content.
32 Avi Asher-Schapiro, "YouTube and Facebook Are Removing Evidence of Atrocities, Jeopardizing Cases Against War Criminals," *The Intercept*, November 2, 2017, https://theintercept.com/2017/11/02/war-crimes- youtube-facebook-syria-rohingya.
33 Megha Rajagopalan, "The Histories of Today's Wars Are Being Written on Facebook and YouTube. But What Happens When They Get Taken Down?," BuzzFeed News, December 22, 2018, https://www.buzzfeed news.com/article/meghara/facebook-youtube-icc-war-crimes.
34 "Warrant of Arrest," International Criminal Court, August 15, 2017, https://www.icc-cpi.int/Pages/record.aspx?docNo=ICC-01/11-01/17-2.
35 Asher-Schapiro, "YouTube and Facebook Are Removing Evidence."
36 "GifCT," Global Internet Forum to Counter Terrorism, http://www.gifct. org.
37 "Civil Society Letter to the European Parliament on the GIFCT hash data- base," February 4, 2019, https://cdt.org/wp-content/uploads/2019/02/ Civil-Society-Letter-to-European-Parliament-on-Terrorism-Database. pdf.
38 Facebook, "Next Steps for the Global Internet Forum to Counter Ter- rorism," September 29, 2019, https://about.fb.com/news/2019/09/ next-steps-for-gifct/.
39 Emma Llansó, "Human Rights NGOs in Coalition Letter to GIFCT," Center for Democracy and Technology, July 30, 2020, https://cdt.org/ insights/human-rights-ngos-in-coalition-letter-to-gifct/.
40 Emma Llansó, "Human Rights NGOs in Coalition Letter to GIFCT."
41 Emma Llansó, "Human Rights NGOs in Coalition Letter to GIFCT."
42 "Terrorism and Violent Extremism Policy," Twitter Help Center, March 2019, https://help.twitter.com/en/rules-and-policies/violent-groups.
43 JTA and Haaretz, "Twitter Blocks Hamas, Hezbollah Accounts Fol- lowing Israeli Pressure," *Haaretz*, March 3, 2018, https://www.haaretz. com/twitter- blocks- hamas-hezbollah- accounts- in- israel- under- pressure-1.6240629.
44 Sarah E. Needleman and Bowdeya Tweh, "Twitter Suspends Accounts Linked to Hamas, Hezbollah," *Wall Street Journal*, November 4, 2019, https://www.wsj.com/articles/twitter-suspends-accounts-linked-to- hamas-hezbollah-11572888026.
45 Risen, "Twitter, Facebook, YouTube Grapple."
46 "The Crime of Speech: How Arab Governments Use the Law to Silence Expression Online," Electronic Frontier Foundation, April 25, 2016, https://www.eff.org/pages/crime-speech-how-arab-governments-use- law-silence-expression-online.

第六章：二十一世紀維多利亞人

1 A. Victor Coonin, *From Marble to Flesh: The Biography of Michelangelo's David* (Florentine Press, 2014), 92.

2 Online Museum Victoria and Albert Museum, "David's Fig Leaf," June 24, 2011, http://www.vam.ac.uk/content/articles/d/davids-fig-leaf/.

3 CjCB, "Facebook, Curator of Culture," *New York Academy of Art* (blog), January 31, 2011, https://newyorkacademyofart.blogspot.com/2011/01/ facebook-curator-of-culture.html.

4 CjCB, "New York Academy of Art."

5 Rebecca Greenfield, "Facebook Explains That Nipplegate Was a Mistake," *Atlantic*, September 11, 2012, https://www.theatlantic.com/technology/ archive/2012/09/facebook-explains-nipplegate-was-mistake/323750.

6 Robert Mankoff, "Nipplegate," September 10, 2012, *New Yorker*, https:// www.newyorker.com/cartoons/bob-mankoff/nipplegate.

7 Adrian Chen, "Inside Facebook's Outsourced Anti-Porn and Gore Brigade, Where 'Camel Toes' Are More Offensive Than 'Crushed Heads,'" *Gawker*, February 16, 2012, http://gawker.com/5885714/inside- facebooks-outsourced-anti-porn-and-gore-brigade-where-camel-toes-are- more-offensive-than-crushed-heads.

8 Marion Cocquet, "L'origine Du Scandale," *Le Point*, February 17, 2011, https://www.lepoint.fr/culture/l-origine-du-scandale-17-02- 2011-1296611_3.php.

9 Phiilppe Sotto, "French Court Issues Mixed Ruling in Facebook Nudity Case," *Seattle Times*, March 15, 2018, https://www.seattletimes.com/ business/french-court-issues-mixed-ruling-in-facebook-nudity-case.

10 Jillian Steinhauer, "Leaked Document Lays Out Facebook's Policy on Sex and Nudity in Art," *Hyperallergic*, May 22, 2017, https:// hyperallergic.com/380911/leaked-document-lays-out-facebooks-policy- on-sex-and-nudity-in-art.

11 Hakim Bishara, "Facebook Settles 8-Year Case with Teacher Who Posted Courbet's 'Origin of the World,'" *Hyperallergic*, August 6, 2019, https:// hyperallergic.com/512428/facebook-settles-8-year-case-with-teacher- who-posted-courbets-origin-of-the-world.

12 Maggie Fick and Paresh Dave, "Facebook's flood of languages leave it struggling to monitor content," April 23, 2019, https://www.reuters.com/ article/us-facebook-languages-insight/facebooks-flood-of-languages- leave-it-struggling-to-monitor-content-idUSKCN1RZ0DW.

13 Xeni Jardin, "Richard Metzger: How I, a Married, Middle-Aged Man, Became an Accidental Spokesperson for Gay Rights Overnight," *Boing Boing*, April 19, 2011, https://boingboing.net/2011/04/19/richard-metzger-how.html.

14 Ibid.

15 "Facebook Opens Governance of Service and Policy Process to Users," Facebook Newsroom, February 26, 2009, https://newsroom.fb.com/ news/2009/02/facebook-opens-governance-of-service-and-policy- process-to-users.

16 Jardin, "Richard Metzger."

17 "Gay Kissing Pic Banned from Facebook, So Why Are All the Hetero Pics Still There?," *AMERICAblog*, April 18, 2011, http://gay.americablog. com/2011/04/gay-kissing-pic-banned-from-facebook-so-why-are-all- the-hetero-pics-still-there.html.

18 Radhika Sanghani, "Instagram Deletes Woman's Period Photos—but Her Response Is Amazing," *Telegraph*, March 30, 2015, https://www.telegraph. co.uk/women/life/instagram-deletes-womans-period-photos-but-her- response-is-amazing.

19 Sarah Myers West, "Raging Against the Machine: Network Gatekeeping and Collective Action on Social Media Platforms," *Media and Communica- tion* 5, no. 3 (2017): 28, https://doi.org/10.17645/mac.v5i3.989.

20 Myers West, "Raging Against the Machine," 28.

21 Myers West, "Raging Against the Machine," 28.

22 Kate Klonick, "What I Learned in Twitter Purgatory," *Atlantic*, September 8, 2020, https://www.theatlantic.com/ideas/archive/2020/09/what-i- learned-twitter-purgatory/616144.

23 Kate Klonick, "The New Governors: The People, Rules, and Processes Governing Online Speech," *Harvard Law Review* 131 (2017): 73.

24 Klonick, "The New Governors," 73.

25 Courtney Demone, "I Am a Trans Woman. Will Facebook Censor My Breasts?," *Mashable*, September 30, 2015, https://mashable. com/2015/09/30/do-i-have-boobs-now.

26 Jenna Wortham, "Facebook Won't Budge on Breastfeeding Photos," *Bits Blog* (blog), January 2, 2009, https://bits.blogs.nytimes.com/2009/01/02/ breastfeeding-facebook-photos.

27 Tarleton Gillespie, *Custodians of the Internet: Platforms, Content Moderation, and the Hidden Decisions That Shape Social Media* (Yale University Press, 2018).

28 Tom Pollard, *Sex and Violence: The Hollywood Censorship Wars* (Routledge, 2015).

29 "Barnes v. Glen Theatre, Inc.," LII / Legal Information Institute, https:// www.law. cornell.edu/supremecourt/text/501/560.

30 Judith Lynne Hanna, *Naked Truth: Strip Clubs, Democracy, and a Christian Right* (University of Texas Press, 2012).

31 "Update to Our Nudity and Attire Policy," Twitch, April 7, 2020, https:// blog.twitch.tv/en/2020/04/07/update-to-our-nudity-and-attire-policy.

32 Tristan Greene, "Tumblr's 'female-presenting nipples' language isn't semantic — it 's oppression," December 14, 2018, https://thenextweb.
256 *Notes for Pages 140 to 149*
com/opinion/2018/12/14/tumblrs-female-presenting-nipples-language- isnt-semantics-its-oppression/.

33 Jillian C. York, "Facebook Celebrates Pride, Except Where Homosex- uality Is Illegal," *Vice*, June 20, 2017, https://www.vice.com/en_us/ article/pay4m7/facebook-celebrates-pride-except-where-homosexuality- is-illegal.

34 Kristina Cooke, Dan Levine, and Dustin Volz, "INSIGHT – Facebook Exec- utives Feel the Heat of Content Controversies," Reuters, October 28, 2016, https://www.reuters. com/article/facebook-content-idCNL1N1CY01A.

35 Jamie Ballard, "Almost Seven in 10 Americans Are Comfort- able with Women Breastfeeding Next to Them in Public," YouGov, September 27, 2019, https://today.yougov.com/topics/education/articles- reports/2019/09/27/breastfeeding-public-formula-feeding-poll-survey.

36 Ben Wagner, *Governing Internet Expression: The International and Transna- tional Politics of Freedom of Expression* (Phd Diss, 2013, European University Institute). 在這篇博士論文中，華格納假定英國、美國、德國、AOL、Google和Facebook是定義了線上可接受性的關鍵角色。

37 Wagner, *Governing Internet Expression.*

第七章：向「性」宣戰

1 J Michel Metz and Rod Carveth, "Misunderstanding Cyberculture: Martin Rimm and the 'Cyberporn' Study," Popular Culture Association National Conference, Las Vegas, 1996.

2 David Kushner, "A Brief History of Porn on the Internet," *Wired*, April 9, 2019, https://www.wired.com/story/brief-history-porn-internet.

3 Matt Richtel, "For Pornographers, Internet's Virtues Turn to Vices," *New York Times*, June 2, 2007, https://www.nytimes.com/2007/06/02/ technology/02porn.html.

4 Jacqui Cheng, "Porn 2.0 Is Stiff Competition for Pro Pornographers," Ars Technica, June 6, 2007, https://arstechnica.com/uncategorized/2007/06/ porn-2-0-is-stiff-competition-for-pro-pronographers.

5 danah boyd, "White Flight in Networked Publics? How Race and Class Shaped American Teen Engagement with MySpace and Facebook," in *Race after the Internet*, eds. Lisa Nakamura and Peter Chow-White (Routledge, 2011).

6 Nick Summers, "Facebook's 'Porn Cops' Are Key to Its Growth," *Newsweek*, April 30, 2009, https://www.newsweek.com/facebooks-porn-cops-are- key-its-growth-77055.

7 Brad Stone, "Policing the Web's Lurid Precincts," *New York Times*, July 18, 2010, https://www.nytimes.com/2010/07/19/technology/19screen.html.

8 Jacqui Cheng, "Porn Pranksters Have a Field Day with YouTube Injection Flaw," Ars Technica, July 5, 2010, https://arstechnica.com/tech-policy/news/2010/07/pranksters-have-a-field-day-with-youtube-injection-flaw. ars.

9 Steven Musil, "Hackers Add Porn to Sesame Street YouTube Channel," CNET, October 16, 2011, https://www.cnet.com/news/hackers-add- porn-to-sesame-street-youtube-channel.

10 "How Did the Pornography Make It on to Facebook?," *Allfacebook* (blog), November 17, 2011, available at https://web.archive.org/ web/20111117004056/http://www.allfacebook.com/facebook-quietly- pulls-pornographic-posts-from-site-2011-11.

11 Adam Clark Estes, "Of Course Flickr Has a Porn Problem," *Atlantic*, July 29, 2011, https://www.theatlantic.com/technology/archive/2011/07/ course-flickr-has-porn-problem/353465; Larry Sanger, "What Should We Do about Wikipedia's Porn Problem?," *Larry Sanger Blog*, May 29, 2012, http://larrysanger.org/2012/05/what-should-we-do-about-wikipedias- porn-problem; Ben Parr, "Should Twitter Crack Down on

Pornography?," *Mashable*, July 3, 2009, https://mashable.com/2009/07/03/twitter-pornography.
12 Bardot Smith, "Silicon Valley's Cult of Male Ego," *Model View Culture* (blog), September 8, 2014, https://modelviewculture.com/pieces/silicon- valley-s-cult-of-male-ego.
13 CEO Jeff D'Onofrio, "A Better, More Positive Tumblr," *Tumblr Blog*, December 3, 2018, https://staff.tumblr.com/post/180758987165/a-better- more-positive-tumblr.
14 "Liaraslist," liaraslist, https://liaraslist.org.
15 Vijaya Gadde and Kayvon Beykpour, "Setting the Record Straight on Shadow Banning," Twitter (blog), July 26, 2018, https://blog.twitter.com/ en_us/topics/company/2018/ Setting-the-record-straight-on-shadow- banning.html.
16 "Hackinghustling.Com," http://hackinghustling.com.
17 John Constine, "Instagram Now Demotes Vaguely 'Inappropriate ' Content," *TechCrunch* (blog), April 10, 2019, http://social.techcrunch.com/ 2019/04/10/instagram-borderline.
18 Russell Brandom, "Facebook's Report Abuse Button Has Become a Tool of Global Oppression," *Verge*, September 2, 2014, https://www.theverge. com/2014/9/2/6083647/ facebook-s-report-abuse-button-has-become-a- tool-of-global-oppression.
19 "(1) Cindy Gallop - I've Been Silent on Facebook for the Past Few Days …," Facebook, March 29, 2018, https://www.facebook.com/cindy. gallop/posts/10156464487798313.
20 Erika Lust, "Mom Are the People in Your Films Always Naked?," in *Coming Out Like a Porn Star: Essays on Pornography, Protection, and Privacy*, ed. Jiz Lee (Stone Bridge Press, 2015).
21 Emily Dixon, "Twitter and Facebook under Fire for Removing the Word 'Vagina' from Ads for Gynecology Book," CNN, September 2, 2019, https://www.cnn. com/2019/08/30/tech/us-twitter-vagina-bible-scli- intl/index.html.
22 Eric Johnson, "In Her New Book, 'The Uterus Is a Feature, Not a Bug,' Sarah Lacy Says Women Should Fight Back, Not 'Lean In,'" Vox, November 16, 2017, https://www.vox. com/2017/11/16/16658534/ sarah-lacy-uterus-feature-not-bug-book-feminism-sheryl-sandberg-lean- in-recode-media-peter-kafka.
23 Lora Grady, "Women Are Calling Out Instagram for Censoring Photos of Fat Bodies," *Flare*, October 28, 2018, https://www.flare.com/news/ instagram-censorship-fat-plus-size/.
24 Amber Madison, "When Social-Media Companies Censor Sex Educa- tion," *Atlantic*, March 4, 2015, https://www.theatlantic.com/health/ archive/2015/03/when-social-media-censors-sex-education/385576.
25 Megan Farokhmanesh, "YouTube Is Still Restricting and Demonetizing LGBT Videos—and Adding Anti-LGBT Ads to Some," *Verge*, June 4, 2018, https://www.theverge. com/2018/6/4/17424472/youtube-lgbt- demonetization-ads-algorithm.
26 Lorelei Lee (missloreleilee), "WE NEED YOU TO CALL YOUR SEN- ATORS," Instagram, March 5, 2018, https://www.instagram.com/p/ Bf9NOCzBZDJ.
27 "Amicus Brief of Center for Democracy & Technology in Support of Plaintiffs-Appellants," Electronic Frontier Foundation, February 28, 2019, https://www.eff.org/ document/orrected-brief-amicus-curiae-center- democracy-technology-support-plaintiffs-

appellants.

第八章：從人工到機器

1 “Fun People Archive – 15 Apr – AOL.COM Took the *WHAT* out of ‘Country?,’” April 15, 1996, http://www.langston.com/Fun_People/ 1996/1996ASK.html.

2 Ernie Smith, “Scunthorpe Problem: What Made Scunthorpe Famous,” *Tedium*, July 26, 2016, https://tedium.co/2016/07/26/scunthorpe- problem-profanity-filter-history.

3 “F-Word Town Censors Itself,” NEWS.com.au, August 1, 2008, https:// web.archive.org/web/20080818120216/http://www.news.com.au/story/ 0,23599,24112394-23109,00.html.

4 Paul Festa, “Food Domain Found ‘Obscene,’” CNET, April 27, 1998, https://www.cnet.com/news/food-domain-found-obscene.

5 Jude Sheerin, “How Spam Filters Dictated Canadian Magazine's Fate,” BBC News, March 29, 2010, http://news.bbc.co.uk/2/hi/technology/8528672. stm.

6 Lester Haines, “Porn Filters Have a Field Day on Horniman Museum,” *Register*, October 8, 2004, https://www.theregister.co.uk/2004/10/08/ horniman_museum_filtered.

7 Kris Maher, “Don't Let Spam Filters Snatch Your Resume,” *CollegeJour- nal*, October 23, 2006, https://web.archive.org/web/20061023111709/ http://www.collegejournal.com/jobhunting/resumeadvice/20040426- maher.html; Daniel Oberhaus, “Life on the Internet Is Hard When Your Last Name Is ‘Butts,’” *Vice*, August 29, 2018, https://www.vice.com/en_us/article/9kmp9v/life-on-the-internet-is-hard-when-your-last- name-is-butts.

8 “Perspective,” accessed January 25, 2020, https://www.perspectiveapi. com/#/home.

9 caroline sinders, “Toxicity and Tone Are Not the Same Thing: Ana- lyzing the New Google API on Toxicity, PerspectiveAPI.,” Medium, February 24, 2017, https://medium.com/@carolinesinders/ toxicity-and-tone-are-not-the-same-thing-analyzing-the-new-google-api- on-toxicity-perspectiveapi-14abe4e728b3.

10 有一份廣為流傳的「不良語言」清單，示範了關鍵詞過濾法有多遲鈍。清單請參見：https://www.cs.cmu.edu/~biglou/resources/bad- words.txt.

11 Jillian C. York, “Google's Anti-Bullying AI Mistakes Civility for Decency,” *Vice*, August 18, 2017, https://www.vice.com/en_us/article/qvvv3p/ googles-anti-bullying-ai-mistakes-civility-for-decency.

12 “Drag Queens and Artificial Intelligence: Should Computers Decide What Is ‘Toxic’ on the Internet?,” *InternetLab* (blog), June 28, 2019, http://www. internetlab.org.br/en/freedom-of-expression/drag-queens-and-artificial- intelligence-should-computers-decide-what-is-toxic-on-the-internet.

13 Rolfe Winkler, “The Imperial Powers of the Tech Universe,” *Wall Street Journal*, December 27, 2019, https://www.wsj.com/articles/the-imperial- powers-of-the-tech-universe-11576630805.

14 Shoshanna Zuboff, “A Digital Declaration,” *Frankfurter Allge- meine,* September 15, 2014, https://www.faz.net/aktuell/feuilleton/ debatten/the-digital-debate/shoshan-zuboff-on-big-data-as-surveillance- capitalism-13152525.html.

15 Spandana Singh, "Everything in Moderation," New America, July 22, 2019, http:// newamerica.org/oti/reports/everything-moderation-analysis- how-internet-platforms-are-using-artificial-intelligence-moderate-user- generated-content.

16 "There's an Algorithm to Fight Online Extremism," *Science Friday* (blog), January 27, 2017, https://www.sciencefriday.com/segments/theres-an- algorithm-to-fight-online-extremism.

17 "There's an Algorithm to Fight Online Extremism."

18 Evelyn Douek (@evelyndouek), Twitter, September 11, 2019, https:// twitter.com/ evelyndouek/status/1171823591870124038.

19 "AI Advances to Better Detect Hate Speech," Facebook AI, May 12, 2020, https:// ai.facebook.com/blog/ai-advances-to-better-detect-hate-speech.

20 Singh, "Everything in Moderation."

21 Amanda Holpuch, "Facebook Still Suspending Native Americans over 'Real Name ' Policy," *Guardian*, February 16, 2015, https://www. theguardian.com/technology/2015/ feb/16/facebook-real-name-policy- suspends-native-americans; Matthew Moore, "Woman Called Yoda Blocked from Facebook," *Telegraph*, August 27, 2008, https://www.telegraph. co.uk/news/newstopics/howaboutthat/2632170/Woman-called-Yoda- blocked-from-Facebook.html.

22 Maggie Zhang, "Google Photos Tags Two African-Americans as Gorillas through Facial Recognition Software," *Forbes*, July 1, 2015, https://www. forbes.com/sites/ mzhang/2015/07/01/google-photos-tags-two-african- americans-as-gorillas-through-facial-recognition-software.

23 Dave Gershgorn, "The Reason Why Most of the Images That Show up When You Search for 'Doctor' Are White Men," Quartz, April 14, 2017, https://qz.com/958666/the-reason-why-most-of-the-images-are-men- when-you-search-for-doctor.

24 Maggie Frick and Paresh Dave, "Facebook's Flood of Languages Leave It Struggling to Monitor Content," Reuters, April 13, 2019, https://www. reuters.com/article/us-facebook-languages-insight/facebooks-flood-of- languages-leave-it-struggling-to-monitor-content-idUSKCN1RZ0DW.

25 U Khin Maung Saw, "(Mis)Interpretations of Burmese Words: Part I," Scribd, https:// www.scribd.com/document/24696342/Misinterpretations-of- Burmese-Words-1.

26 Thant Sin, "Facebook Bans Racist Word 'Kalar' in Myanmar, Triggers Col- lateral Censorship," *Global Voices Advocacy* (blog), June 2, 2017, https:// advox.globalvoices. org/2017/06/02/facebook-bans-racist-word-kalar-in- myanmar-triggers-collateral-censorship.

27 Richard Allan, "Hard Questions: Who Should Decide What Is Hate Speech in an Online Global Community?," *About Facebook* (blog), June 27, 2017, https://about.fb.com/ news/2017/06/hard-questions-hate-speech.

28 Sin, "Facebook Bans Racist Word 'Kalar' in Myanmar."

29 Allan, "Hard Questions."

30 Kate O'Flaherty, "YouTube Keeps Deleting Evidence of Syrian Chemical Weapon Attacks," *Wired UK*, June 26, 2018, https://www.wired.co.uk/ article/chemical-weapons-

in-syria-youtube-algorithm-delete-video.
31 Sheera Frenkel, "Facebook Will Use Artificial Intelligence to Find Extremist Posts," *New York Times*, June 15, 2017, https://www.nytimes. com/2017/06/15/technology/facebook-artificial-intelligence-extremists- terrorism.html.
32 Janes F. Peltz, "Twitter Says It Suspended 1.2 Million Accounts for Terrorism-Promotion Violations," *Los Angeles Times*, April 5, 2018, https://www.latimes.com/business/la-fi-twitter-terrorism-accounts- 20180405-story.html.
33 Singh, "Everything in Moderation."
34 Singh, "Everything in Moderation."
35 Tarleton Gillespie, *Custodians of the Internet: Platforms, Content Moderation, and the Hidden Decisions That Shape Social Media* (Yale University Press, 2018).
36 Taylor R. Moore, "Trade Secrets and Algorithms as Barriers to Social Justice," Center for Democracy & Technology, August 2017, 13; AI Now Institute, "Reports," AI Now Institute, https://ainowinstitute. org/reports.html; "IEEE Standard for Algorithm Bias Considerations (P7003)," *UnBias* (blog), April 12, 2017, https://unbias.wp.horizon. ac.uk/work-packages/wp4-stakeholder-engagement/ieee-standard-for- algorithm-bias-considerations-p7003.

第九章：仇恨如病毒傳播

1 Brian Cuban, "Open Letter to Facebook CEO Mark Zuckerberg," May 10, 2009, https://web.archive.org/web/20131204021241/http://www. briancuban.com/open-letter-to-facebook-ceo-mark-zuckerberg.
2 Ki Mae Heussner, "Facebook under Fire for Allowing Holocaust Deniers," ABC News, May 12, 2009, https://abcnews.go.com/Technology/Ahead oftheCurve/story?id=7566812&page=1.
3 International Convention on the Elimination of All Forms of Racial Dis- crimination, UN Human Rights Office of the High Commissioner, https:// www.ohchr.org/en/professionalinterest/pages/cerd.aspx.
4 Clarence Brandenburg, Appellant, v. State of Ohio, Cornell Law School, Legal Information Institute, https://www.law.cornell.edu/supremecourt/ text/395/444.
5 "Brandenburg v. Ohio," Columbia University, Global Freedom of Expression, https://globalfreedomofexpression.columbia.edu/cases/ brandenburg-v-ohio.
6 Anthony Shadid and Kevin Sullivan, "Anatomy of the Cartoon Protest Movement," *Washington Post*, February 16, 2006, https://www.washington post.com/wp-dyn/content/article/2006/02/15/AR2006021502865.html.
7 Danish Prime Minister Anders Fogh Rasmussen's New Year Address 2006, https://www.stm.dk/_p_11198.html.
8 Ehsan Ahrari, "Cartoon and the Clash of 'Freedoms,'" *Global Beat Syn- dicate*, February 15, 2006, https://www.bu.edu/globalbeat/syndicate/ ahrari021506.html.
9 UN Commission on Human Rights, *Racism, Racial Discrimination, Xenophobia and All Forms of Discrimination, Report submitted by Mr. Doudou Diène, Special Rapporteur on*

contemporary forms of racism, racial discrimination, xenophobia and related intolerance, January 18, 2006, E/ CN.4/2006/16, available at: https://www.refworld.org/docid/441182080. html.
10 Michelle Malkin, "Banned on YouTube," *UNZ Review*, October 4, 2006, https://www.unz.com/mmalkin/banned-on-youtube-3.
11 Michelle Malkin, "When YouTube Banned Me, but Not the Hate Imams," *Unz Review*, June 7, 2017, https://www.unz.com/mmalkin/when-youtube- banned-me-but-not-the-hate-imams.
12 Deepa Seetharaman, "Facebook Employees Pushed to Remove Trump's Posts as Hate Speech," *Wall Street Journal*, October 21, 2016, https://www. wsj.com/articles/facebook-employees-pushed-to-remove-trump-posts- as-hate-speech-1477075392?mod=e2tw.
13 Deepa Seetharaman, "Facebook Employees Try to Censor Trump," Fox Business, October 21, 2016, https://www.foxbusiness.com/politics/ facebook-employees-try-to-censor-trump.
14 Anas Qtiesh, "Spam Bots Flooding Twitter to Drown Info about #Syria Protests," *Global Voices Advocacy*, April 18, 2011, https://advox. globalvoices.org/2011/04/18/spam-bots-flooding-twitter-to-drown-info- about-syria-protests/.
15 Gabriella Coleman, "Everything you know about Anonymous is wrong," *Al Jazeera*, May 8, 2012, https://www.aljazeera.com/indepth/opinion/201 2/05/201255152158991826.html.
16 Ashe Schow, "#EndFathersDay, the latest ridiculous hashtag from the fem- inist outrage machine," *Washington Examiner*, June 13, 2014, https://www. washingtonexaminer.com/endfathersday-the-latest-ridiculous-hashtag- from-the-feminist-outrage-machine.
17 Rachelle Hampton, "The Black Feminists Who Saw the Alt-Right Threat Coming," *Slate*, April 23, 2019, https://slate.com/technology/2019/04/ black-feminists-alt-right-twitter-gamergate.html.
18 Ibid.
19 Ibid.
20 John Biggs, "The rise of 4chan politics," *TechCrunch*, December 21, 2016, https://techcrunch.com/2016/12/21/the-rise-of-4chan-politics/.
21 Mary Anne Franks, *The Cult of the Constitution* (Stanford University Press, 2019), 228.
22 Vegas Tenold, "Little Führers Everywhere," *Longreads*, February 21, 2018, https://longreads.com/2018/02/21/little-fuhrers-everywhere/.
23 NPR, "Big Tech Companies Are Struggling with How to Best Police Their Platforms," July 11, 2019, https://www.npr.org/2019/07/11/740871352/ big-tech-companies-are-struggling-with-how-to-best-police-their- platforms.
24 Francie Diep, "How Social Media Helped Organize and Radicalize Amer- ica's White Supremacists," *Pacific Standard*, August 15, 2017, https:// psmag.com/social-justice/how-social-media-helped-organize-and- radicalize-americas-newest-white-supremacists; "Social Media Used to Identify Charlottesville Protesters," VOA, August 17, 2017, hrrps:// learningenglish.voancws.com/a/social-media-used-to-identify- charlotesville-protesters/3989596.html.

25 "Tech Companies Have the Tools to Confront White Supremacy," *Wired*, August 14, 2017, https://www.wired.com/story/charlottesville-social- media-hate-speech-online.
26 Bryan Menegus and Tom McKay, "Airbnb Won't Put a Roof over the Heads of Nazis [Updated]," Gizmodo, August 7, 2017, https://gizmodo.com/ airbnb-won-t-put-a-roof-over-the-heads-of-nazis-1797585928.
27 Keith Collins, "A Running List of Websites and Apps That Have Banned, Blocked, and Dropped Neo-Nazis," Quartz, August 16, 2017, https:// qz.com/1055141/what-websites-and-apps-have-banned-neo-nazis-and- white-supremacists.
28 Adi Robertson, "YouTube Bans Neo-Nazi Channel after Criticism over Hate Speech Rules," *Verge*, February 28, 2018, https://www.theverge. com/2018/2/28/17062002/ youtube-ban-atomwaffen-neo-nazi-channel- hate-speech-rules.
29 Dottie Lux, "Facebook's Hate Speech Policies Censor Marginalized Users," *Wired*, August 14, 2017, https://www.wired.com/story/facebooks-hate- speech-policies-censor-marginalized-users.
30 Maya Kosoff, "Oculus Founder Does Damage Control After Outing Himself as Pro–Trump Donor," *Vanity Fair*, September 26, 2016, https:// www.vanityfair.com/ news/2016/09/oculus-founder-damage-control- outing-himself-pro-trump-donor; Tina Casey, "In Wake of Gawker Case, Peter Thiel Drags Facebook into White Nationalist Territory," June 14, 2016, https://www.triplepundit.com/story/2016/wake-gawker-case-peter-thiel-drags-facebook-white-nationalist-territory/25131.
31 Fathimath Afiya and John-Khalid Bridgen, "Maldives," Global Information Society Watch, https://www.giswatch.org/en/country-report/economic- social-and-cultural-rights-escrs/maldives.
32 "Pulling the Plug: A Technical Review of the Internet Shutdown in Burma," OpenNet Initiative, 2007, https://opennet.net/research/bulletins/013.
33 Nart Villeneuve and Masashi Crete-Nishihata, "Control and Resistance: Attacks on Burmese Opposition Media," in *Access Contested: Security, Iden- tity, and Resistance in Asian Cyberspace* (MIT Press, 2011).
34 "Crisis in Arakan State and New Threats to Freedom of News and Information," RSF, June 28, 2012, https://rsf.org/en/reports/crisis- arakan-state-and-new-threats-freedom-news-and-information.
35 "Why Is There Communal Violence in Myanmar?," BBC News, July 3, 2014, https:// www.bbc.com/news/world-asia-18395788.
36 "Internet Freedom: Cyberspying, Censorship and Other Challenges," East- West Center Media Conference: Yangon 2014, March 11, 2014, https:// www.ewcmedia.org/ yangon2014/2014/03/11/cyber-challenges.
37 Ethan Zuckerman, "Myanmar, No Longer Closed, Still Complicated," *My Heart's in Accra* (blog), March 12, 2014, http://www.ethanzuckerman.com/ blog/2014/03/12/myanmar-no-longer-closed-still-complicated.
38 Zuckerman, "Myanmar, No Longer Closed."
39 Ray Sharma, "Telenor Brings Zero-Rated Wikipedia and Facebook Access via Opera Mini to Myanmar," Fast Mode, November 2, 2014, https://www. thefastmode.com/technology-

solutions/2923-telenor-brings-zero-rated- wikipedia-and-facebook-access-via-opera-mini-to-myanmar.
40 "In Myanmar, Facebook Is the Internet and the Internet Is Facebook," Yale University, Modern Southeast Asia, October 2, 2018, https://seasia.yale. edu/myanmar-facebook-internet-and-internet-facebook.
41 Denelle Dixon, "Mozilla Releases Research Results: Zero Rating Is Not Serving as an On-Ramp to the Internet," *Mozilla Blog*, July 31, 2017, https://blog.mozilla.org/blog/2017/07/31/mozilla-releases-research- results-zero-rating-not-serving-ramp-internet.
42 Olivia Solon, " 'It's Digital Colonialism': How Facebook's Free Inter- net Service Has Failed Its Users," *Guardian*, July 27, 2017, https:// www.theguardian.com/technology/2017/jul/27/facebook-free-basics- developing-markets.
43 Timothy McLaughlin, "How Facebook's Rise Fueled Chaos and Confusion in Myanmar," *Wired*, July 6, 2018, https://www.wired.com/story/how- facebooks-rise-fueled-chaos-and-confusion-in-myanmar.
44 Steve Stecklow, "Why Facebook Is Losing the War on Hate Speech in Myanmar," Reuters, August 15, 2018, https://www.reuters.com/ investigates/special-report/myanmar-facebook-hate.
45 Alan Davis, "How Social Media Spurred Myanmar's Latest Violence," Insti- tute for War and Peace Reporting, September 12, 2017, https://iwpr.net/ global-voices/how-social-media-spurred-myanmars-latest.
46 McLaughlin, "How Facebook's Rise Fueled Chaos and Confusion."
47 "Zuckerberg Responses to Commerce Committee QFRs1," Scribd, https://www.scribd.com/document/381569055/Zuckerberg-Responses- to-Commerce-Committee-QFRs1.
48 Stephanie Nebehay and Simon Lewis, "U.N. Brands Myanmar Vio- lence a 'Textbook' Example of Ethnic Cleansing," Reuters, September 11, 2017, https://www.reuters.com/article/us-myanmar-rohingya/u-- n-brands-myanmar-violence-a-textbook-example-of-ethnic-cleansing- idUSKCN1BM0QF.
49 Tom Miles, "U.N. Investigators Cite Facebook Role in Myanmar Crisis," Reuters, March 12, 2018, https://www.reuters.com/article/ us-myanmar-rohingya-facebook/u-n-investigators-cite-facebook-role-in- myanmar-crisis-idUSKCN1GO2PN.
50 "UN: Facebook Has Turned into a Beast," BBC News, March 13, 2018, https://www.bbc.com/news/technology-43385677.
51 Andy Sullivan, "Facebook's Zuckerberg vows to work harder to block hate speech in Myanmar," Reuters, April 11, 2018, https://www.reuters. com/article/facebook-privacy-myanmar/facebooks-zuckerberg-vows-to- work-harder-to-block-hate-speech-in-myanmar-idUSL1N1RN290.
52 Ezra Klein, "Mark Zuckerberg on Facebook's Hardest Year, and What Comes Next," Vox, April 2, 2018, https://www.vox.com/2018/4/2/17185052/mark-zuckerberg-facebook-interview-fake-news-bots-cambridge.
53 "Myanmar – Open Letter to Mark Zuckerberg," Google Docs, April 5, 2018, https://drive.google.com/file/d/1Rs02G96Y9w5dpX0Vf1LjW p6B9mp32VY-/view?usp=sharing&usp=embed_facebook.

54 Stecklow, "Why Facebook Is Losing."
55 Stecklow, "Why Facebook Is Losing."
56 "Update on Myanmar," *About Facebook* (blog), August 15, 2018, https:// about.fb.com/news/2018/08/update-on-myanmar.
57 Olivia Solon, "Facebook's Failure in Myanmar Is the Work of a Blundering Toddler," *Guardian*, August 16, 2018, https://www.theguardian.com/ technology/2018/aug/16/facebook-myanmar-failure-blundering-toddler.
58 "Removing Myanmar Military Officials from Facebook," *About Facebook* (blog), August 28, 2018, https://about.fb.com/news/2018/08/removing- myanmar-officials.
59 "After Facebook Ban, Myanmar Military Accounts Are Moving to Russian Social Media Site VKontakte," *Global Voices Advocacy* (blog), September 7, 2018, https://advox.globalvoices.org/2018/09/07/ after-facebook-ban-myanmar-military-accounts-are-moving-to-russian- social-media-site-vkontakte.
60 Oliver Spencer and Yin Yadanar Thein, "Has Facebook Censored Myan- mar's Commander-in-Chief?," *Frontier Myanmar*, August 29, 2018, https:// frontiermyanmar.net/en/has-facebook-censored-myanmars-commander- in-chief.
61 Russell Brandom, "Activists from Myanmar, Syria, and beyond Call for Facebook to Fix Moderation," *Verge*, May 18, 2018, https://www.theverge. com/2018/5/18/17369570/facebook-coalition-myanmar-syria-sri-lanka- moderation-transparency-audit.

第十章：未來由我們作主

1 "Keeping People Safe and Informed about the Coronavirus," *About Facebook* (blog), June 3, 2020, https://about.fb.com/news/2020/06/ coronavirus/.
2 Kate Klonick, "What I Learned in Twitter Purgatory," *Atlantic*, September 8, 2020, https://www.theatlantic.com/ideas/archive/2020/09/what-i- learned-twitter-purgatory/616144/.
3 Zeynep Tufekci, *Twitter and Tear Gas: The Power and Fragility of Networked Protest* (Yale University Press, 2017).
4 Shoshanna Zuboff, *Frankfurter Allgemeine*, "Dark Google," April 30, 2014, https://www.faz.net/aktuell/feuilleton/debatten/the-digital-debate/ shoshanna-zuboff-dark-google-12916679.html.
5 Renata Avila Pinto, "Digital Sovereignty or Digital Colonialism?," *Sur: International Journal on Human Rights* 15, no. 27 (2018), https://sur. conectas.org/en/digital-sovereignty-or-digital-colonialism.
6 "The Santa Clara Principles on Transparency and Accountability in Content Moderation," Santa Clara Principles, https://santaclaraprinciples. org ; Alex Hern, "Facebook Relaxes 'Real Name' Policy in Face of Protest," *Guardian*, November 2, 2015, https://www.theguardian.com/technol- ogy/2015/nov/02/facebook-real-name-policy-protest.
7 Bree Newsome Bass (@BreeNewsome), Twitter, June 4, 2020, https:// twitter.com/breenewsome/status/1268531810172129280.
8 Juan Ortiz Freuler, "The Case for a Digital Non-aligned Movement," *OpenDemocracy*,

June 27, 2020, https://www.opendemocracy.net/en/ oureconomy/case-digital-non-aligned-movement/.

9 Ibid.

10 The Santa Clara Principles on Transparency and Accountability in Content Moderation, https://santaclaraprinciples.org/.

11 Jillian C. York, "Speaking Freely: An Interview with Ada Palmer," 2019, https://www.eff.org/pages/speaking-freely-ada-palmer.

12 Ibid.

國家圖書館出版品預行編目資料

矽谷價值戰：監控資本主義之下言論自由的未來
／吉莉安・C・約克（Jillian C. York）作；黃開譯.
——初版. ——台北市：行人，2022.09
320面；14.8 x 21 公分
譯自：Silicon Values: The Future of Free Speech
Under Surveillance Capitalism

ISBN 978-626-96497-1-6（平裝）

《矽谷價值戰》
監控資本主義之下言論自由的未來
Silicon Values: The Future of Free Speech Under Surveillance Capitalism

作者：吉莉安・C・約克（Jillian C. York）
譯者：黃開

特約編輯：林芳如
編輯協力：林佩儀、鄭湘榆
總編輯：周易正

封面設計：丸同連合
內頁排版：宸遠彩藝
印刷：釉川印刷

出版者：行人文化實驗室
發行人：廖美立
地址：台北市南昌路一段49號二樓
電話：886-2-37652655

總經銷：大和書報圖書股份有限公司
電話：（02）89902588
定價：480元

ISBN：9786269649716
2022年9月初版一刷

特別感謝 國際特赦組織台灣分會